职业教育智能网联汽车技术创新与应用系列教材

智能网联汽车底盘线控技术

主　编　李晓艳　刘　强

副主编　王　莉　杨立霞　王　鑫　李妙然

参　编　李　迪　王志刚　孙瑞燕　杨　鑫　杜英翠
　　　　张晓菲　于立泉　王　萍　韩丽娜

机械工业出版社

本书共分为 5 个项目，共 15 个任务，包括智能网联汽车底盘线控技术、智能网联汽车线控驱动系统技术、智能网联汽车线控转向系统技术、智能网联汽车线控制动系统技术和项目综合训练，分别从底盘线控系统的认知、结构、工作原理、拆装、调试、故障检修等方面对智能网联汽车底盘线控技术进行了详细介绍，拓展了技能比赛考核内容。本书既包含理论知识，又包含拆装、调试和故障检修等实训操作，是一本理实一体化教材。

本书可作为职业院校智能网联汽车技术、汽车智能技术等相关专业的教材，也可作为智能网联汽车相关专业学生的参考用书和智能网联汽车相关企业员工的培训资料，还可作为对智能网联汽车底盘线控技术感兴趣的大众群体了解底盘线控技术的专业读物。

为方便读者自主学习、提高效率，本书配备了二维码视频资源，可通过手机扫码观看；同时，可登录学银在线课程平台进行在线学习。本书配有任务工单、电子课件、试卷及答案等，凡使用本书作为教材的教师均可登录机械工业出版社教育服务网（www.cmpedu.com），注册后免费下载。

图书在版编目（CIP）数据

智能网联汽车底盘线控技术 / 李晓艳，刘强主编.
北京：机械工业出版社，2025. 5. ——（职业教育智能网联汽车技术创新与应用系列教材）. —— ISBN 978-7-111-78400-5

Ⅰ. U463. 1
中国国家版本馆 CIP 数据核字第 20259EK483 号

机械工业出版社（北京市百万庄大街22号　邮政编码100037）
策划编辑：葛晓慧　　　　　　　责任编辑：葛晓慧
责任校对：张爱妮　刘雅娜　　封面设计：陈　沛
责任印制：单爱军
北京华联印刷有限公司印刷
2025年8月第1版第1次印刷
184mm×260mm·15.5印张·379千字
标准书号：ISBN 978-7-111-78400-5
定价：59.50元（含任务工单）

电话服务　　　　　　　　　网络服务
客服电话：010-88361066　　机　工　官　网：www.cmpbook.com
　　　　　010-88379833　　机　工　官　博：weibo.com/cmp1952
　　　　　010-68326294　　金　书　网：www.golden-book.com
封底无防伪标均为盗版　　机工教育服务网：www.cmpedu.com

前　言

随着智能电动汽车和自动驾驶技术的普及，智能网联汽车技术日益完善。底盘线控技术作为智能网联汽车领域中的核心技术之一，其技术水平也在不断地提升，市场需求持续增长。线控底盘作为智能汽车的关键组成部分，通过电信号对汽车底盘执行机构实施控制，具有响应速度快、控制精度高和可靠性强等优点，是汽车智能化和电动化发展的重要支撑。随着技术的不断进步和应用领域的拓展，底盘线控技术将迎来快速发展期。"底盘线控技术"课程是高等职业教育智能网联汽车技术、汽车智能技术等专业的核心课程。编者经过5年的潜心研究、实践和改革，与3家企业联合，不断汲取兄弟院校的教学改革经验，积累底盘线控技术教学方面经验，编写了本书。

为贯彻落实党的二十大精神，推动汽车产业转型升级、推进实体经济与数字经济深度融合发展，推进新能源与智能网联汽车产业规模以上工业企业智能化改造、数字化转型全覆盖，本书的项目任务对接职业岗位能力要求，结合智能网联汽车技术技能大赛规程和职业技能等级标准，以智能网联汽车技术和汽车智能技术等专业的人才培养目标为依据，充分利用引进的北京和绪科技有限公司开发的智能网联实训车、北京中汽智联科技有限公司开发的全国技能比赛专用赛车、中汽研科技有限公司开发的全国技能比赛专用赛车，对智能网联汽车应用的底盘线控技术进行了全面、系统的介绍。本书的任务由任务导入、任务描述、知识链接、任务实施等环节组成，结合通俗易懂的理论知识进行实操训练，配套有活页式任务工单、数字资源库、学银在线课程平台，可进行线上线下混合式教学。

本书由李晓艳、刘强任主编，王莉、杨立霞、王鑫、李妙然任副主编。具体编写分工：李晓艳统筹全书，并编写前言和项目一，刘强编写项目二和项目五，王莉编写项目三的任务一和任务二，杨立霞编写项目三的任务三和任务四、项目四的任务一，王鑫编写项目四的任务二~任务四。李妙然、李迪、王志刚、孙瑞燕、杨鑫、杜英翠、张晓菲、于立泉、王萍、韩丽娜参与部分任务的编写及资料整理。

本书在编写过程中，得到了北京和绪科技有限公司、北京中汽智联科技有限公司、中汽研科技有限公司等企业的大力支持；也得到了企业专家和兄弟院校教师提出的宝贵意见和建议；同时，编者参考了大量的文献资料。在此，向所有给予编者帮助的作者、专家和单位表示衷心感谢。

由于智能网联汽车技术处于发展阶段，且编者水平有限，书中难免有不妥之处，敬请广大使用者对本书提出批评和建议。

编　者

二维码索引

（续）

（续）

（续）

目　录

项目一
智能网联汽车底盘线控技术

素养目标

1. 培养热爱生活、热爱学习的心态。
2. 培养严谨的工作态度、团队合作意识和规则意识。
3. 培养探索意识和创新意识。

知识目标

1. 了解汽车底盘线控技术的历史、现状和发展趋势。
2. 掌握汽车底盘线控系统的组成和特点。
3. 熟悉常用仪器设备的使用方法。

技能目标

1. 能够简述汽车底盘线控系统的组成。
2. 能够简述汽车底盘线控技术的优缺点。
3. 能够简述汽车底盘线控技术的原理。

任务一　底盘线控技术的认知

——创新是科技进步的源泉，只有敢于突破，才能引领科技创新的潮流。

🏠 **任务导入**

　　小李进入某汽车4S店实习，遇到一位客户对智能网联汽车的底盘线控技术提出疑问，小李需要向客户介绍底盘线控技术的相关内容，以解除客户的疑虑。你知道小李需要学习哪些基本知识来向客户做出清晰的介绍吗？

任务描述

通过对底盘线控技术的发展、组成、分类、工作原理及特点等方面的学习，培养热爱学习的心态，培养探索意识和创新意识。

知识链接

在电动化和智能化的双重影响下，底盘线控的概念越来越被人们所认识。底盘线控是指通过传感器采集驾驶人的制动或转向等意图，并由控制单元综合决策后，将控制指令以电信号的形式输入给最终的执行机构。底盘线控技术是用导线（电信号）取代了传统机械连接装置的机械设备、液压机或气动式等"硬"连接来实现操控的一种技术。底盘线控技术的实现过程是传感器将驾驶人的操纵指令转换成电信号传送给控制器，控制器分析信号，并将指令发送给执行机构，最终由功能装置实现目标指令。

一、底盘线控技术的发展

1. 底盘线控技术的起源

线控技术（X-By-Wire）最早起源于飞机的电传操纵系统，被称为电传操纵技术（Fly-By-Wire）。飞行员不再通过传统的机械回路或液压回路来控制飞机的飞行姿态，而是通过安装在飞机上的传感器检测飞行员施加在其上的力和位移，并将其转换为电信号，在电控单元（ECU）中将信号进行处理，然后传递到执行机构，从而实现对飞机的控制。由于省去了传统的飞机操纵系统中从操纵杆到舵机之间的复杂机械传动装置和液压管路，线控技术反应速度更快，控制精度更高。目前，绝大部分军用和民用飞机都已采用线控技术。

汽车线控技术是由飞机的线控技术演化而来的，是由传感器、控制器和执行器等组成的，用导线和电子元器件取代了传统的机械和液压传动装置。通过导线将传感器采集的信息和驾驶人的驾驶意图传送给控制器，控制器控制相应执行机构工作，实现汽车的驱动、转向和制动等功能，同时通过传感器将车辆状态反馈给控制器。

2. 底盘线控技术的发展历程与现状

在汽车产业的发展进程中，传统底盘受限于机械连接形式，其执行操控决策信息的效率受到很大限制。底盘线控技术的出现提升了整个车身对于获知操控决策后的动态执行效率，即驾驶人甚至 ECU 决策出的操控信息经过传感器转变为电信号，最终通过电路快速、高效地传输至执行机构。底盘线控系统是自动驾驶汽车主要的控制执行机构，其通过控制器、电源线、信号线和电动机等电气部件对自动驾驶汽车进行操控。

（1）国外底盘线控技术的发展历程　国外线控技术的研究比较早，已有很悠久的历史。从 20 世纪开始，底盘线控技术迅速发展起来，进入人们的视野。

20 世纪五六十年代，美国 TRW 等转向系统供应商和德国 Kasselmann 等就试图将转向盘和转向轮之间用控制信号替代原有的机械连接，由于受到当时电子技术和控制技术水平的限制，一直无法实现。

底盘线控技术的起源

国外底盘线控技术发展历程

当前，全球范围内较为领先的底盘线控零部件供应商，如博世、采埃孚、大陆等跨国公司从 20 世纪 90 年代末开始研发，在底盘控制领域具有丰富的技术积累和供应经验。20 世纪 90 年代，美国、欧洲和日本等研发的底盘线控技术推广应用较多，陆续应用在一些概念车上。1990 年，德国奔驰汽车公司开始研究分析前轮线控转向系统，并应用于 F400 Carving 概念车的转向、制动、悬架及车身控制方面。F400 Carving 的概念车如图 1-1 所示。美国克莱斯勒汽车公司开发了电子驱动概念车 R129，实现了线控驱动（Drive By Wire，DBW）技术。该车取消了转向盘、加速踏板和制动踏板，完全采用操纵杆控制。1999 年，德国宝马汽车公司开发了宝马 Z22 概念车，如图 1-2 所示，采用了线控转向（Steering By Wire，SBW）和线控制动（Brake By Wire，BBW）及线控换档技术。

图 1-1　F400 Carving 的概念车

图 1-2　宝马 Z22 概念车

2001 年，意大利 Berstone 汽车设计及开发公司在第 71 届日内瓦国际汽车展览会上展示了新型概念车 FILO，如图 1-3 所示。该车采用了线控驱动技术，所有驾驶动作均通过信号传递，使用操纵杆进行转向操作，并采用了 42V 供电系统。

2003 年，日本丰田汽车公司在纽约国际车展上展出了 Lexus HPX 概念车，如图 1-4 所示。该车采用了线控转向系统，在仪表盘上集成了各种控制功能。

图 1-3　FILO 概念车

图 1-4　Lexus HPX 概念车

2005 年，美国通用汽车公司推出氢燃料驱动 - 线传操作的 Hy-Wire 概念车（图 1-5）和 Sequel 概念车（图 1-6），转向、制动和其他一些系统均采用线控技术。美国斯坦福大学的动态设计实验室开发了 "P1" 线控转向电动汽车，该车具有两套独立的前轮线控转向系统，冗余设计为该车的安全提供了保障。

2006 年和 2008 年，日本日产汽车公司先后推出了 PIVO 概念车（图 1-7）和 EA2 概念车，其转向系统和制动系统均采用了线控技术。

2010 年，丰田汽车公司推出了 FT-EV Ⅱ 概念车，如图 1-8 所示。该车采用线控技术，通过操纵杆实现加速、制动和转向等全部功能。除此之外，法国雪铁龙汽车公司、韩国现代和起亚汽车公司等也相继推出了采用线控技术的概念车。

图 1-5　Hy-Wire 概念车

图 1-6　Sequel 概念车

图 1-7　PIVO 概念车

图 1-8　FT-EVⅡ 概念车

2013 年，英菲尼迪推出第一款"线控主动转向"（Direct Adaptive Steering，DAS）量产车型 Q50，如图 1-9 所示。其线控转向系统由路感反馈总成、转向执行机构和 3 个控制单元组成，使车辆能够快速连续地完成入弯、切弯和出弯等动作。

2017 年，耐世特汽车公司开发了由"静默转向盘系统"和"随需转向系统"组成的线控转向系统。"静默转向盘系统"能够修正车辆自动转向过程中转向盘的颤动和回正带来的干扰，从而显著降低操作疲劳度，确保车辆安全平稳驾驶，在自动驾驶时转向盘还可保持静止，并能收缩至组合仪表上，从而提供更大的车内空间。

图 1-9　英菲尼迪 Q50 汽车

2019 年，博世线控转向系统于上海车展亮相。博世线控转向系统的中间轴连接，实现了上转向和下转向的非机械连接，将其结构分为转向盘执行机构和转向齿条执行机构。

（2）国内线控技术的发展历程　中国对汽车线控技术的研究偏重于线控系统理论研究，起步相对较晚。武汉理工大学对线控转向系统的控制策略和相关控制器进行了研究，江苏大学也对线控转向系统的硬件系统进行了研究。北京理工大

国内底盘线控
技术发展历程

学针对线控转向系统提出了基于线控转向系统的主动转向控制策略以及全状态反馈控制算法，并进行了仿真验证，取得了一定成果。2004 年，同济大学和上海汽车动力有限公司承担的国家 863 燃料电池轿车项目组开发的"春晖"系列电动汽车是国内首辆采用线控转向技术的电动汽车（图 1-10），是国内线控转向系统领域的一个突破。该车将驱动、制动、测速、悬架分别集成了 4 个独立模块，充分发挥电动机控制灵活、快速的优势，明显改善了新能源汽车的综合性能。吉林大学提出了线控转向系统理想转向传动比的概念，并设计了稳态增益与动态反馈校正控制算法，于 2009 年开发了线控转向试验车，进行了控制算法的实验验证，在线控转向系统的控制和应用方面取得了一定成果。2010 年，在第 25 届世界电动车大会暨展览会上，吉林大学展出了基于轮毂电动机的全线控电动概念车。

图 1-10　"春晖"系列电动汽车

随着技术的发展，国内开始出现一批专业开发底盘线控产品的企业，如上海拿森汽车电子有限公司、上海同驭汽车科技有限公司等。同时，一些传统汽车底盘公司，例如芜湖伯特利汽车安全系统有限公司、瑞立科密汽车电子股份有限公司、易力达机电有限公司、豫北转向系统股份有限公司等，开始进行转型，研发线控产品。

2019 年 12 月，上海拿森汽车电子有限公司与北京新能源汽车股份有限公司达成战略合作协议，双方在底盘线控技术产品上展开深度合作。图 1-11 和图 1-12 所示的 EC 系列和 EU 系列等多款量产车型都搭载着 N-Booster 系统，并可自由搭配电子稳定控制系统、EPS 线控转向系统。截至 2020 年年底，上海拿森汽车电子有限公司 N-Booster 系统已实现累计供货 10 万套。

图 1-11　EC 系列汽车

图 1-12　EU 系列汽车

2020 年 3 月，图 1-13 所示的长安全新跨界车型长安 UNI-T 在重庆完成了首个 L3 级别自动驾驶的量产体验。该车在交通拥堵的情况下，需要驾驶人监控前方，可实现驾驶人的长时间松脚、松手，车载传感器采集车速信号、转向盘转角等信号通过 ECU 进行信息处理后给转向盘操纵模块和制动器操纵模块发送指令，完成车辆横向运动与纵向运动的协调控制。若驾驶人在提醒接管后不接管，车辆的线控制动系统自动缓慢减速至停车；当解除拥堵，前车车速高于 40km/h 后，线控驱动系统和线控转向系统自动控制车速与转向控制，以确保驾驶人恢复驾驶后，保持车辆在本车道内平顺行驶。

图 1-13　长安 UNI-T

上海同驭汽车科技有限公司自主研发的液压式线控制动（EHB）系统已应用在吉利、东风、江淮、江铃、金龙、威马汽车、阿里巴巴、京东物流、驭势科技等 60 多家公司的车型上。

3. 底盘线控技术的发展趋势

随着汽车向"电动化、智能化、网联化、共享化"发展的趋势，汽车底盘系统线控化将从部分子系统线控化逐渐演进到全局线控化，多系统多控制器将逐渐被域控制器取代，自动驾驶技术随之快速发展，而全线控技术底盘是实现自动驾驶的必要条件。

在 L4 级以上的汽车里，已经没有人类驾驶者，"大脑"的意向表达或操纵指令是通过"电信号"来传递的。在自动驾驶的感知、决策和执行 3 个主要环节中，底盘线控属于最关键的执行端，相当于人的胳膊和腿，与扮演"大脑"角色的上层技术解决方案实现高度协同，以此形成闭环。

在未来自动驾驶车辆上，转向杆、制动踏板和加速踏板等都将不再保留，而是利用车辆智能感知单元进行分析，工作指令通过线束传递给转向系统或制动系统，来实现自动驾驶。随着自动驾驶技术进化，从已经广泛应用的 L2 级到 L3 级乃至 L5 级自动驾驶，对技术的冗余和安全要求越来越高，同时对底盘线控也提出了更高的要求。作为自动驾驶汽车控制单元，底盘线控中线控制动技术难度最高，线控驱动、线控悬架的技术相对成熟。线控转向和线控制动是面向自动驾驶执行端方向最核心的产品，目前适用于 L4 级以上自动驾驶的稳定的量产产品还较少，发展潜力很大。

近年来，随着国内自动驾驶技术的快速进步，底盘线控技术迭代的驱动力也在增多。同时，国内自动驾驶量产车型日益增多，新能源汽车自主化发展已成为行业趋势，这为国内相关零部件企业的底盘线控自主研发带来了很大的机遇。底盘线控作为自动驾驶汽车的核心零部件，综合了软件、硬件和机械的能力，具有较高的技术门槛。其中，突破底盘线控技术自主开发的困境，是我国汽车智能化和电动化变革的重中之重。未来，智能汽车将持续快速发展，根据工业和信息化部推测，我国汽车产量在 2025 年保守估计将达到 2700 万辆左右，可以肯定，整车底盘线控的渗透率将呈现几何式增长趋势，行业前景广阔。

国家政策将底盘线控视为新能源汽车关键性数据，给予高度重视。自 2018 年以来，国家各政府部门多次在重要政策文件中强调底盘线控技术的重要性，例如国务院于 2020 年 10 月发布的《新能源汽车产业发展规划（2021—2035 年）》在开设的专栏中专门对新能源汽车

底盘线控技术发展趋势

核心技术攻关做出了规划，文件指出"以新能源汽车为智能网联技术率先应用的载体，支持企业跨界协同，研发复杂环境融合感知、线控执行系统等核心技术和产品"。

　　2023 年 7 月，工业和信息化部国家标准化管理委员会印发了《国家车联网产业标准体系建设指南（智能网联汽车）（2023 版）》的通知，以充分发挥标准在车联网产业生态环境构建中的引领和规范作用，适应我国智能网联汽车发展的新趋势、新特征和新需求，加快构建新型智能网联汽车标准体系。同年 11 月，工业和信息化部、公安部、住房和城乡建设部、交通运输部为落实《关于加强智能网联汽车生产企业及产品准入管理的意见》，促进智能网联汽车推广应用，提升智能网联汽车产品性能和安全运行水平，决定开展智能网联汽车准入和上路通行试点工作，引导智能网联汽车生产企业和使用主体加强能力建设，在保障安全的前提下，促进智能网联汽车产品的功能、性能提升和产业生态的迭代优化，推动智能网联汽车产业高质量发展。基于试点实证积累管理经验，支撑相关法律法规、技术标准制修订，加快健全完善智能网联汽车生产准入管理和道路交通安全管理体系。国家对智能网联汽车技术的发展提供了大力的支持，底盘线控系统作为执行机构，其关键技术至关重要。

　　由于底盘线控关键技术仍处于攻关阶段，政策层面仅从宏观角度表明支持与激励态度，将技术方向与实现路径交由行业及企业进行创新探索。目前行业对关键性技术方向基本达成共识，当前重点在于软硬件设备可靠性提升及线控技术带来的安全事故定责等问题。预计未来政策将更为细化有关底盘线控的规制细节，将有望从技术路径、优惠补贴、软硬件可靠性、交通事故定责等方面建立完备的规范体系，指引技术发展方向，并尽可能降低先进智能化技术可能带来的定责边界模糊等问题。

二、底盘线控系统的认知

　　汽车的底盘由传动系统、转向系统、行驶系统和制动系统组成。底盘线控系统一般包括线控驱动、线控换档、线控转向、线控制动和线控悬架 5 部分。底盘的作用是支撑、安装汽车各部件和总成，形成汽车的整体造型，并接收发动机的动力，使汽车产生运动，保证车辆安全行驶。线控驱动系统掌控着自动驾驶中制动和转向时车辆姿态的控制，线控转向系统掌控着自动驾驶的路径与方向的精确控制，线控制动系统掌控着自动驾驶的底盘安全性和稳定控制。

　　底盘线控系统上主要的控制单元包括转向系统 ECU、制动系统 ECU 和驱动电机控制单元（MCU），如图 1-14 所示，这些控制单元通过 CAN 总线与整车控制器（VCU）进行通信，实现智能网联汽车的转向、制动、速度、档位等底盘控制。

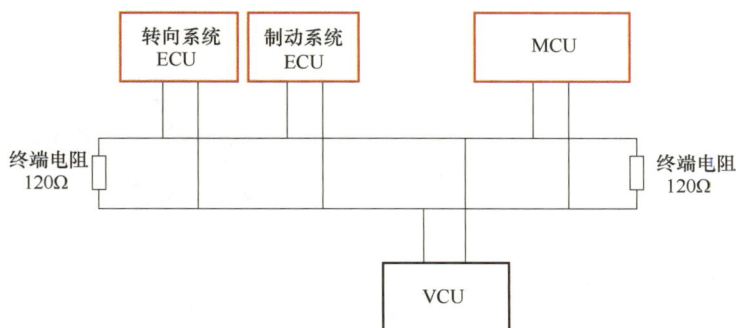

图 1-14　底盘线控系统框图

线控节气门和线控换档因技术发展较早，已经得到广泛应用。其中，线控节气门技术的应用率最高，接近100%。线控换档技术的应用率基本在25%，但随着智能化相关功能配置率的提升，也会同步快速提升。线控悬架因成本较高，目前应用率不足3%。前期主要搭载在海外豪华品牌车型上，后续逐步在合资品牌车辆中有所应用，近几年国内自主高端品牌（如蔚来、理想、极氪、岚图等）也逐步开始搭载，处于缓慢提升的阶段。

1. 线控驱动系统的概况

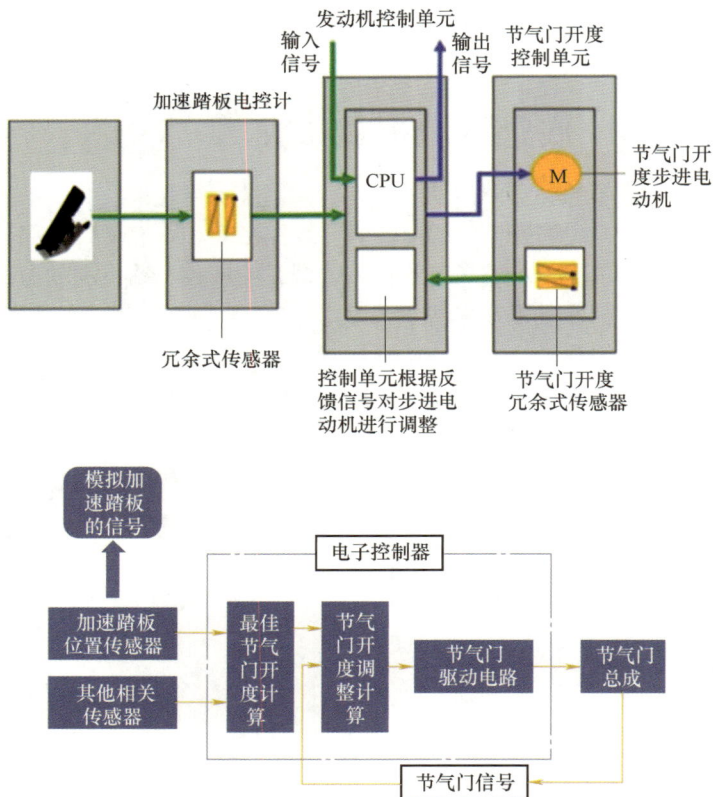

（1）线控驱动系统的简介　线控驱动（Drive By Wire，DBW）系统是智能网联汽车的必要关键技术，为智能网联汽车实现自主行驶提供了良好的硬件基础，是保证车辆正常加速和爬坡的核心部件。线控驱动系统根据驾驶人的动作和汽车本身的各种行驶信息综合分析驾驶人的意图，精确控制动力装置（发动机或驱动电机）的输出功率和车轮驱动力的大小，以提高车辆整体的动力性、经济性和操纵稳定性。

（2）线控驱动系统的分类　与智能网联汽车的两种主要类型相匹配的线控驱动系统包括传统内燃机汽车和集中电机/分布电机驱动电动汽车线控驱动控制。对于电动汽车，驱动执行器为驱动电机，其可能是单电机的中央驱动电机，也可能是多轮独立电机。主流的驱动方案有集中电机驱动和分步电机驱动，目前，集中电机驱动方案得到了大量的应用，但正朝着以轮边和轮毂电机为代表的分布电机驱动形式发展。

（3）线控驱动系统的结构与工作原理　对于传统汽车而言，加速踏板的自动控制是实现线控驱动的关键。加速踏板与节气门之间通过电信号进行控制，来取代原来的机械传动控制汽车加速，这种形式被称为线控节气门，也称为电子节气门。线控节气门系统由加速踏板、加速踏板位置传感器、ECU、数据总线、伺服电动机和节气门执行机构组成。传统汽车线控驱动系统控制原理图和结构图如图1-15所示。

控制方式主要有两种，方式一，在加速踏板的位置增加一套执行机构，模拟驾驶人踩加速踏板；同时，增加一个闭环负反馈控制系统，输入目标车速信号、实际车速作为反馈，通过控制系统计算，控制执行机构具体动作。

图1-15　传统汽车线控驱动系统控制原理图和结构图

方式二，接管节气门控制单元加速踏板的位置信号，只需要增加一套控制系统，输入目标车速

信号、实际车速作为反馈，最后控制系统计算输出加速踏板位置信号给节气门控制单元。

对于电动汽车，由于电动汽车 VCU 的主要功能是通过接收车速信号、加速度信号和加速踏板位移信号，实现转矩需求的计算，然后发送转矩指令给电机控制单元，进行电机转矩的控制，所以通过 VCU 的速度控制接口来实现线控驱动控制。线控节气门具有控制精确、稳定性高的特点，基本实现 100% 普及。电动汽车线控驱动系统控制原理图和结构图如图 1-16 所示。

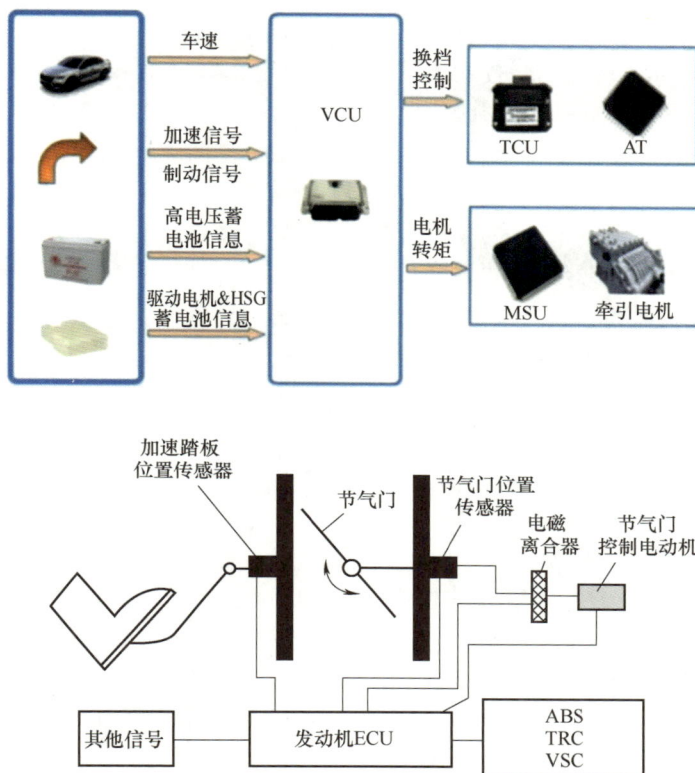

图 1-16 电动汽车线控驱动系统控制原理图和结构图

2. 线控转向系统的概况

（1）线控转向系统的简介 线控转向（Steering By Wire，SBW）系统是智能网联汽车实现路径跟踪与避障避险必要的关键技术，为智能网联汽车实现自主转向提供了良好的硬件基础，其性能直接影响主动安全与驾乘体验。线控转向系统示意图如图 1-17 所示。

针对线控转向系统的研究，国外起步相对较早。著名汽车公司和汽车零部件厂家，如美国 Delphi 公司、天合 TRW 公司、日本三菱公司、采埃孚公司、宝马公司等都相继在研制

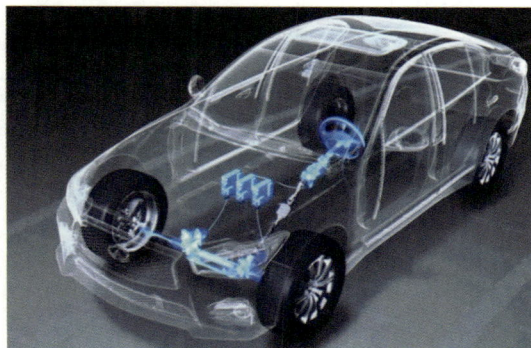

图 1-17 线控转向系统示意图

底盘线控转向
系统概况

各自的线控转向系统。TRW 公司最早提出用控制信号代替转向盘和转向轮之间的机械连接。但受制于电子控制技术，直到 20 世纪 90 年代，线控转向技术才有较大进展。英菲尼迪的"Q50"是第一款应用线控转向技术的量产车型。

国内企业对线控汽车的研究起步相对较晚，与国外差距较大，各高校对线控系统的研究主要以理论为主。2004 年，同济大学在上海国际工业博览会上展示了配备线控转向系统的四轮独立驱动微型电动汽车"春晖三号"。

（2）线控转向系统的分类　转向系统有 EPS（电动助力转向系统）与线控转向系统两种。EPS 仍保留转向轴及齿轮齿条，电动机仅起到助力作用。根据驾驶人的转角来增加转向力可满足 L0~L2 级自动驾驶。线控转向系统彻底取消了转向盘和齿条间的机械连接，用传感器获得转向盘的转角数据，然后通过 ECU 处理计算并输出驱动力数据，用电机推动转向器转动车轮。线控转向系统是未来转向系统发展的主要方向。

（3）线控转向系统的组成　线控转向系统主要由转向盘模块、转向执行模块和控制器（ECU）3 个部分及自动防故障系统、电源系统等辅助模块组成。线控转向系统的结构如图 1-18 所示。

1）转向盘模块。包括转向盘、转矩传感器、转角传感器、转矩反馈电动机和机械传动装置。其主要功能是将驾驶人的转向意图，通过测量转向盘转角转换成数字信号并传递给主控制器；同时接收 ECU 送来的力矩信号产生转向盘回正力矩，向驾驶人提供相应的路感信号。

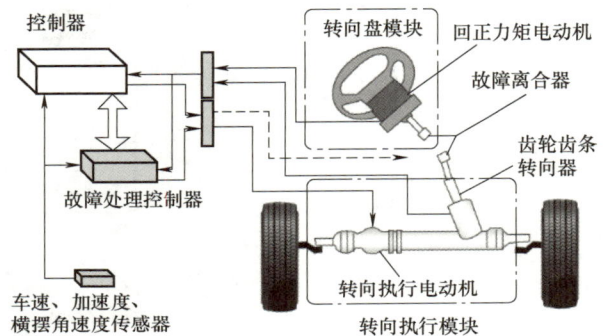

图 1-18　线控转向系统的结构

2）控制器。包括车速传感器，也可以增加横摆角速度传感器、加速度传感器和 ECU，以提高车辆的操纵稳定性。ECU 对采集的信号进行分析处理，判别汽车的运动状态，向转矩电动机和转向执行电动机发送命令，控制两个电动机的工作。其中，转向执行电动机完成车辆航向角的控制，转矩电动机模拟产生转向盘回正力矩，以保障驾驶人的驾驶感受。

3）转向执行模块。包括角位移传感器、转向电动机、齿轮齿条转向机构和其他机械转向装置等。其主要功能是接收 ECU 的命令，控制转向电动机实现要求的前轮转角，完成驾驶人的转向意图。

4）电源系统。承担控制器、执行电动机以及其他车用电动机的供电任务，用以保证电网在大负荷下稳定工作。

5）自动防故障系统。其作用是保证在线控转向系统故障时，提供冗余式安全保障。它包括一系列监控和实施算法，针对不同的故障形式和等级做出相应处理，以求最大限度地保持汽车的正常行驶。当检测到 ECU、转向执行电动机等关键部件产生故障时，故障处理 ECU 自动工作，首先发出指令使 ECU 和转向执行电动机完全失效，其次紧急起动故障执行电动机，以保障车辆航向的安全控制。

（4）线控转向系统的工作原理　通过用转矩传感器和转角传感器检测驾驶人的转向数据，检测到转向盘转角信号后，通过数据总线将信号传递给 ECU，ECU 根据车辆信息完成转向助力控制。

线控转向系统的具体工作过程是转向盘将驾驶人的转向意图通过传感器转换成数字信号，随后传递给转向齿条执行机构；同时，根据不同的车速及驾驶工况提供模拟的转向盘力矩反馈，从而实现转向盘的回正。转向齿条执行机构从转向盘执行机构接收信号，并根据驾驶人的转向意图将转向盘角度信号转换成轮胎的摆动，同时控制助力电动机工作，从而实现对转向系统的控制。

（5）线控转向系统的特点　线控转向系统取消了传统的机械式转向装置，转向盘和转向轮之间无机械连接，可以减轻车体重量，消除路面冲击，具有减小噪声和隔振等优点。

同时，线控转向系统具有根据不同车速提供最优助力、保证高速时可靠的稳定性、提供适当路面反馈量、节约能源的优点。

3. 线控制动系统的概况

（1）线控制动系统的简介　线控制动（Brake By Wire，BBW）系统是电子控制的制动系统，线控制动技术是智能网联汽车"控制执行层"的必要关键技术，为智能网联汽车实现自主停车提供了良好的硬件基础。线控制动系统是汽车底盘的核心部件，是实现高级自动驾驶的关键部件之一。

底盘线控制动
系统概况

线控制动系统用集成制动控制装置取代真空助力器，通过 CAN 总线接收主控单元发出的控制指令，驱动电机推动制动主缸，执行制动指令。对于新能源汽车，可同时取消电子真空泵，节省安装空间，减少系统复杂程度。该系统还具有主控能量回收的功能，增加电动汽车（或混合动力汽车）的续驶里程，既节能又环保。

早期的宝马 M3 采用线控制动系统这种制动方式。由于线控制动通过 ECU 实现系统控制，ECU 的可靠性、抗干扰性、容错性以及多控制系统之间通信的实时性，都有可能对制动控制产生影响，制约了线控制动系统的应用与推广。

（2）线控制动系统的分类　线控制动系统可分为 EHB（Electro-Hydraulic Brake，电子液压制动）系统和 EMB（Electro-Mechanical Brake，电子机械制动）系统。

EHB 是半线控制动，从传统的液压制动系统发展来的，但与传统制动方式的控制有很大的不同。它以电子元件替代了原有的部分机械元件，将电子系统和液压系统相结合，是一个先进的机电液一体化系统，其控制单元及执行机构布置比较集中。EHB 将是未来较长时间内的主流方案。在 EHB 中，One-Box 方案相比 Two-Box 方案的集成度更高、能量回收强、成本更低，市场发展潜力更大。

EMB 是全线控制动，它基于一种全新的设计理念，完全摒弃了传统制动系统的制动液及液压管路等部件，由电动机驱动产生制动力，每个车轮上安装一个可以独立工作的电子机械制动器，也称为分布式、干式制动系统。由于其冗余备份等问题短期内较难商业化。

（3）线控制动系统的结构　线控制动系统主要由接收单元、制动控制器（ECU）和执行单元 3 部分组成，如图 1-19 所示。

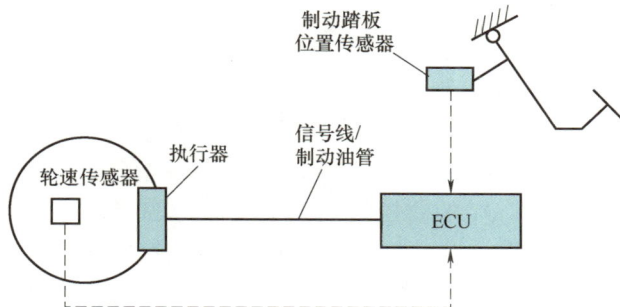

图 1-19　线控制动系统的组成

（4）线控制动系统的工作原理　线控制动系统将原有的制动踏板机械信号通过改装转变为电控信号，通过加速踏板位置传感器接收驾驶人的制动意图，产生制动电控信号并传递给控制系统和执行机构，并根据一定的算法模拟踩踏感觉反馈给驾驶人。

（5）线控制动系统的特点

1）由于 EHB 以液压为控制能量源，液压的产生和电控化相对来说比较困难，不容易做到和其他电控系统的整合，而且液压系统的复杂性相对系统轻量化不利。

2）EMB 技术的安全优势极为突出，制动响应迅速，没有复杂的液压、气压传递机构，直接从电信号转化为制动动作，可大幅提升响应速度，反应时间在 100ms 以内，可大幅度缩短制动距离，进而提升安全性。

3）线控制动系统在 ABS（制动防抱死系统）模式下无回弹振动，可以消除静音。

4）线控制动系统便于集成电子驻车、制动时防抱死、制动力分配等附加功能。

5）工作环境恶劣，特别是高速制动下的高温，制动片温度达几百摄氏度。

4. 线控换档系统的概况

（1）线控换档系统的简介　线控换档（Shift By Wire，SBW）系统是将现有的档位与变速器之间的机械连接结构完全取消，通过电动执行控制变速器动作执行的电子系统。线控换档系统取代了传统的档位操作模式，通过旋钮和按键等新式交互件电子控制车辆换档，为智能网联汽车实现速度控制提供了良好的硬件基础，也称为电子换档。

线控换档取消了传统的换档操纵机构与变速器之间连接的拉索或推杆，变速杆和变速器之间无直接机械连接，可以简化系统的部分结构，便于设计变速杆的位置与操作界面（例如，安装在仪表板上），使换档操作更加轻便、容易。

宝马汽车公司最早引入了线控换档系统与其 MDKG 七速双离合器变速器相搭配，使驾驶人换档的动作变得简单、轻松，而且不会出现驻车档的卡滞问题，被广泛应用于宝马集团的车型。

（2）线控换档系统的分类　由于线控换档取消了笨重的机械装置，因此它布置较为灵活，各大主机厂推出了各式各样的、科技感十足的换档方式，大致分为按键式、旋钮式、怀档式和档杆式 4 种。

按键式的代表车型有林肯 MKZ、本田冠道、阿斯顿·马丁等，旋钮式的代表车型有捷豹、路虎极光、长安福特金牛座、长安新蒙迪欧、长安奔奔、凯翼 C3、北汽 EV200、北汽 EC180、奇瑞 eQ 等，怀档式的代表车型有宝马 E56/E66、奔驰 S 级，档杆式的代表车型有奥迪 A8L、宝马 5 系、领克全系。

（3）线控换档系统的组成　线控换档系统主要由换档操纵机构、换档 ECU、换档执行模块、驻车控制 ECU 和档位指示器等组成。

丰田混合动力车型线控换档系统的结构如图 1-20 所示，其由变速杆、驻车开关、混合动力系统 HV ECU、驻车控制 ECU、驻车执行器和档位指示器组成。

奥迪 Q7 的线控换档系统变速杆的结构如图 1-21 所示，其由盖罩、变速杆、解锁键、P 位键、防尘罩、换档操纵机构盖板、换档范围显示 SY、换档操纵机构和多组插接器组成。

（4）线控换档系统的工作原理　线控换档是一种不需要任何机械结构，仅通过电信号控制传动的机构。同其他线控技术一样，线控换档也是通过 CAN 总线实现与整车的通信，

底盘线控换档
系统概况

通过 LIN 线实现背光灯、随档增亮、面板按键等各种功能。

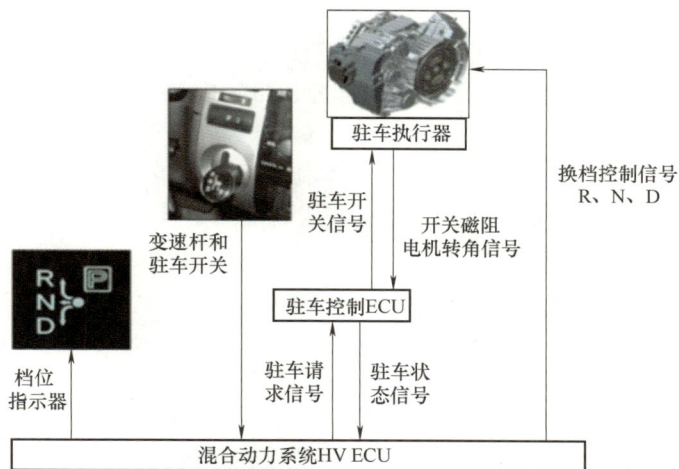

图 1-20　丰田混动车型线控换档系统的结构

当挂入某一个档位时，传感器就会将档位请求信号传送到变速器控制单元（TCU），同时，TCU 根据汽车上其他的各种信号（如发动机转速、车速、节气门开度以及安全带、车门开关信号等）进行分析，根据通信协议判断是否执行换档请求。

如果确认没有任何问题，TCU 会发出指令，给变速器中相应的电磁阀通电或断电，来控制各种液压控制阀的通断，从而实现档位的切换，并将策略档位发送给仪表显示当前档位。同时，传感器从 CAN 总线上接收 TCU 发出的反馈档位信号，再通过 LIN 线使副仪表板上的档位指示灯亮起。

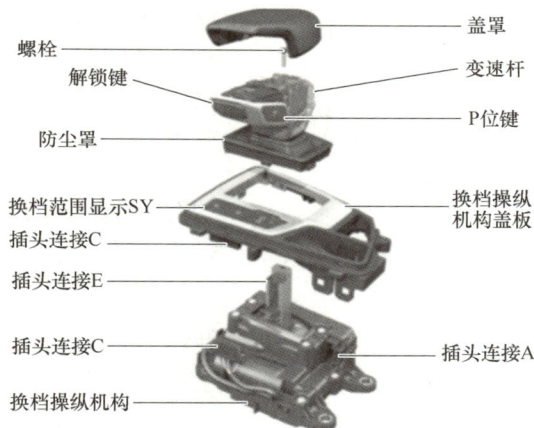

图 1-21　奥迪 Q7 的线控换档系统变速杆的结构

如果被分析到有错误操作的存在，比如高速行驶中突然向前挂倒档，会被 TCU 认为是错误信号，这种情况下 TCU 不会给变速器发送操作指令。

（5）线控换档系统的特点　目前，电子换档及线控换档已较为普及，相比传统机械换档，线控换档没有拉索束缚，整个系统体积和质量更小、更智能，突破传统变速杆必须放在中控与变速器硬连接的限制，使换档形式更多样，换档更高效、简洁。

线控换档系统的优点如下：

1）质量更小，有利于轻量化。

2）体积更小，节省储物空间。

3）布置位置灵活，形式多变、科技感十足，可提高品牌竞争力。

4）便于集成附加功能，如全自动泊车（APA）、自动 P 位请求、实现手动 / 运动换档模式、驾驶人安全带保护、车门打开安全保护、整车防盗、多重硬线唤醒、驾驶习惯学习等。

5）对于电子换档 + 手动变速器来说，驾驶人的换档错误操作会由 ECU 判断是否会对变速器造成损伤，从而更好地保护变速器和纠正驾驶人的不良换档操作习惯。

5. 线控悬架系统的概况

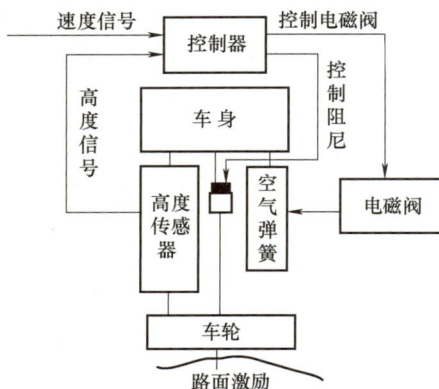

（1）线控悬架系统的简介　线控悬架（Suspension By Wire）系统也称为主动悬架系统，是智能网联车辆的重要组成部分，可实现缓冲振动、保持平稳行驶的功能，直接影响车辆操控性能以及驾乘感受。线控悬架系统能够根据车身高度、车速、转向角度及速率、制动等信号，由 ECU 控制悬架执行机构，使悬架系统的刚度、减振器阻尼力及车身高度等参数相应改变，从而使汽车具有良好的乘坐舒适性和操纵稳定性。线控悬架系统的最大优点是能够根据不同路况和行驶状态做出反应，使汽车具有更好的驾乘体验，且由电信号控制而更加智能。

悬架系统发展经历从被动调节到主动调节，螺旋弹簧和减振器组合向空气弹簧 +CDC 型减振器组合升级，空气悬架已逐步成为中高端智能电动汽车的标配。

1980 年，BOSE 公司成功研发了一款电磁主动悬架系统。1984 年，电控空气悬架开始出现，林肯汽车成为第一个采用可调整线控空气悬架系统的汽车。

目前，宝马汽车安装的"魔毯"悬架系统、凯迪拉克汽车安装的 MRC 主动电磁悬架系统，以及自适应空气悬架系统，均属于线控悬架系统的不同形式。

奔驰新一代 S 级采用的 MAGIC BODY CONTROL 线控悬架系统，可以根据前方路面状况，自动调节减振器的阻尼系数和车身高度等车辆参数，悬架刚度、阻尼等关键参数跟随汽车载荷和行驶速度而变化。

（2）线控悬架系统的分类　悬架可以分为被动式悬架、半主动式悬架和主动式悬架。其中，半主动式悬架及主动式悬架均属于线控悬架（电控悬架）。半主动式悬架分为阻尼控制式和刚度控制式两种，主动式悬架分为液压悬架和空气悬架两种。

（3）线控悬架系统的组成和工作原理　线控悬架系统主要由模式选择开关、传感器、ECU 和执行机构等部分组成。典型线控悬架系统的结构与工作原理示意图如图 1-22 所示。

传感器负责采集汽车的行驶路况（主要是颠簸情况）、车速以及起动、加速、转向、制动等工况并将其转变为电信号，经简单处理后传输给线控悬架 ECU。其工作主要涉及车辆的加速度传感器、高度传感器、速度传感器和转角传感器等关键传感器。空气弹簧根据 ECU 的控制信号，准确、快速、及时地做出反应动作，包括气缸内气体质量、气体压力及电磁阀设定气压等关键变量的改变，实现对车身弹簧刚度、减振器阻尼和车身高度的调节。线控悬架系统执行机构主要由执行器、阻尼器、电磁阀、步进电动机和气泵电动机等组成。

图 1-22　典型线控悬架系统的结构与工作原理示意图

（4）线控悬架系统的控制　线控悬架系统是根据路况实际情况自动调节悬架的高度、刚度、阻尼实现行车姿态精细化控制，包括静止状态的控制、行驶工况的控制、自动水平的控制。

1）静止状态控制。静止状态控制是指车辆静止时，由于乘员和货物等因素引起车载载荷的变化，线控悬架系统会自动改变车身高度，以减少悬架系统的载荷，改善汽车的外观形象。

2）行驶工况控制。将车辆静态载荷和动态载荷综合考虑，当汽车在高速行驶时，线控悬架系统主动降低车身高度，以改善行车的操纵稳定性和气动特性；当汽车行驶在起伏不平的路面时，线控悬架系统主动升高车身，以避免车身与地面或悬架的磕碰，同时改变悬架系统的刚度，以适应驾驶舒适性的要求。

3）自动水平控制。在道路平坦开阔的行驶工况下，它使车身高度不受动态载荷和静态载荷影响，保持基本恒定的姿态，以保证驾乘舒适性和前照灯光束方向不变，提高行车的安全性。图 1-23 所示为美国 BOSE 公司推出的动力-发电减振器（Power-Generating Shock Absorber，PGSA），完全由线性电动机电磁系统（Linear Motion Electromagnetic System，LMES）组成电磁减振器，每个车轮单独配置一套该系统，组建车身独立悬架系统。

（5）线控悬架系统的特点 线控悬架系统可以针对汽车不同的工况，控制执行器产生不同的弹簧刚度和减振器阻尼，既能满足平顺性和操纵稳定性的要求，也能保障驾乘的舒适性要求。其主要优点如下：

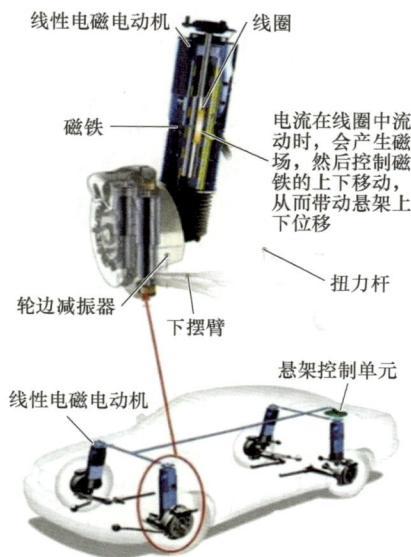

图 1-23 美国 BOSE 公司的动力-发电减振器

1）刚度可调，可改善汽车转弯侧倾、制动前倾和加速抬头等情况。

2）汽车载荷变化时，能自动时维持车身高度不变。

3）在颠簸路面行驶时，能自动改变底盘高度，提高汽车通过性。

4）可抑制"制动点头"和"加速抬头"现象，充分利用车轮与地面的附着条件，加速制动过程，缩短制动距离。

5）使车轮与地面保持良好的接触，提高车轮与地面的附着力，增加汽车抵抗侧滑的能力。

尽管线控悬架系统有诸多优点，但其复杂的结构决定了线控悬架系统具有不可避免的缺点：

1）结构复杂，故障概率和频率远远高于传统悬架系统。由于线控悬架要求每个车轮悬架都有控制单元，得到路面数据后的优化处理算法难度非常大，容易造成调节过度或失效。

2）采用空气作为调整底盘高度的"推进动力"，减振器的密封性要求非常高，若空气减振器出现漏气，则整个系统将处于"瘫痪"状态，而且频繁地调整底盘高度，有可能造成气泵系统局部过热，大大缩短气泵的使用寿命。

三、底盘线控技术的特征及优缺点

1. 底盘线控技术的特征

1）底盘线控的操纵机构和执行机构没有机械连接和机械能量的传递。

2）底盘线控的操纵指令由传感元件感知，以电信号的形式由网络传递给电子控

底盘线控技术
的特征

制器及执行机构。

3）底盘线控的执行机构是用外来能源完成操纵指令及相应的任务操作的，其执行过程和执行结果受电子控制器的监测和控制。

2. 底盘线控技术的优点

与传统底盘相比，底盘线控技术取消了大量的机械连接装置及液压/气压等辅助装置，这样做的好处，一是有助于车辆提升安全性，具备响应速度快和控制精度高的特点；二是减少了力在传递过程中能量的损耗；三是可磨损部件减少，维护成本降低。同时，底盘线控技术的发展将大幅提升汽车能量利用效率，提升新能源汽车的续驶能力。基于新能源专用平台设计、生产的新能源汽车底盘经过重新设计，可以更好地适应各线控装置的布局，同时更高的电气化水平可以有效支撑底盘线控系统的正常运行。其优点可总结如下：

1）线控的灵活性使汽车设计、工程制造和生产过程中的成本大为降低，同时，结构简单，驾乘空间更优化，增加了车辆舒适性，并且降低了维护要求和减小了车身质量。

2）控制灵活，灵敏度及精确度较高，用电信号替代机械传输，优化控制结果，能够实现汽车的柔性连接，车身与底盘可以独立分开。

3）节约能源，减少损耗，部分车辆具备能量回收装置，可以提升能源的利用率。随着制动液的取消，减少了环境污染，更环保。

4）响应速度大大提高。

5）简化了制动系统的结构，便于装配和维护。

6）减小了正面碰撞时的潜在危险性，为汽车设计提供了更多空间。

3. 底盘线控技术的缺点

底盘线控系统中由于电子元器件增多，电子设备会有电磁干扰、器件失效、软件程序的设计不当、网络攻击等问题存在。车辆在行驶过程中，一旦电路失效，就会导致致命性的灾难——转向失灵、加速踏板无法控制或者无法制动等。其缺点可总结如下：

1）对可靠性要求很高，需要备份系统来保证可靠性。

2）电动机功率限制动力不足。

3）不但设计难，而且投入高。

4）工作环境恶劣。

5）制动片附近的半导体部件无法承受高温。

因此，底盘线控技术今后要在系统的稳定性、可靠性和安全性下足功夫攻克难关。

四、底盘线控技术的应用

（1）底盘线控技术更适合电动汽车发展

1）布局灵活。动力总成由发动机变成动力蓄电池和驱动电机，无发动机提供真空源，由电控制动代替真空源提供制动。底盘线控减少了机械连接，通过柔性的电缆和导线代替刚性联轴器和传动轴传递，驱动电机可直接驱动车轮，为底盘布局提供了更多灵活性。

2）电气化程度高。电动汽车的动力蓄电池容量更大，电气化程度高，能够承载的电子电气设备更多。

（2）应用于高级驾驶辅助系统（ADAS）　自动驾驶系统从分工来看，共分为感知、决策和执行3个部分，其中，底盘系统属于自动驾驶的"执行"机构，是最终实现自动驾驶的核心功能模块。L3 级及以上级别自动驾驶的实现，离不开底盘机构的快速响应和精准执行，以达到和上层的感知和决策的高度协同。各主机厂均在加快电动智能汽车的布局，ADAS 在新车型的搭载率持续提升，随着 5G 的商用落地，ADAS 规模的提升正在加速。

（3）滑板底盘技术推动底盘线控技术加速发展　滑板底盘是当前汽车行业最重要的革命性技术之一，其最大的特点是上、下车体解耦，从而大幅缩短整车研发周期。因此，该技术需要搭载非承载式车身结构和底盘线控；为了便于上装，底盘不能占据过多纵向空间，"三合一"等集成式电驱系统成为必需；高度集成智能化模块，需要以集中式 EEA（汽车电子电气架构）为基础并实现软硬件解耦；在有限空间内提升动力蓄电池的质量／体积能量密度，与 CTC（Cell To Chassis，蓄电池和底盘融合设计）蓄电池系统集成方案高度契合；高度集成后，底盘的结构更加复杂，一体化压铸能够更好地匹配底盘工艺提升的需求。

近几年，众多国内外厂商陆续推出自研的滑板底盘，技术逐渐走向成熟。

（4）国内底盘线控技术应用的发展　国务院《新能源汽车产业发展规划（2021—2035 年）》中提到要突破线控执行系统技术，工业和信息化部近两年的文件中均提出要加快底盘线控的研发。

1）新能源汽车市场进入高速发展期。2021 年起我国新能源汽车市场迎来爆发，2021 年全年新能源乘用车销量达到 329.5 万辆，同比增长 180.4%，新能源渗透率达 15.6%。2022 年全年新能源乘用车销量达到 2054.3 万辆，同比净增 38.6 万辆。2023 年，新能源乘用车销量达到 850 万辆，狭义乘用车销量达 2350 万辆，新能源乘用车渗透率达到 36%。2024 年，我国汽车产销量分别达 3128.2 万辆和 3143.6 万辆，同比分别增长 3.7% 和 4.5%。其中，新能源汽车产销量分别达 1288.8 万辆和 1286.6 万辆，同比分别增长 34.4% 和 35.5%。

2）新能源汽车高端化占比提高。销量前 20 的新能源车型中，高端车（价格在 30 万元以上）占比逐步提高，高端化趋势对底盘舒适程度和智能化程度都提出了更高的要求，蔚来、小鹏等品牌以空气悬架等底盘线控技术作为亮点。

3）新能源汽车销量自主品牌占比高。国内新能源汽车 2024 年销量前 10 的主机厂中，自主品牌占 8 席。自主品牌有更强的降本能力，因此技术储备足、价格有优势的自主供应商迎来了国产替代机会。

4）底盘线控市场潜力大。对于线控转向和线控制动系统，技术壁垒最高，量产时间晚，目前渗透率低，自主供应商与海外供应商差距较小，国产替代机会大。对于线控悬架系统，诞生虽早，但目前渗透率仍较低，预计渗透率将在电动汽车高端化发展中快速提升，实现技术突破的自主供应商有望扩大市场份额。对于线控节气门和线控换档系统，出现时间较早，市场渗透率高，且市场格局近几年已相对稳定，自主供应商难有进一步的突破。

🏠 任务实施

为帮助客户解决疑问，需要进行智能网联汽车底盘线控技术的发展、组成和特点等方面的学习，完成信息收集和整理总结，完成任务工单。

1）信息收集。到图书馆查阅相关书籍，在网络搜索相关资料，查看教材内容，收集智能网联汽车底盘线控技术的认知、组成和特点等方面信息。

2）整理总结。将收集到的信息归纳整理，画出智能网联汽车底盘线控技术的认知、组成和特点的思维导图。

3）完成任务工单，进行自我反思与评价。

任务二　常用仪器、仪表的认知

——不闻不若闻之，闻之不若见之，见之不若知之，知之不若行之。

🏠 任务导入

小李刚进入某汽车维修厂实习，师傅要求他先从工具的认知和使用开始学习。你知道小李需要学习哪些常用仪器仪表，以便于后续的实习吗？

🏠 任务描述

通过对数字式万用表、数字示波器、CAN 总线分析仪等使用方法的学习，培养热爱学习和实践探索的意识。

🏠 知识链接

一、数字式万用表

万用表是一种多功能、多量程的便携式电工电子仪表。一般的万用表可以测量交直流电流、交直流电压和电阻等。有些万用表还可以测量二极管、电容、电感、温度和功率等。万用表分为指针式万用表和数字式万用表两种。本书以常用的UT139C 型数字式万用表为例，进行万用表测量电压、电流、电阻、二极管等常用功能的介绍。UT139C 型数字式万用表如图 1-24 所示。UT139C 万用表是一款自动量程小型手持式、显示真有效值的数字式万用表。量程旋钮开关指向 OFF 时，万用表是关闭的，没有显示，此时万用表不工作；功能量程旋钮开关指向 V 或者 mV 档时，用来测量交直流电压；功能量程旋钮开关指向 Ω、二极管、蜂鸣档时，用来测量电阻、二极管等。

1. 交直流电压测量

万用表与被测电路并联可测量交直流电压。万用表的输入阻抗约为 10MΩ 时，被测电路在高阻抗的电路中会引起测量上的误差。大部分情况下，如果电路阻抗在10kΩ 以下，误差可以忽略。交流测量显示值为真有效值。图 1-25 和图 1-26 所示分

数字式万用表的认知

数字式万用表的使用

别为交直流电压、电流测量接线示意图。

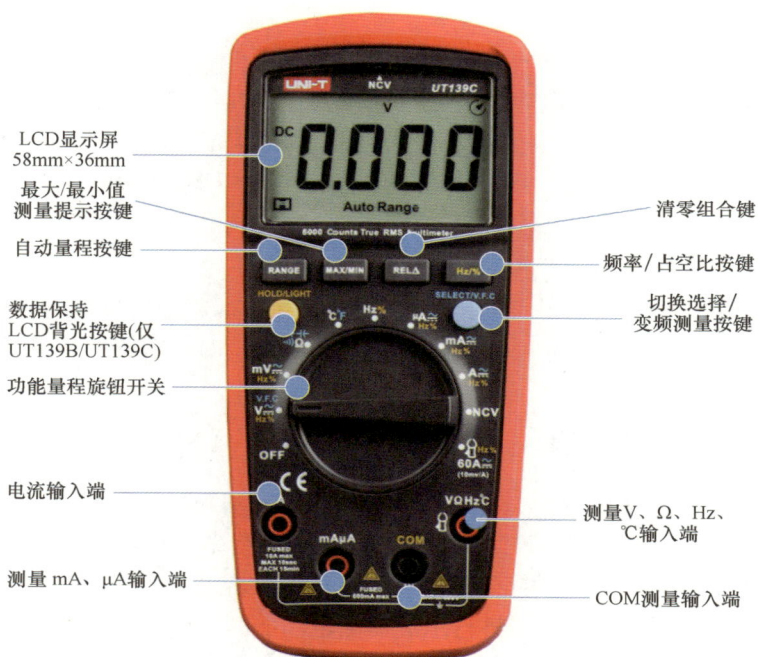

LCD显示屏
58mm×36mm

最大/最小值
测量提示按键

自动量程按键

数据保持
LCD背光按键(仅
UT139B/UT139C)

功能量程旋钮开关

电流输入端

测量 mA、μA输入端

清零组合键

频率/占空比按键

切换选择/
变频测量按键

测量V、Ω、Hz、
℃输入端

COM测量输入端

图 1-24　UT139C 型数字式万用表

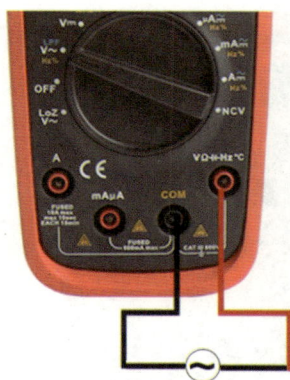

图 1-25　交直流电压测量接线示意图

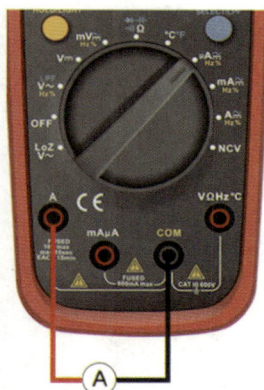

图 1-26　交直流电流测量接线示意图

2. 电阻值测量

万用表并联到被测电阻上测量电阻值。需要注意：如果被测电阻断路或电阻值超过仪表最大量程时，显示器将显示"0L"。当测量在线电阻值时，在测量前必须先将被测电路内所有电源断开，并将所有电容器放尽残余电荷，才能保证测量正确并保证安全。

3. 电路通断测量

如果被测两端之间电阻值大于 150Ω，认为电路断路，蜂鸣器不发声；如果被测两端之间电阻值小于 10Ω，认为电路良好导通，蜂鸣器发出连续声响。

4. 二极管测量

如果被测二极管断路或极性反接时，将会显示"0L"。对于硅 PN 结而言，一般为 500~800mV 确认为正常值。

5. 电容测量

在测量电容前，首先要对电容放电，以确保安全。在无输入时，仪表会显示一个固定读数，此数为仪表内部固有的电容值。对于小量程电容的测量，被测量值一定要减去此值，才能确保测量精度。因此，可以利用仪表相对测量 REL 功能给予自动减去，方便测量读数。

6. 交直流电流测量

万用表需要串联到被测电路中进行交直流电流测量，交流测量显示值为真有效值。

UT139C 型数字式万用表还可完成频率 / 占空比测量、温度测量、非接触交流电压感测、蓄电池电压的测量等。

二、数字示波器

数字示波器是集数据采集、A/D 转换、软件编程等一系列技术制造出来的高性能示波器。数字示波器一般支持多级菜单，能提供给用户多种选择、多种分析功能。还有一些示波器可以提供存储，实现对波形的保存和处理。本书以 UTD1102C 型手持式数字存储示波器为例，进行示波器测量功能的介绍，如图 1-27 所示。该型号示波器两通道的标度和位置旋钮可提供直观操作，符合传统使用习惯，容易掌握。为便于测量，还可以直接按 AUTO 按键，即可显示合适的波形和档位设置。

数字式示波器的认知

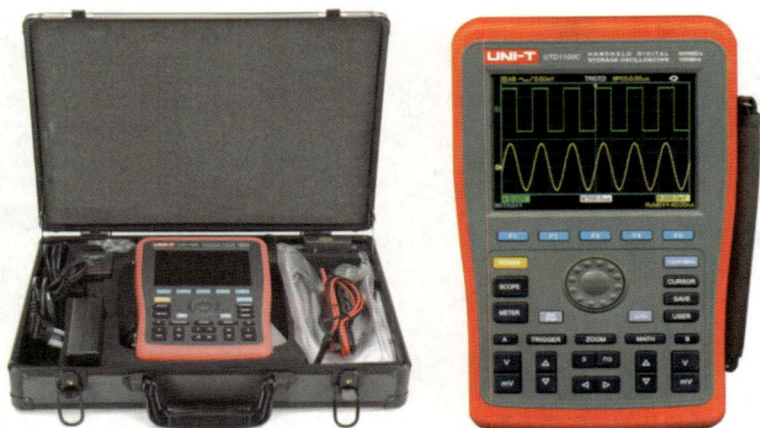

图 1-27　UTD1102C 型手持式数字存储示波器

1. 自动测量信号

观测电路中未知信号，迅速显示其波形，测量信号额定频率和峰 - 峰值。

（1）将探头菜单衰减系数设定为 10× ，并将探头上的开关设定为 10× 　将 A 通道的探头连接到电路被测点。按下 AUTO 键，示波器将自动设置，使波形显示达到最佳。在此基础上，可以进一步调节垂直、水平档位，直至波形的显示符合要求。

（2）自动测量信号的频率和峰 - 峰值　数字示波器可对大多数显示信号进行自动测量。

1）按下 SCOPE 键、常用功能菜单。

2）按下 F2 键，进入参数测量菜单，按下 F1 键，选择参数测量为指定参数。

3）按下 F2 键，选择指定参数为"参数 1"。

4）按下 F3 键，通过拨盘选择参数项为"频率"，按下 F4 键，选择通道为 A。

5）按下 F2 键，选择指定参数为"参数 2"。

6）按下 F3 键，通过拨盘选择参数项为"峰 - 峰值"，按下 F4 键，选择通道为 A。此时可以看到频率和峰 - 峰值的测量值会显示在显示屏的右上方，显示界面如图 1-28 和图 1-29 所示。

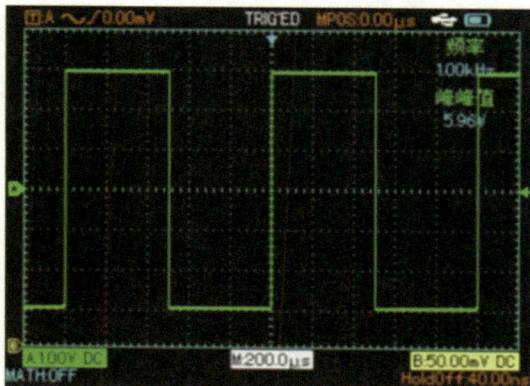

图 1-28　显示频率和峰 - 峰值

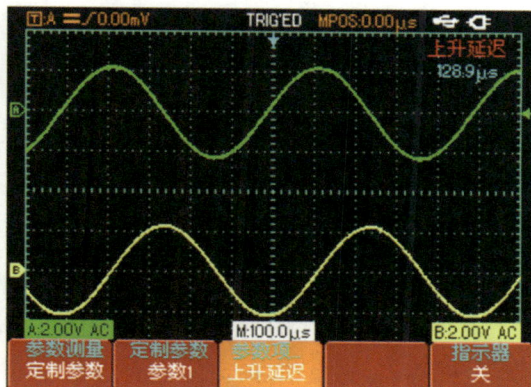

图 1-29　正弦信号

2. 观察正弦波信号通过电路产生的延时

将探头菜单衰减系数设定为 10×，将探头上的开关设定为 10×。将示波器 A 通道与电路信号输入端相接，B 通道与电路输出端相接。

（1）显示 A、B 通道的信号

1）按下 AUTO 键。

2）继续调整水平、垂直档位直至波形显示满足测试要求。

3）按下 A 通道垂直位移按键，调整 A 通道波形的垂直位置。

4）按下 B 通道垂直位移按键，调整 B 通道波形的垂直位置，使两通道的波形既不重叠，又便于观察。

（2）测量正弦信号通过电路后产生的延时并观察波形的变化

1）自动测量通道延时按下 SCOPE 键、常用功能菜单。

2）按下 F2 键，进入参数测量菜单，按下 F1 键，选择参数测量为指定参数。

3）按下 F2 键，选择指定参数为"参数 1"。

4）按下 F3 键，通过拨盘选择参数项为"上升延迟"。此时可在屏幕右上方看到延迟值。

3. 减少信号上的随机噪声

如果被测信号上叠加了随机噪声，可通过调整示波器的设置，滤除或减小噪声，以避免噪声在测量中对本体信号的干扰。

1）将探头菜单衰减系数设定为 10×，将探头上的开关设定为 10×。

2）连接信号使波形在数字示波器上稳定显示。

3）设置触发耦合，以改善触发。

① 按下 TRIGGER 键，显示触发设置菜单。

② 按下 F3 键，将触发设置菜单中的触发耦合置于低频抑制或高频抑制。低频抑制是设定一个高通滤波器，可以滤除 80kHz 以下的低频信号分量，允许高频信号分量通过，从而抑制低频噪声，得到稳定触发。高频抑制是设定一个低通滤波器，可以滤除 80kHz 以上的高频信号分量，允许低频信号分量通过，从而抑制高频噪声，得到稳定触发。

4）通过设置采样方式减小显示噪声。如果被测信号上叠加了随机噪声，导致波形过粗，可以应用平均采样方式，去除随机噪声的显示，使波形变细，便于观察和测量。取平均值后堆积噪声被减小，而信号的细节更易于观察。具体操作是先按下 SCOPE 键，再按下 F1 键，选择获取方式为平均，然后通过拨盘调整平均次数，依次由 2~256 以 2 次方数步进，直至波形的显示满足观察和测试要求。降噪前、后信号如图 1-30 和图 1-31 所示。

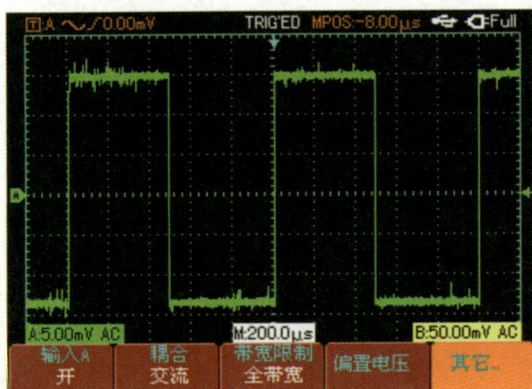

图 1-30　降噪前信号

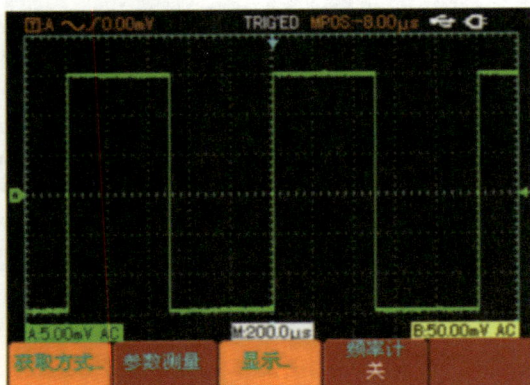

图 1-31　降噪后信号

UTD1102C 型手持式数字存储示波器还可以完成捕捉单次信号，应用光标测量，查看两通道信号相位差和视频信号触发等功能。

三、CAN 总线分析仪

CAN 分析仪的认知

CAN 总线分析仪（CANScope）是一种综合性的 CAN 总线开发与测试的专业工具，集存储示波器、网络分析仪、误码率分析仪、协议分析仪和可靠性测试工具于一体，把各仪器有机整合和关联，重新定义 CAN 总线的开发测试方法，可对 CAN 网络通信正确性、可靠性和合理性进行多角度、全方位的评估。它被广泛应用于汽车电子控制系统、工业现场、电梯控制系统、船舶运输、轨道交通、医疗设备、纺织机械、楼宇控制等监控系统的开发和测试。本书以 CANalyst-Ⅱ 为例进行介绍，设备如图 1-32 所示。它带有全速 USB2.0 接口、2 路 CAN 接口的CAN 分析仪，具备 CAN 总线协议分析仪分析功

图 1-32　CANalyst-Ⅱ 分析仪及接口线实物图

能，支持 SAE J1939、DeviceNet、CANopen、iCAN 以及自定义高层协议分析功能，兼容周立功的 CANPro 软件。

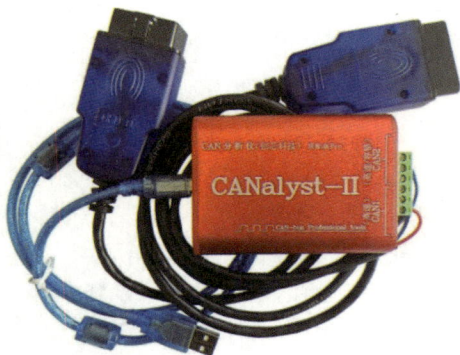

CANalyst-Ⅱ分析仪可以被作为一个标准的 CAN 节点，是 CAN 总线产品开发、CAN 总线设备测试、数据分析的强大工具。采用该接口适配器，PC 可以通过 USB 接口连接一个标准 CAN 网络，应用于构建现场总线测试实验室、工业控制、智能楼宇、汽车电子等领域中，进行数据处理、数据采集和数据通信。

典型应用：通过 PC 或笔记本计算机的 USB 接口实现对 CAN 总线网络的发送和接收，快速 CAN 网络数据采集、数据分析，CAN 总线 -USB 网关，USB 接口转 CAN 网络接口，延长 CAN 总线的网络通信长度，工业现场 CAN 网络数据监控。

1. CANalyst-Ⅱ分析仪接口

接口适配器两端各有两组对外接口。一端是标准的 USB 接口，应用时通过该接口连接线将其与 PC 机的 USB 接口相连。USB 接口右侧 PWR 指示灯是电源指示灯（红色），SYS 指示灯是数据发送指示灯，CAN1、CAN2 指示灯分别是 CAN1、CAN2 接口的状态指示灯。另一端是 6 针的 OPEN6 接线柱端子，提供 CAN 总线接口，分别是 CAN1 和 CAN2，CAN1 为高速通道，CAN2 可设置为高速 CAN 或者低速容错 CAN。接线柱两侧是 120Ω 内置电阻，由拨码开关控制。CANalyst-Ⅱ分析仪 CAN 总线电路采用独立的隔离 DC-DC 电源模块、高速磁耦隔离模块进行电气隔离，因此，接口适配器具有很强的抗干扰能力。CANalyst-Ⅱ分析仪接口如图 1-33 所示。

图 1-33　CANalyst-Ⅱ分析仪接口

2. CANalyst-Ⅱ分析仪测试软件

CANalyst-Ⅱ分析仪需要利用 USB_CAN Tool 工具软件（界面如图 1-34 所示）进行 CAN 总线的配置、发送和接收；可以参考提供的 DLL 动态链接库、C++Builder、C#、VC、VB、VB.NET、Delphi、LabVIEW、LabWindows/CVI、Matlab 例程编写自己的应用程序，开发 CAN 系统应用软件产品。

3. 自发自收测试

CANalyst-Ⅱ分析仪每个 CAN 通道都支持自测功能。其具体操作步骤如下：

1）将设备接入 PC 的 USB 接口，运行 USB-CAN Tool 软件。

2）在软件菜单"设备操作"中选择"启动设备"，然后在"参数确认"对话框中将工作模式改成"自测（环回）模式"，其他参数采用默认值。

3）单击"发送"按钮进行发送操作。看是否能将发出去的 CAN 信息接收回来，这些信息会显示在数据区。

4. 多个 USB-CAN 设备同时使用

CANalyst-Ⅱ分析仪应用 USB-CAN Tool 软件进行设置，创建副本，可以一台计算机同时连接多台 CAN 总线分析仪，最多支持 50 个 USB-CAN 设备，适用于一台监控设备同时监控多个 CAN 网络。

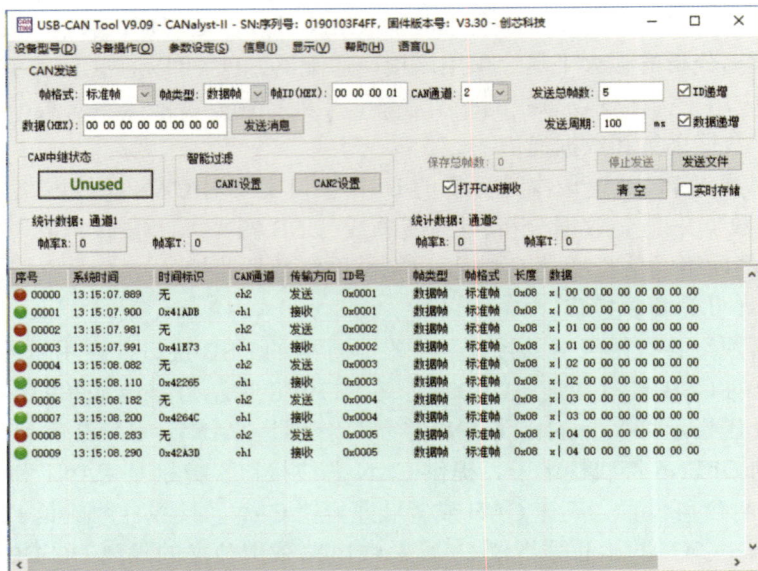

图 1-34　USB_CAN Tool 工具软件界面

5. 二次开发

利用二次开发函数，可以进行二次开发，支持大部分的主流开发环境，如 C++Builder、C#、VC、VB.NET、Delphi、LabVIEW、LabWindows/CVI、QT、Matlab、Python/Python-can 等。

任务实施

为了实习时能得心应手，小李需要学习如何使用数字式万用表、数字示波器、CAN 总线分析仪等仪器，完成信息收集和学习应用，使用数字式万用表完成电压、电阻值、二极管和导线通断的测试，完成任务工单。

1）信息收集。到图书馆查阅相关书籍，在网络搜索相关资料，查看教材内容，收集数字式万用表、数字示波器、CAN 总线分析仪等的信息。

2）学习应用。学习数字式万用表、数字示波器、CAN 总线分析仪的应用。

3）使用数字式万用表完成电压、电阻、二极管和电路通断的测试。

① 测量干电池电压。将红表笔接入电压输入端、黑表笔接入 COM 端，量程旋钮开关指向 V，将干电池的负极接黑表笔、正极接红表笔，此时万用表显示干电池两端电压。

② 测量电阻的阻值。将红表笔接入电压输入端、黑表笔接入 COM 端，量程旋钮开关指向欧姆档（Ω），将红黑表笔放在电阻两端，此时万用表显示电阻的阻值。

③ 测试二极管。将红表笔接入电压输入端、黑表笔接入 COM 端，量程旋钮开关指向二极管档。如果被测二极管断路或者极性反接，将会显示"0L"。黑表笔与有银色标志的负极相接、红表笔接正极，测得万用表显示有数据，属于正常的压降。将二极管反接，也就是红表笔接负极、黑表笔接正极、此时显示"0L"，说明二极管正常。

④ 电路通断测试。将红表笔接入电压输入端、黑表笔接入 COM 端，量程旋钮开关指向蜂鸣档。将红黑表笔接入导线两端，若听到蜂鸣器响，说明导线正常，无断路现象。

4）完成任务工单，进行自我反思与评价。

知识拓展

　　智能网联汽车是智能汽车和智能交通的大势所趋，大部分车企开始进入智能车联网时代：国内的品牌有长安、一汽、东风、长城、比亚迪、中华、小鹏、蔚来、荣威、吉利汽车等；国外的品牌有奔驰、宝马、奥迪、特斯拉、福特、宝马 X3、英菲尼迪、雪佛兰等。

　　智能化正在引领汽车业数字化转型。它不仅提升产品力，还拓展后市场价值空间，推动产研协同创新，成为汽车行业电动化、智能化、网络化、共享化的"新四化"关键发展方向。目前国内在智能网联汽车方面规模较大的企业有智行者、希迪智驾、小马智行、星云互联、文远知行、国汽智联、蘑菇车联、梧桐车联等。

　　北京智行者科技股份有限公司（以下简称"智行者"）成立于 2015 年，聚焦无人驾驶汽车的"大脑"研发，致力于成为多通用场景 L4 解决方案提供商。

　　希迪智驾成立于 2017 年 10 月，由世界顶级人工智能机器人专家李泽湘教授领衔创办。希迪智驾以智能驾驶科技创新及应用为导向，致力于打造能快速落地的智能驾驶商用车及车路协同的技术产品。

　　小马智行科技是一家自动驾驶解决方案提供商。致力于通过人工智能技术为出行领域带来革新，主要产品为 Pony.ai，基于雷达、光学雷达、GPS 及计算机视觉等技术感测其环境，达到自动驾驶的目的。

　　星云互联（NEBULA-LINK.COM）是一家以智能网联与车路协同应用服务为目标，集 V2X 产品研发、生产与销售、新一代智能交通系统应用以及智能网联汽车关键技术与服务于一体的创新型高科技企业，在北京、上海、长沙、合肥等地设有研发中心及分支机构。

　　文远知行是全球领先的 L4 级自动驾驶科技公司，已经在全球超过 25 个城市开展自动驾驶研发、测试及运营。文远知行致力于开发安全可靠的无人驾驶技术，其商业化应用场景覆盖智慧出行、智慧货运和智慧环卫。

训练习题

　　1. 汽车线控技术是由飞机的线控技术演化而来的，是由_____、_____和_____等组成的，用_____和_____取代传统的机械和液压传动装置。

　　2. 汽车的底盘由_____、_____、_____和_____四大系统组成。

　　3. 汽车线控驱动系统一般情况指_____、_____、_____，主要由 VCU、传感器、电机控制器和执行器等组成。

　　4. 线控转向系统主要由_____、_____和_____3 部分，及自动防故障系统、电源系统等辅助模块组成。

　　5. 线控制动系统主要由_____、_____和_____3 部分组成。

　　6. 线控换档系统主要由_____、_____、_____、驻车控制 ECU 和档位指示器等组成。

　　7. 简述 CAN 总线分析仪的功能。

项目二

智能网联汽车线控驱动系统技术

项目目标

素养目标

1. 培养借助技术资料独立完成实操的职业素养。
2. 培养严谨的工作态度、团队合作意识和岗位职责意识。

知识目标

1. 掌握线控驱动系统各部分的组成。
2. 掌握线控驱动系统中各部件的位置和作用。
3. 熟悉线控驱动系统的结构和工作原理。
4. 熟悉驱动电机的分类和工作原理。

技能目标

1. 能够识读线控驱动系统电路图。
2. 能够使用工具对线控驱动系统进行拆装。
3. 能够正确完成线控驱动系统的调试。
4. 能够正确完成线控驱动系统的故障检修。

任务一　线控驱动系统的认知

——大鹏一日同风起，扶摇直上九万里。

任务导入

　　某整车生产厂家正在生产一款智能网联汽车，你是线控底盘系统装配和调试人员，根据作业要求，需要你对智能网联汽车线控驱动系统有个整体认知。

任务描述

通过对线控驱动系统的认知学习，提升独立思考、处理和分析问题的能力，熟悉线控驱动系统的功能、结构和工作原理，掌握线控驱动系统的基本分类和应用场景。

知识链接

在驾驶过程中，汽车需要大量、精确的底盘系统信号感知车辆状态，以保证车辆的安全性、稳定性和操纵性。传统车辆机械结构及液压结构复杂，不易实现精准的控制，而底盘线控系统可根据指令通过电信号实时地控制底盘执行机构做出相应动作，且随时监测车辆的运动状态，即时反馈给汽车，因此，底盘线控系统逐渐成为智能网联汽车的标配。

智能网联汽车的底盘线控技术是利用电信号取代机械或液压部件向执行机构传递信息。智能网联汽车一般有人工驾驶和自动驾驶两种模式，在人工驾驶模式下，VCU 接收驾驶人操作的信号及车辆信息，利用 VCU 将底盘各部件之间的信息进行整合运算，来控制执行机构进行相应的操作。在自动驾驶模式下，计算平台接收环境感知传感器发送的数据，对数据进行计算后，通过控制器局域网络（Controller Area Network，CAN）发送给 VCU，VCU 对计算平台发送的数据再次进行分析处理，通过 CAN 线发送给底盘线控系统，最终实现整车控制。底盘线控技术在人工驾驶模式向自动驾驶模式发展的过程中，将人为操作的信号最终用环境感知传感器代替，VCU 通过计算平台分析环境感知传感器的信号来控制底盘线控系统。

智能网联汽车底盘线控系统有 4 个子系统，分别为线控转向系统、线控驱动系统、线控制动系统和线控悬架系统。智能网联汽车通过 4 个子系统之间的配合来控制车辆前后、左右、上下 6 个自由度，即纵向、横向和垂向的运动，使车辆能够按照智能决策准确稳定地行驶。横向运动是与车辆行驶方向垂直的运动，主要是线控转向系统控制。纵向运动是指与汽车行驶方向相同的平动运动，纵向运动控制由线控驱动系统和线控制动系统配合控制。汽车垂向运动是汽车在行驶过程中与车轮平面平行的运动，主要由线控悬架系统实现控制。

一、初识线控驱动系统

线控驱动系统的技术研究工作起源于 20 世纪 70 年代，20 世纪 80 年代开始有产品问世，现在相关技术已趋于成熟。近 10 年来，德国的博世、皮尔博格，美国的德尔福、伟世通，日本的丰田、日立、电装，意大利的马瑞利等公司已推出线控驱动系统的系列化产品，应用于各种品牌的中高档轿车。线控驱动系统将原来由机械传递驾驶人踩加速踏板动作，变成由电信号精确传递驾驶人动作，且兼顾提高了动力性、经济性、操纵稳定性和乘坐舒适性。在智能网联汽车中，可将线控驱动系统通过 VCU 与计算平台结合起来，通过计算平台代替人向汽车发送行驶意图。那么，智能网联汽车驱动系统为何采用线控驱动系统？通过具体例子来介绍，如图 2-1 所示，当视觉传感器检测到前方交通信号灯由红变绿时，视觉传感器将交通信号灯为绿色信号灯发送给计算平台，计算平台分析后，向 VCU 发送请求执行起步信号，VCU 将信号再次处理后，发送给线控驱动系

智能网联汽车
线控驱动
系统的介绍

统，线控驱动系统根据命令实现汽车的自动起步，这样可以避免驾驶人因为精力不集中引起的起步慢等问题。线控驱动系统除了可以实现自动起步外，还可以实现自动跟车行驶、停车时自动切换到驻车档等，智能地根据车况及时做出相应处理。

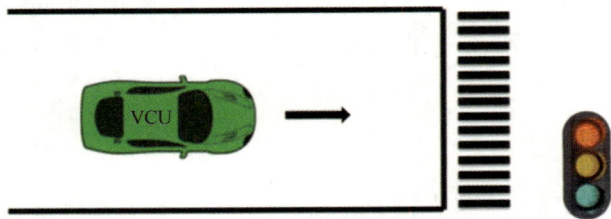

图 2-1　线控驱动系统自动起步

二、线控驱动系统的功能

线控驱动系统根据驾驶人动作和汽车各种行驶信息，分析驾驶人意图，精确控制动力装置输出功率和车轮驱动力，以提高汽车动力性、经济性和操纵稳定性。对于传统内燃机汽车，加速踏板与节气门之间通过电信号进行控制来取代原来的机械传动，这种形式又称为线控节气门。线控节气门控制系统主要由加速踏板、加速踏板位置传感器、ECU、数据总线、伺服电动机和节气门执行机构组成。对于纯电动汽车中，线控驱动系统包含 VCU、电机控制器、驱动电机和机械传动装置等。图 2-2 所示为纯电动汽车底盘线控系统示意图。

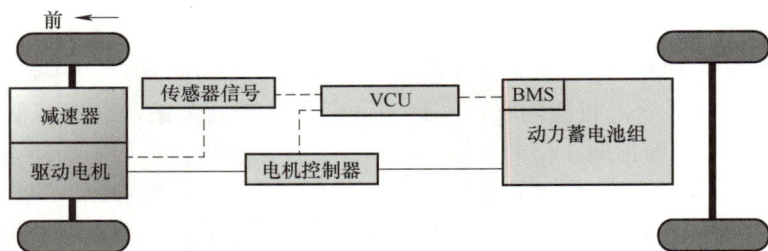

图 2-2　纯电动汽车底盘线控系统示意图

VCU 根据驾驶人对车辆的操纵输入（加速踏板、制动踏板以及选档开关）、车辆状态、道路及环境状况进行分析和处理，向电机控制器发出相应的指令，控制驱动电机的驱动转矩来驱动车辆，以满足驾驶人对车辆驱动的动力性要求；同时根据车辆状态，向电机控制器发出相应指令，以保证安全性和舒适性。

电机控制器通常属于二级控制器，按 VCU 的指令和驱动电机的转速和位置信号，对驱动电机的驱动转矩和旋转方向进行控制，电机控制器与驱动电机必须配套使用。目前，驱动电机主要采用调压和调频等方式调速，具体采用哪种调速方式，取决于选用的驱动电机类型。动力蓄电池以直流电方式供电，若选用直流电机，则通过 DC/DC 变换器进行调压调速控制；若选用交流电机，则通过 DC/AC 变换器进行调频调压矢量控制；若选用开关磁阻电机，则通过控制其脉冲频率来进行调速。

驱动电机需要承担电动机和发电机的双重功能，在正常行驶时将电能转化为机械能发挥其电动机的功能，而在减速制动时将车轮的惯性动能转换为电能。根据汽车行驶时的特性分析可知：汽车在起步和爬坡时要求有较大的转矩、相当的短时过载能力、较宽的调速范围和理想的调速特性，即在低速时为恒转矩输出，在高速时为恒功率输出。

机械传动装置将驱动电机的驱动转矩传输给汽车的驱动轴，从而带动车辆行驶。驱动电机本身具有良好的调速特性，所以变速机构可被极大简化。电动汽车较多采用一种固定速比的减速装置放大驱动电机的输出转矩。驱动电机可带负载直接起动，且利用驱动电机实现正反向旋转，因此可省略传统汽车的离合器和倒档机构。轮毂电机在电动乘用车领域已研发应用，分散驱动的"零传动"方式将彻底简化传动系统的机械部件。

在传统汽车上，使用了线控节气门这项技术，那么线控节气门到底有什么样的优点呢？

通过图 2-3 线控节气门的工作原理图可知：

1）由于节气门角度由机械控制变成电子控制，因此减少了机械零件数量，机械结构的质量减小。

2）线控节气门系统使车辆对驾驶人发出的指令有更灵敏和更精确的响应，还可以依据相关传感器采集的车况信息，对车辆动力输出进行调整，有助于节约能源、降低排放。

3）由于节气门开度被简化成一系列的电子信息，有助于提高各系统的沟通效率，也有助于减小质量及降低各种机械零件的维修概率。

线控驱动系统包括传统汽车和电动汽车两大类。由于电动汽车采用多轮独立驱动，因此驱动控制系统通过横摆力矩控制和驱动力分配可以达到改善车辆稳定性和经济性的目的。其中，四轮独立驱动尤其是轮毂电机电动汽车驱动控制已经成为应用研究的热点。

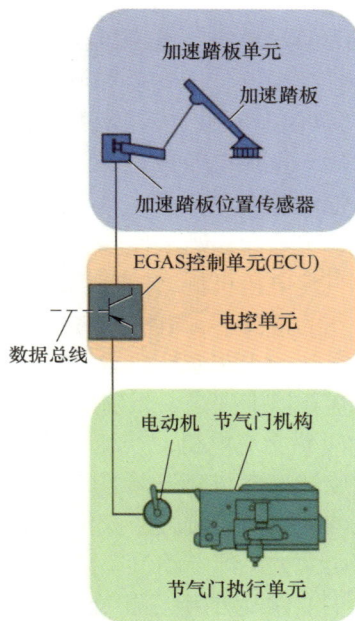

图 2-3　线控节气门的工作原理图

三、线控驱动系统的组成

智能网联汽车的线控驱动系统由驱动电机、电机控制器、加速踏板、变速装置、机械传动装置和减速器等组成。图 2-4 所示为线控驱动系统的组成示意图。下面主要介绍驱动电机、电机控制器和减速器的结构和作用。

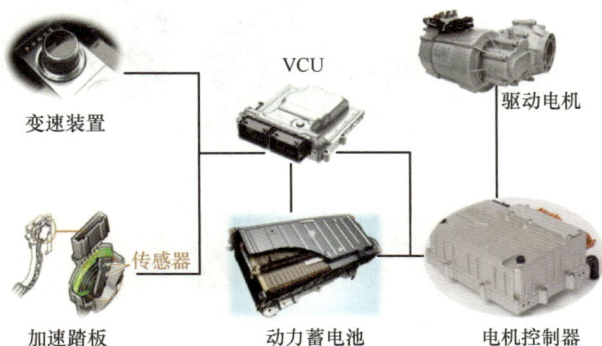

线控驱动系统的结构

图 2-4　线控驱动系统的组成示意图

1. 驱动电机

驱动电机是线控驱动系统中的核心部件，可以将电能转换为机械能。智能网联汽车主要以纯电动汽车为主，常见的驱动电机有直流电机、交流异步电机、交流永磁同步电机和开关磁阻电机。

（1）直流电机　直流电机可以将直流电转换为机械能。直流电机的结构示意图如图2-5所示。在电动汽车发展的早期，大部分电动汽车都采用直流电机作为驱动电机。这类电机技术较为成熟，具有控制方式容易和调速优良的特点，曾经在调速电机领域有着极为广泛的应用。直流电机按励磁方式可分为永磁、他励和自励3类，其中，自励分为并励、串励和复励3种。

图 2-5　直流电机的结构示意图

直流电机机械结构复杂，瞬时过载能力和电机转速的进一步提高受到限制，而且在长时间工作的情况下，电机的机械结构会产生损耗，增加维护成本。此外，电机运转时电刷与换向器之间的火花使换向器发热，同时产生高频电磁干扰，影响整车其他电器性能。由于直流电机存在以上缺点，目前的纯电动汽车基本不使用直流电机作为驱动电机。

（2）交流电机　交流电机按工作原理不同可分为同步电机和异步电机两大类，同步电机的旋转速度与交流电源的频率有严格的对应关系，在运行中转速严格保持恒定不变；异步电机的转速随着负载的变化稍有变化。按所需交流电源相数的不同，交流电机可分为单相和三相两大类，纯电动汽车常用的是三相交流电机。

工业常用小型三相交流异步电机，主要包含定子和转子两部分，三相交流异步电机的结构如图2-6所示。其中，定子部分包括机座、端盖、定子铁心和定子绕组等，其主要作用是支撑电机本体，产生旋转磁场。转子部分主要由转子铁心、转子绕组和转轴组成。三相异步电机根据其转子结构的不同可分笼型和绕线型两大类，其中，笼型应用最为广泛。

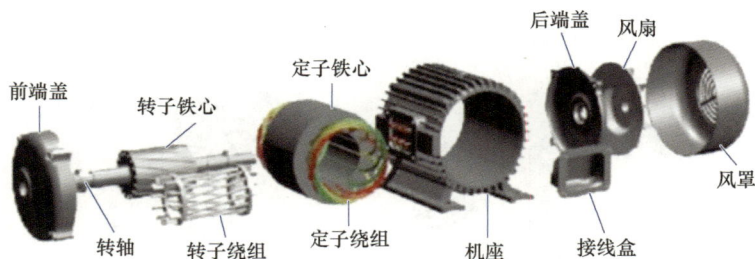

图 2-6　三相交流异步电机的结构

三相交流异步电机的优点是成本低、工艺简单、运行可靠、耐用、维修方便，而且能承受大幅度的工作温度变化。因此，三相交流异步电机广泛应用于大型高速电动汽车。

（3）交流永磁同步电机　在各类驱动电机中，交流永磁同步电机具有高效、高控制精度、高转矩密度、良好的转矩平稳性和低振动噪声等特点。在纯电动汽车中，交流永磁同步电机应用广泛。交流永磁同步电机的结构如图2-7所示。

所谓永磁，是指在制造电机转子时加入永磁体，使电机的性能得到进一步的提升。同步指转子的转速与定子绕组的电流频率始终保持恒定的关系。

因此，通过控制电机定子绕组输入的电流频率，电动汽车的车速将最终被控制。

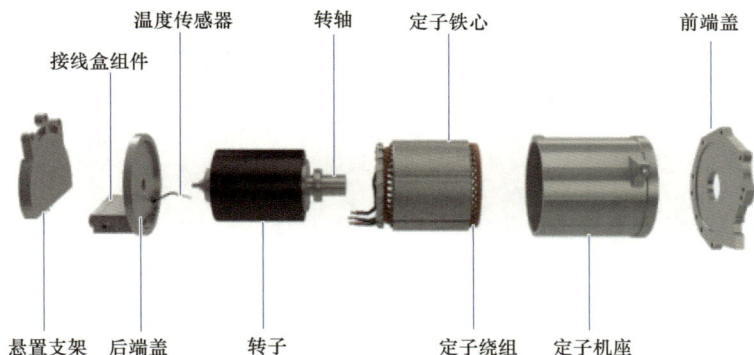

图 2-7　交流永磁同步电机的结构

交流永磁同步电机主要由机座、前后端盖、转子、定子和温度传感器等组成。

交流永磁同步电机的定子部分与交流异步电机相同，不同之处在于转子结构。交流永磁同步电机的转子上安装有永磁体磁极。由于永磁体的磁性是固定的，在定子中产生的旋转磁场会带动永磁体旋转，最终达到同一转速，即"同步"。

（4）开关磁阻电机　开关磁阻电机驱动系统是高性能机电一体化系统，主要由开关磁阻电机、功率转换器、传感器和控制器4部分组成。开关磁阻电机驱动系统的结构示意图如图2-8所示。

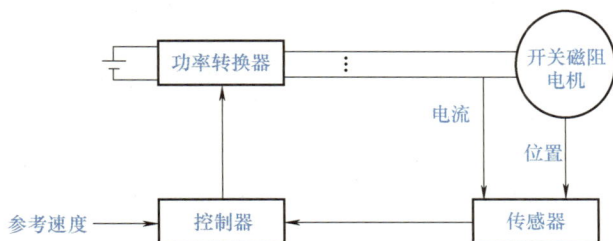

图 2-8　开关磁阻电机驱动系统的结构示意图

作为一种机电一体化的新型电机，相比其他类型的驱动电机而言，它的结构最为简单。定子、转子均为普通硅钢片叠压而成的双凸极结构，转子上没有绕组，定子装有简单的集中绕组，具有结构简单坚固、可靠性高、质量小、成本低、效率高、温升低、易于维修等诸多优点。其缺点是控制系统的设计相对复杂，在实际运转中，尤其是负载运行的工况，电机本身发出的噪声和振动较大。

（5）轮毂电机　按照为车辆提供动力的方法不同，可以将驱动系统大体上分为两类，即集中电机驱动和轮毂电机驱动。两种不同驱动方式如图2-9所示。

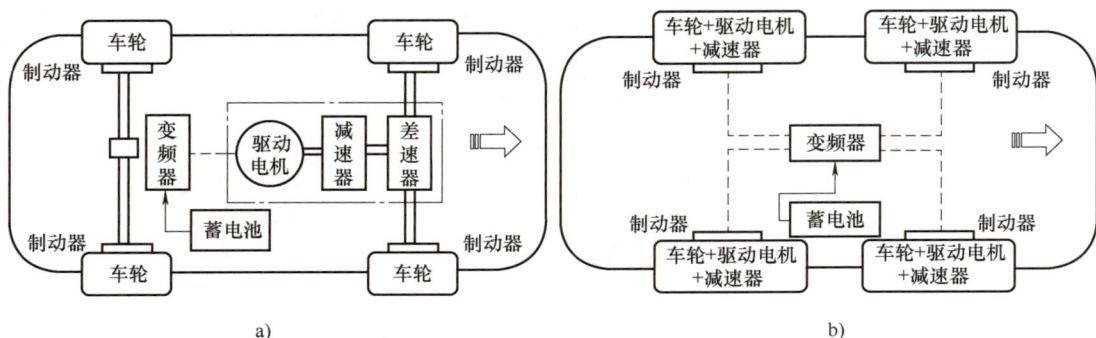

图 2-9　电机驱动方式示意图

a）集中电机驱动　b）轮毂电机驱动

现有的纯电动汽车大部分都是集中式驱动，还没有很好地发挥电动汽车应有的性能和结构优势。与集中电机驱动相比，四轮轮毂电机驱动展现出巨大的优势。

轮毂电机直接安装在驱动轮内，无须设计变速器、万向传动装置和差速器等传统传动部件，将给电动汽车底盘设计与控制带来巨大变革和优化，包括：

1）系统效率提高，轮毂电机驱动系统比集中电机驱动系统效率高出 10% 以上。

2）转矩响应精度高、响应速度快，可实现分布式驱动轮独立控制。

3）底盘布置自由度高，整车轻量化程度大幅提高，是混合动力汽车、纯电动汽车、燃料电池汽车的优选动力源。

4）有利于实现更加优化的分布式驱动和制动控制，更便于自动驾驶上层控制策略的实现。

虽然轮毂电机具备一系列优势，但同时存在一系列技术难点需要攻克。在轮毂电机系统设计方面，由于轮毂电机安装在车轮内，与装在前机舱内相比，环境恶劣，需解决以下难点：

1）在轴承与密封设计方面，需保证轮毂电机可在高低温冲击环境、大负荷冲击下正常工作。

2）在减振降噪设计方面，当前大多数轮毂电机与车身和轮毂刚性连接，无法过滤转矩波动。

3）在轮毂电机高效、高转矩设计方面，需保证轮毂电机全转速范围的高效、高转矩输出。

2. 电机控制器

电机控制器是电机驱动及控制系统的核心，是连接动力蓄电池与驱动电机的电能转换单元。根据国家标准对电机控制器的定义，电机控制器是控制主牵引电源与驱动电机之间能量传输的装置，由外接控制信号接口电路、电机控制电路和驱动电路组成。图 2-10 所示为驱动电机控制器结构示意图。

电子控制模块包括硬件电路和相应的控制软件。硬件电路主要包括处理器最小系统、状态监测电路、硬件保护电路和数据通信电路。控制软件根据不同类型电机的特点实现相应的控制算法。

驱动器将微控制器对电机的控制信号转换为驱动功率变换器的驱动信号，并实现功率信号和控制信号的隔离。功率变换模块对电机电流进行控制。电动汽车经常使用的功率器件有大功率晶体管、门极关断晶闸管、功率场效应晶体管、绝缘栅双极晶体管以及智能功率模块等。

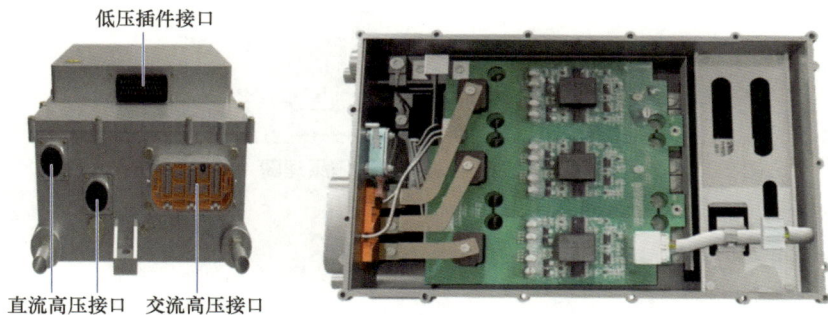

图 2-10 驱动电机控制器结构示意图

3. 减速器

由于驱动电机的输出转速较高，因此需配备减速机构进行减速，以增大输出转矩。一般将减速器与驱动电机作为一体或直接相连，取消传统变速器。减速器的结构示意图如图 2-11 所示。

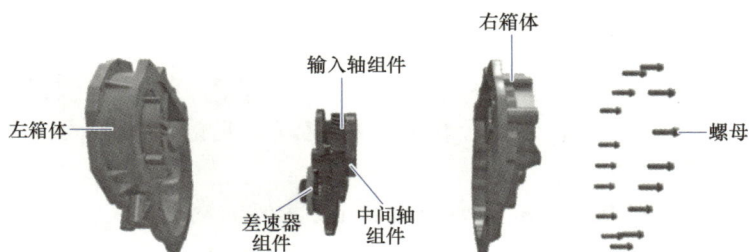

图 2-11 减速器的结构示意图

减速器按照传动级数不同可分为单级减速器和多级减速器，按照齿轮形状可分为圆柱齿轮减速器、圆锥齿轮减速器和圆锥 - 圆柱齿轮减速器，按照传动的布置形式可分为展开式、分流式和同进轴式减速器。

四、线控驱动系统的工作模式

智能网联汽车行驶时，有两种模式，分别为人工驾驶模式和自动驾驶模式。

在选用人工驾驶模式时，VCU 通过接收变速杆（或按键、旋钮）信号、加速踏板上的传感器信号等，判断汽车行驶方向和行驶速度，然后通过 CAN 总线发送给电机控制器，控制电机（M）的转向和转速，并经机械传动装置驱动车轮使车辆行驶。图 2-12 所示为智能网联汽车线控驱动系统工作原理图（人工驾驶模式）。

在选用自动驾驶模式时，计算平台通过接收的各环境传感器反馈的信号，判断汽车行驶方向和行驶速度等，通过 CAN 总线发送给 VCU，VCU 经计算后再通过 CAN 总线发送给电机控制器，控制电机的转向和转速，并经机械传动装置带动车轮使车辆行驶。其中，计算平

台替代了驾驶人的驾驶意图，包括踩加速踏板、操纵变速杆等，实现了自动驾驶。图 2-13
所示为智能网联汽车线控驱动系统工作原理图（自动驾驶模式）。

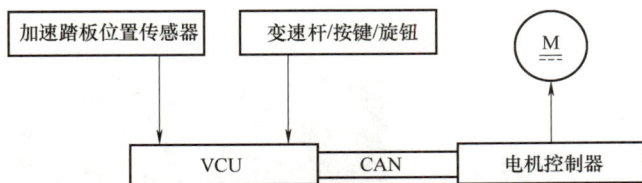

图 2-12 智能网联汽车线控驱动系统工作原理图（人工驾驶模式）

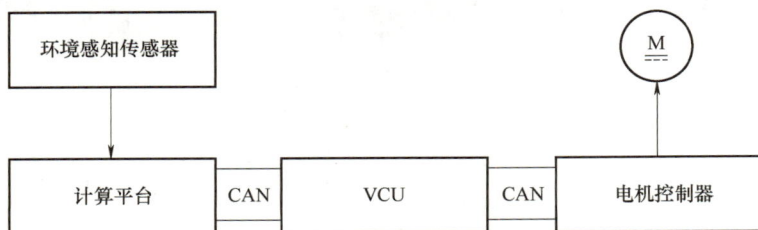

图 2-13 智能网联汽车线控驱动系统工作原理图（自动驾驶模式）

五、线控驱动系统的工作原理

线控驱动系统的
工作原理

线控驱动系统是通过传感器采集、传送加速踏板深浅与快慢的信号，从而实现踏板功能的电子控制，这个信号会被控制单元接收和解读，然后发出控制指令，控制行驶速度。

线控驱动系统根据行驶动力来源不同分为燃油汽车线控驱动系统和纯电动汽车线控驱动系统。前面已经讲过传统燃油汽车线控驱动系统，而纯电动汽车是智能网联汽车的最佳载体，因此重点讲解纯电动汽车线控驱动系统。

智能网联汽车 / 纯电动汽车的驱动系统的能量由动力蓄电池提供，驱动系统控制的是驱动电机的转矩和转速，它和计算平台、VCU、电机控制器等一同实现车辆的加减速，如图 2-14 所示。智能网联汽车选用自动驾驶模式时，计算平台通过周围环境信息融合计算出最佳行驶信息并发送给 VCU，由 VCU 向电机控制器发送加速踏板位置等信息，电机控制器控制驱动电机的转矩和转速。纯电动汽车驾驶为智能网联的人工驾驶，其 VCU 通过加速踏板位置传感器检测驾驶人驾驶意图，同样，VCU 向电机控制器发送加速踏板位置等信息，由电机控制器控制驱动电机的转矩和转速。

线控驱动系统具有以下优点：

1）舒适性、经济性好。电子加速踏板能根据踩踏板的动作幅度细节来判断驾驶人的意图，综合车况精确合理地控制执行器，使经济性和驾驶舒适性同时达到最佳状态。

2）稳定性高。线控驱动系统在收到踏板信号后会进行分析与判断，再给执行单元发送合适指令保证车辆稳定行驶。

线控驱动系统还具有以下缺点：工作原理相对较为复杂，成本较高。相比传统加速踏

板，在硬件上，需要添加加速踏板位置传感器，并且增加 ECU 接线；在软件上，需要开发分析位置传感器信号，并且综合车况给出最优控制指令的算法，集成在车载 ECU 上，增加开发成本。

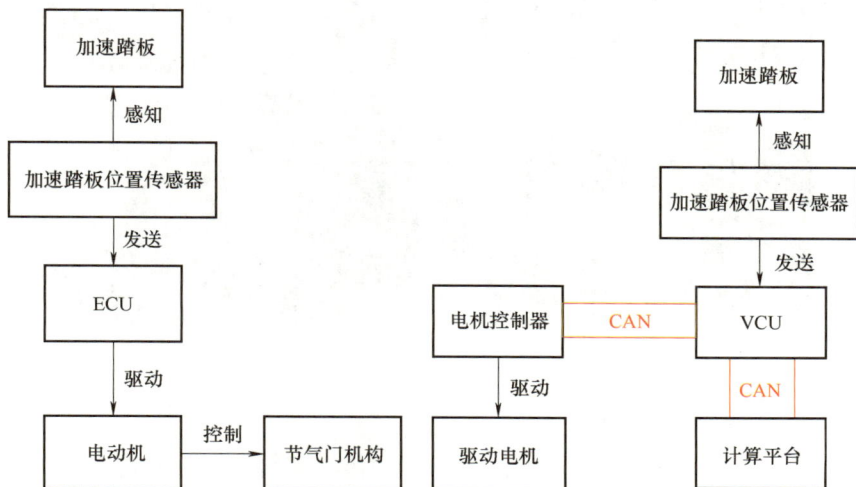

图 2-14　线控驱动系统的工作原理图

六、线控换档系统的定义与工作原理

1. 线控换档系统的定义

在过去很长一段时间里，汽车换档器一直唯机械变速杆独尊。驾驶人推动变速杆，通过一根换档拉索带动变速器的换档摇臂动作，实现档位切换。驾驶人的错误操作都是通过硬件结构来阻止的，而硬件结构在较大的操作力及极限工况下可能会被损坏或突破，无法完全保证驾驶人的安全。现有的车辆换档装置由换档操纵机构、换档拉索和自动变速器三部分组成，结构较复杂。换档操纵机构的体积及质量较大，仪表台的空间布置受到很大限制，更会影响内饰的美观性。

线控换档系统是实现智能驾驶的核心部件，它一方面省去了传统机械式结构，体积小、布置灵活；另一方面可实现电控换档，为辅助驾驶和自动驾驶奠定基础。相比传统换档机构，线控换档系统没有了拉索的束缚，整个系统变得更轻、更小、更智能，且能判断出驾驶人的换档错误操作，避免对变速器造成损伤，从而更好地保护变速器，并且能纠正驾驶人的不良换档操作习惯。

目前，市场上主要的线控换档器操纵机构形式有按键式、旋钮式、怀档式和档杆式4 种，如图 2-15 所示。

这些新型线控换档器的出现，相较于传统机械换档器更安全、更智能、更易体现科技豪华感。线控换档技术未来将会是国内外主流车型的标准配置。随着无线通信、人工智能、大数据及云计算等新技术不断应用到汽车领域，将不断驱动汽车智能化、网联化、电动化及共享化的研发与应用，汽车从单一的出行工具逐步转变为生活中的"第三空间"；线控换档器的发展将面临诸多的机遇与挑战。

图 2-15　常见线控换档器操纵机构形式

2. 线控换档系统的工作原理

当选用人工驾驶模式时，驾驶人通过操纵杆的传感器将换档信号传递给 ECU，ECU 处理信号后将指令发送给换档电动机，实现前进档、倒档、空档、驻车档的转换。当选用自动驾驶模式时，驾驶人操纵换档操纵机构的人工驾驶操作，将变为汽车自动判断所需档位并进行自动换档的自动驾驶操作，实现前进档、倒档、空档和驻车档的转换。

🏠 任务实施

为了完成对线控驱动系统的装调工作，需要对智能网联汽车线控驱动系统的结构、分类以及应用场景，线控驱动系统和线控换档系统工作原理等内容进行学习，完成信息收集和整理总结，完成任务工单。

1）信息收集。通过查阅和搜索相关资料，学习课本内容，搜索智能网联汽车线控驱动系统工作原理相关信息。

2）整理总结。查找不同系统的功能和特点，将收集到的资料进行归纳总结。

3）完成任务工单，进行自我反思与评价。

任务二　线控驱动系统的拆装

🏠 任务导入

假设你是线控底盘系统维修人员，前一天跟随师傅学习了线控驱动系统的组成与工作原理。今天师傅要求你自主完成线控驱动系统的拆装工作。

任务描述

通过对智能网联汽车底盘线控驱动系统的拆装，熟悉线控驱动系统的各组成部件在整车上的位置，以及安装过程中需要注意的问题。

知识链接

在汽车上，液压、机械系统通过将制动助力器、制动主缸、转向柱、转向轴、齿条和小齿轮、液压管线和各种电缆和插头连接起来来执行功能。这些组件协同或者独立地工作，从而给人们顺畅的驾驶体验。然而这个系统也增大了汽车质量，而且随着时间的推移会磨损或者老化。

在线控驱动系统中，大部分或全部功能将通过电信号执行。无论何种类型的线控系统，都是由传感器记录信息并将数据传递到计算机上，然后由计算机通过预设的程序发出指令和信号，执行装置将电能转换成机械能，完成相关运动。

通过对线控驱动系统进行拆装，能够深入了解线控驱动系统的结构和分布。

任务实施

一、任务准备

设备：智能网联汽车教学车。

工具/仪器：常用绝缘工具箱、高压防护用具、警示标识牌、驱动电机举升设备等。

成员分工：组长 1 名，记录员 1 名，检验员 1 名，操作员 2 名。以上人员轮流扮演每个角色，以提升学生自身综合能力。

线控驱动
系统的拆装

二、线控驱动系统的拆装

1. 拆装前防护

防护用具	说明
	个人防护，维修人员需戴着棉线手套
	整车防护：车内部需铺上转向盘套、座椅套和脚垫，车外部需铺上格栅和翼子板

2. 驱动系统部件的拆卸

操作示意图	操作说明
	断开蓄电池负极连接，然后等待 2min
	断开洗涤器喷水电动机插接器（需要先回收洗涤水），并拆卸车窗玻璃洗涤器水壶
	断开驱动电机控制器上所有低压线束插接器。插接器中的线束可以传输 CAN 信号、启动使能信号、制动信号和电机温度信号等。拆卸注意事项：电机控制器外接有多个插接器，拆卸时需要做好标签，以免误插接或漏插接，造成人和车的安全事故
	分离驱动电机控制器输入高压线束主正、主负线。此教学车配备有 DC/DC 变换器，DC/DC 变换器的高压线束为与电机控制器共用，高压线束在电机控制器上外接至 DC/DC 变换器
	分离驱动电机控制器输出高压线束 U/V/W。先分离 W 相线束，再分离 V 相线束，接着分离 U 相线束
	分离驱动电机与驱动电机控制器之间的高、低压线束。先分离低压插接器，后分离高压插接器

（续）

操作示意图	操作说明
	拆卸驱动电机控制器固定螺栓，并将驱动电机控制器取下
	操作举升机举升车辆至合适位置，使用驱动电机举升设备，将其托盘升至接近驱动电机位置，拆卸驱动电机机脚的固定螺栓
	拆卸驱动电机的固定螺栓，并将驱动电机取下

在对拆卸的部件进行检查后，按照与拆卸相反的步骤进行线控驱动系统部件的安装。

任务三　线控驱动系统的调试

任务导入

对智能网联汽车线控驱动系统进行拆装学习后，需要对该线控驱动系统进行车速和档位（驻车档、空档、倒档、前进档）的测试。

任务描述

能够正确使用 CAN 总线分析仪等工具对智能网联汽车底盘线控驱动系统进行调试分析；

能够将调试数据解析成 CAN 报文，完成自动驾驶模式下电机控制器的调试；能够根据当前电机控制器反馈的信息，计算出 VCU 向计算平台发送的 CAN 报文；培养严谨的工作态度、团队合作意识和岗位职责意识，提升动手实践操作能力。

知识链接

线控驱动系统的通信原理

线控驱动系统调试介绍

线控驱动系统的单元之间需要一个高速、容错、低延时和时间触发的通信协议，目前多采用时间触发 CAN（又称为 TTCAN）标准，其基于 ISO 11898-1 标准的 CAN 物理层来进行通信。TTCAN 提供了一套时间触发消息机制，允许使用基于 CAN 网络形成的控制环路，同时提高了基于 CAN 汽车网络的实时通信性能。

在自动驾驶过程中，计算平台与 VCU 之间实时通信，计算平台向 VCU 发出转向、制动、驱动相关指令，VCU 接收指令后经过运算处理将信号下发执行单元 ECU，执行单元 ECU 控制执行器进行动作。计算平台与 VCU 之间的通信波特率为 500kbit/s，报文采用 Motorola 格式，帧格式为标准帧。

设备上的模式开关可以切换为人工驾驶模式和自动驾驶模式，进行 CAN1 调试时需将模式开关切换至人工驾驶模式，进行 CAN2 调试时需将模式开关切换至自动驾驶模式。需要注意的是，如果通过 CAN1 发送调试指令时以 VCU 的身份向 EPS/EHB/MCU 发送协议，会干预 VCU 当前指令。为避免冲突，调试时应选择 CAN2 发送协议。

智能网联汽车线控驱动系统调试内容主要包含计算平台向 VCU 发送 CAN 报文协议的计算和 VCU 向计算平台反馈 CAN 报文的协议解析。

1. 计算平台向 VCU 发送 CAN 报文的协议格式

1）该协议主要包含 8 个字节。其中，Byte0 中的 bit0~bit3 这 4 位分别对应示廓灯、近光灯、远光灯和喇叭，0 代表关闭，1 代表打开；bit4 为预留位；bit5 为使能信号位，0 代表未使能，1 代表使能；bit6 和 bit7 为档位，0x00 为驻车档，0x01 为倒档，0x02 为空档，0x03 为前进档。

2）Byte1 和 Byte2 表示目标车速，其中，有效值范围为 0~2200（表示 0~220 km/h），最小计量单元为 0.1km/h，"0xFF，0xFE"表示异常，"0xFF，0xFF"表示无效。

3）Byte3 为预留字节。

4）Byte4 和 Byte5 表示转向角度，是角度旋转到当前数值对对应的角度，角度范围为 –540°~540°，0° 为对应中点位置。

5）Byte6 字节中 bit0 表示制动使能，1 为使能制动，0 为不使能制动。bit1~ bit7 为制动压力请求、压力行程请求，最大行程点为 125，最小行程点为 0，单位为个。

6）Byte7 为预留字节。

2. VCU 向计算平台反馈 CAN 报文的协议格式（线控驱动系统通信协议）

1）Byte0 中的 bit0 和 bit1 两位表示驾驶模式，0 表示人工驾驶模式，1 表示自动驾驶模式，2 表示遥控器调试模式；bit2~bit4 表示档位，0x00 为驻车档，0x01 为倒档，0x02 为空档，0x03 为前进档；bit5 和 bit6 表示车辆状态，0x00 为正常，0x01 为一级报警，0x02 为二

级报警，0x03 为三级报警；bit7 为预留位。

2）Byte1 和 Byte2 两个字节表示当前角度。

3）Byte3 表示驱动电机状态，其中，0x01 为耗电；0x02 为发电；0x03 为关闭状态；0x04 为准备状态；"0xFE"表示异常，"0xFF"表示无效。

4）Byte4 和 Byte5 表示车速，其中，有效值范围为 0~2200（表示 0~220 km/h），最小计量单元为 0.1km/h，"0xFF，0xFE"表示异常，"0xFF，0xFF"表示无效。

5）Byte6 和 Byte7 表示驱动电机转矩，有效值范围为 0~65531（数值偏移量 –20000 表示 –2000~4553.1N·m），最小计量单元为 0.1N·m，"0xFF，0xFE"表示异常，"0xFF，0xFF"表示无效（其中，前进时转矩为正值，倒车时转矩为负值）。

任务实施

一、任务准备

设备：智能网联汽车教学车、底盘线控系统测试装调台架。

二、线控驱动系统的调试

1. 计算平台向 VCU 发送 CAN 报文计算

1）底盘线控系统测试软件如图 2-16 所示。计算平台向 VCU 发送 CAN 报文，需选择 CAN2 发送报文，帧 ID 选择 0x110，发送周期填 100ms，发送次数填 50，波特率选择默认的 500kbit/s，帧类型选择默认的接收所有类型。

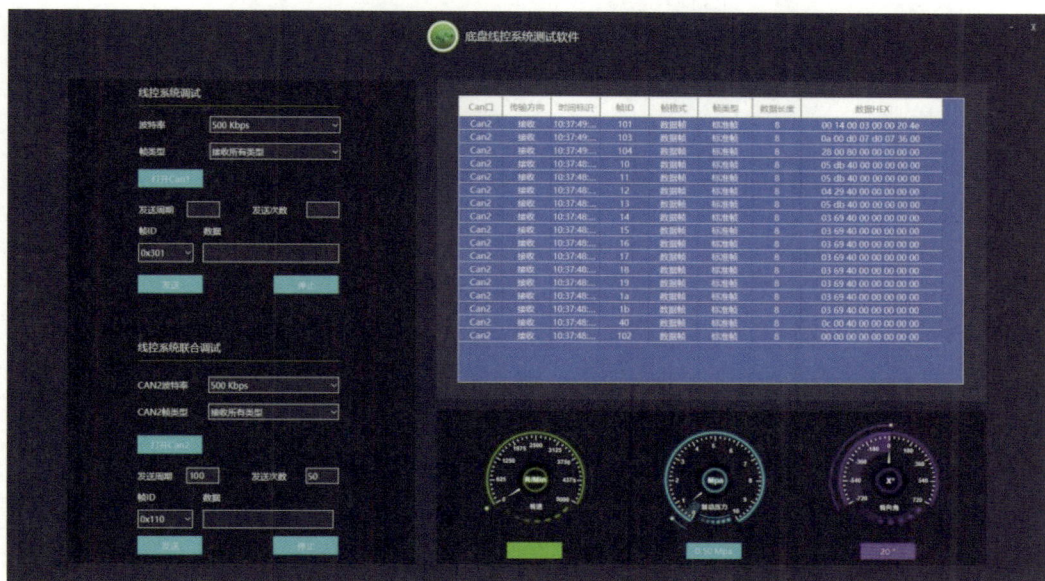

图 2-16　底盘线控系统测试软件

2）线控系统测试，设置档位前进档，目标车速 100km/h，具体见表 2-1。

表 2-1   各字节意义

字节	计算	数据
Byte0	Byte0 用来设置灯光、喇叭、抱轴状态、档位。其中，灯光和喇叭在此不设置默认为关闭状态，抱轴处于吸合状态，则 bit0~bit5=000000。设置档位为前进档，则 bit6~bit7=0x03，转换成二进制为 bit6~bit7=11，则 bit0~bit7=11000000，最后转换成十六进制为 Byte0=0xC0	0xC0
Byte1	Byte1~Byte2 设置目标车速为 100km/h，先计算车速有效值，即 100÷0.1=1000，转换成两字节的十六进制数为 0x03E8。由于 Byte1 为低字节，Byte2 为高字节，则 Byte1=0xE8，Byte2=0x03，则 Byte1~Byte2=0xE803	0xE803
Byte2		
Byte3	Byte3 为预留字节，默认 Byte3=0x00	0x00
Byte4	Byte4~Byte5 用来设置转向角度，此处不设置转向角度，则 Byte4~Byte5=0x0000	0x0000
Byte5		
Byte6	Byte6 用来设置制动使能和制动压力请求，此处不设置制动压力，则 Byte6=0x00	0x00
Byte7	Byte7 为预留字节，默认 Byte7=0x00	0x00

2. VCU 向计算平台反馈的 CAN 报文解析

在调试软件上反馈回来的报文如下：

CAN 口	传输方向	时间标识	帧 ID	帧格式	帧类型	数据长度	数据（HEX）
CAN2	接收	16：49：12	0x101	数据帧	标准帧	8	0D000001E803524E

线控驱动系统调试 -VCU 向计算平台反馈的 CAN 报文解析

通过解析报文，分析驱动系统状态。

根据解析方法对以上报文进行分析，可知驱动系统状态为汽车向前行驶，处于自动驾驶模式，车辆状态正常，驱动电机处于耗电状态，转矩为 5N·m，车速为 100km/h，转向角度为 0°。

任务四   线控驱动系统故障检修

——人一能之，己百之；人十能之，己千之。

🏠 任务导入

黄金周张总带着全家开着智能网联车去郊游，就在他们去旅游景点的路上，系统提示电机温度过高，对于网联汽车没有经验的他只好立即向售后服务中心求助。车辆被拖到维修部，经维修技师检查发现电机温度信号、旋变信号有问题。如果你是维修技师，如何诊断车辆的问题，如何对网联汽车进行修复？带着这些问题，一起来学习吧！

通过仪器对智能网联汽车通信数据进行检查，初步分析故障原因，随后根据可能存在的故障点进行逐一确定检测。找到故障部位后，对故障部件进行换修，进而解决故障。

🏠　知识链接

一、线控驱动系统电路的分析

智能网联汽车线控驱动系统的工作原理图如图 2-17 所示，打开启动开关，VCU 开始工作，当接收到行驶信号（驾驶人指令或加速踏板信号等）时，VCU 与动力蓄电池管理系统（BCM）进行通信，控制动力蓄电池的主正、主负继电器闭合，输出高压电至电机控制器。同时，VCU 向电机控制器发送驱动信号，电机控制器在接收到指令后使驱动电机旋转，电机温度传感器检测电机温度，旋转变压器检测电机转速和转角，从而线控驱动系统形成一个闭合的控制。线控驱动系统电路如图 2-18 所示。

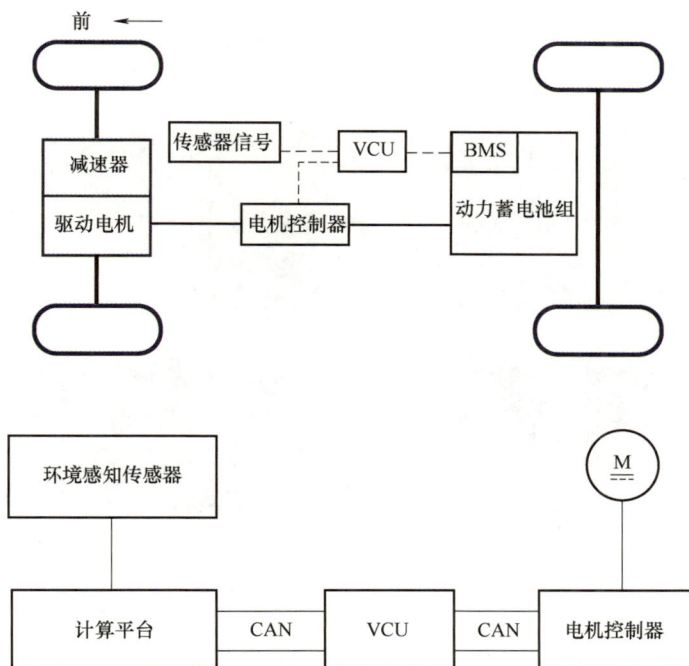

图 2-17　智能网联汽车线控驱动系统的工作原理图

二、线控驱动系统部件插接器端子的介绍

线控驱动系统主要插接器端子有旋转变压器和抱轴端子、温度端子、高压端子、电机控制器 CAN 线和电源端子、加速踏板端子等。线控驱动系统各部件插接器端子如图 2-19 所示，

端子定义见表 2-2。

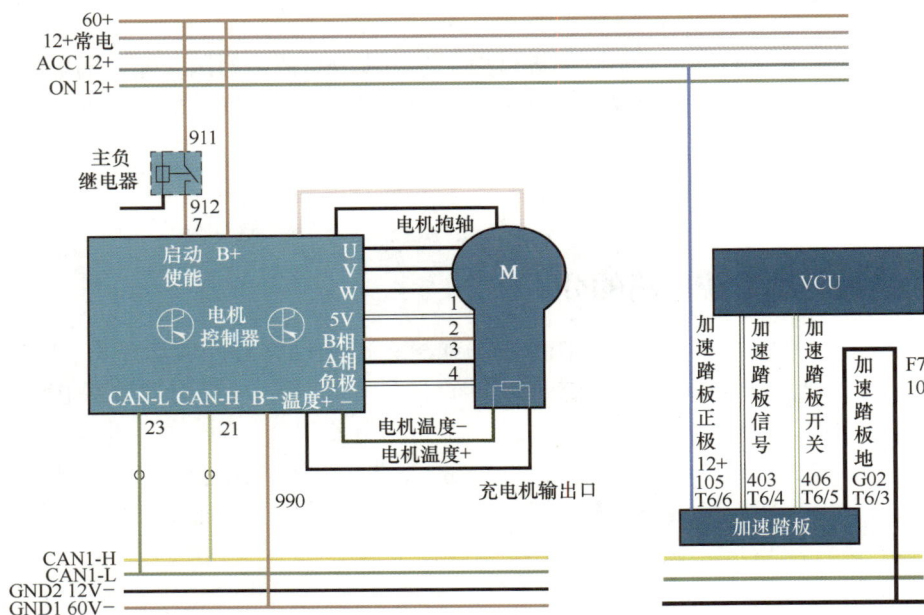

图 2-18　线控驱动系统电路

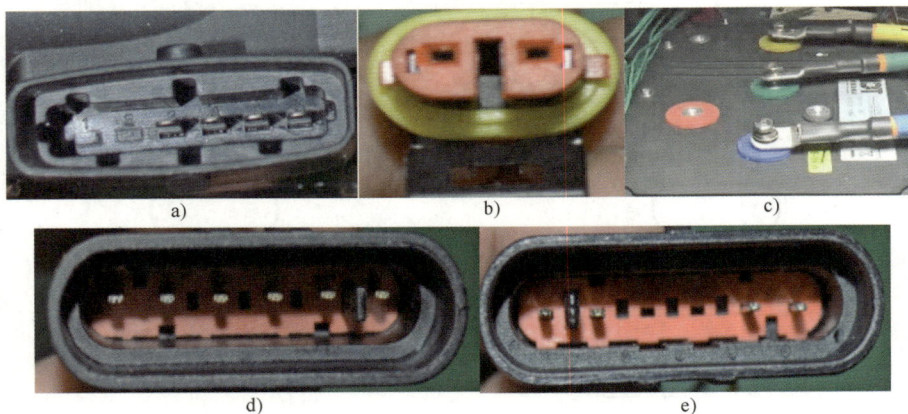

图 2-19　线控驱动系统各部件插接器端子

a）加速踏板端子　b）温度端子　c）高压端子　d）旋转变压器和抱轴端子　e）电机控制器 CAN 线和电源端子

表 2-2　线控驱动系统各部件插接器端子定义

名称	端子编号	端子定义	名称	端子编号	端子定义
旋转变压器和抱轴端子	1	5V	旋转变压器和抱轴端子	4	负极
	2	旋转变压器 B 相		5	电机抱轴 +
	3	旋转变压器 A 相		6	电机抱轴 −

（续）

名称	端子编号	端子定义	名称	端子编号	端子定义
温度端子	1	温度＋	电机控制器 CAN 线和电源端子	3	ON＋
	2	温度－		4	负极
高压端子	U	三相交流电 U 相	加速踏板端子	1	—
	V	三相交流电 V 相		2	—
	W	三相交流电 W 相		3	负极
	B－	高压电 60－		4	加速踏板信号
	B＋	高压电 60＋		5	加速踏板开关
电机控制器 CAN 线和电源端子	1	CAN-L		6	ACC＋
	2	CAN-H		—	—

🏠 任务实施

一、任务准备

设备：智能网联汽车底盘线控系统测试装调试验台、智能网联汽车试验车。

工具/仪器：计算机、数字式万用表、高压防护套装、绝缘测试仪、探针及线束等。

二、执行诊断前防护

个人防护：维修人员需戴着高压绝缘手套，穿着高压防护鞋和高压防护衣。

实训台防护：需铺上格栅和翼子板防护。

线控驱动系统 CAN 通信故障 检修

三、维修前故障分析

CAN 总线系统产生故障的原因如下：

1）汽车电源系统引起的故障。汽车电控模块的工作电压一般在 10.5~15.0V 范围内，如果汽车电源系统提供的工作电压不正常，就会使某些电控模块出现短暂的不正常工作，这会引起整个汽车 CAN 总线系统出现通信不畅。

2）汽车 CAN 总线系统的链路故障。通信线路短路、断路或线路物理性质变化引起通信信号衰减或失真时，都会导致多个 ECU 工作不正常，使 CAN 总线系统无法工作。

3）汽车 CAN 总线系统的节点故障。节点是汽车 CAN 总线系统中的电控模块，因此，节点故障就是电控模块的故障。它包括软件故障，即传输协议或软件程序有缺陷或冲突，从而使汽车 CAN 总线系统通信出现混乱或无法工作，这种故障一般会成批出现；硬件故障一般是电控模块芯片或集成电路故障，造成汽车 CAN 总线系统无法正常工作。

四、电子旋钮档位开关 R 位故障检修

1. 作业准备

1）清洁操作工位。用抹布清洁试验台架等

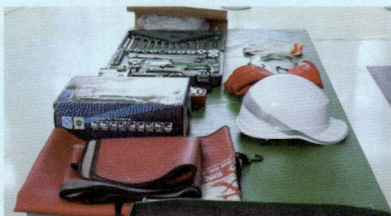

2）准备安全防护用具。准备座椅套、转向盘套、变速杆套、脚垫；准备格栅和翼子板防护垫，高压绝缘手套、高压安全帽、高压防护鞋和护目镜

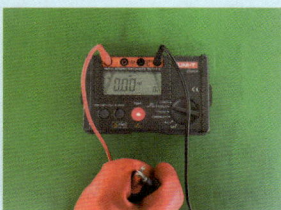

3）检查工具和设备的外观。检查万用表是否正常，万用表校零，检查台架计算机是否正常，检查高压绝缘手套是否完好。检查绝缘测试仪是否正常，绝缘测试仪校零

4）做好实训车和驾驶室防护。驾驶室内安好座椅套、转向盘套、变速杆套，铺好脚垫，实训车上铺好格栅和翼子板防护垫

2. 发现故障现象

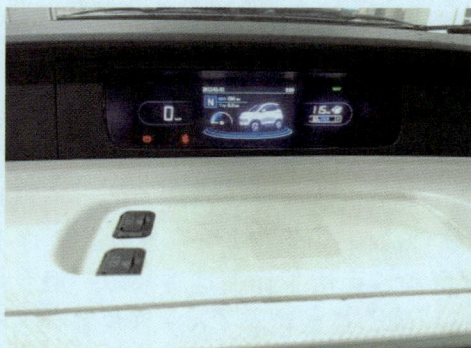

操作档位开关，仪表显示可以正常挂上前进档，挂上倒档，仪表显示无法切换到倒档

3. 故障分析

分析可能造成故障的原因如下：
1）VCU 模块自身故障
2）VCU 电源、搭铁及相关电路故障
3）R 位信号电路故障
4）档位开关本体故障

4. 故障检测

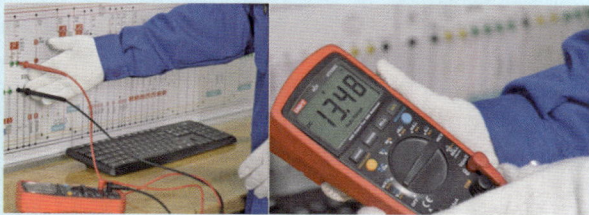

1）测量 VCU 模块位置 D 位信号测试端子的电压。万用表旋转到电压档，使用黑表笔连接到搭铁点，红表笔连接 VCU 模块 D 位信号测试端子，档位开关旋至 D 位，电压显示 9~16V 为正常，实测电压为 13.48V，正常

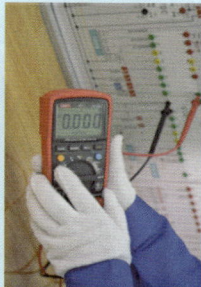

2）测量 VCU 模块位置 R 位处电压值。红表笔连接 VCU 模块 R 位信号测试端子，档位开关旋至 R 位，电压显示 9~16V 为正常，实测电压为 0，显示异常

3）测量档位开关 R 位输出信号是否正常。关闭点火开关，拆下档位开关，将万用表拨到电压档，打开点火开关，起动车辆，在档位开关插接器后部找到端子 5，使用万用表黑表笔连接搭铁点，红表笔连接探针测量档位开关 R 位输出电压，档位开关旋转到 R 位，电压显示 9~16V 为正常，实际测量为 12.18V，正常

（续）

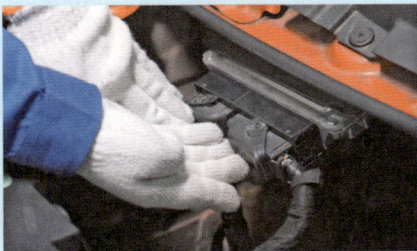

4）通过以上检测步骤确定档位开关输出的 R 位信号正常。VCU 模块接收 R 位的信号异常，判断 R 位信号线路存在断路故障

5. 故障恢复

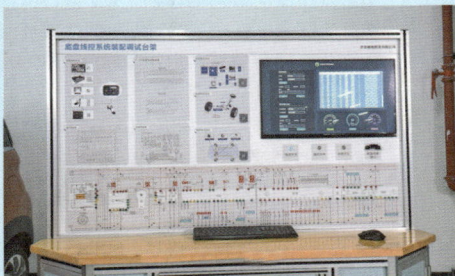

维修或更换相同型号的电路，试验台恢复正常状态

6. 确认故障是否完全排除

踩下制动踏板，操作档位开关挂入 R 位，仪表显示 R 位状态（故障排除）

7. 整理工位

关闭智能网联汽车总电源开关

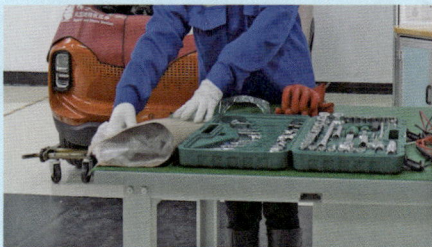

将工具、防护用品归位
打扫工位

五、线控驱动系统 CAN 通信故障检修

1. 作业准备

1）清洁操作工位。用抹布清洁试验台架等

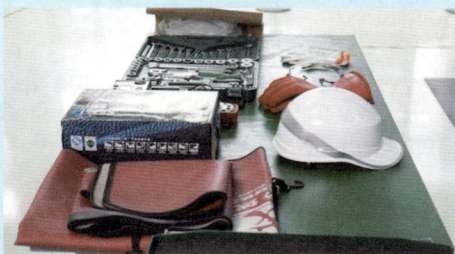

2）准备安全防护用具。准备座椅套、转向盘套、变速杆套、脚垫；准备格栅和翼子板防护垫，高压绝缘手套、高压安全帽、高压防护鞋和护目镜

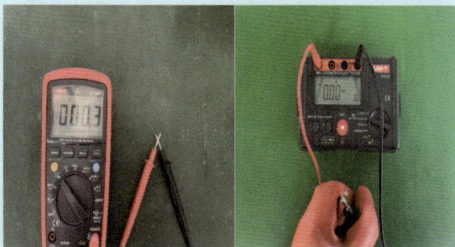

3）检查工具和设备的外观及实训车防护。检查万用表是否正常，万用表校零，检查台架计算机是否正常，检查高压绝缘手套是否完好，铺上格栅和翼子板防护垫，检查绝缘测试仪是否正常，绝缘测试仪校零

2. 发现故障现象

打开点火开关，驱动电机无法起动

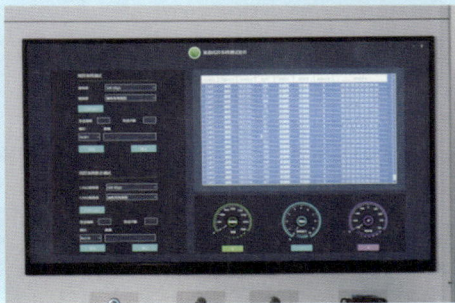

1）打开 CAN 调试软件。打开智能网联汽车总电源开关，打开遥控器开关。双击 CAN TOOL 软件图标→选择设备型号→起动设备→选择 CAN 通道号→选择波特率 500kbit/s→单击"确定"→合并相同 ID

（续）

2）确定读码位置。查询智能网联汽车产品手册，确定故障码读取位置：例如 ID 号为 0x310、0x311、0x312，数据组前 4 位为故障码读取位置

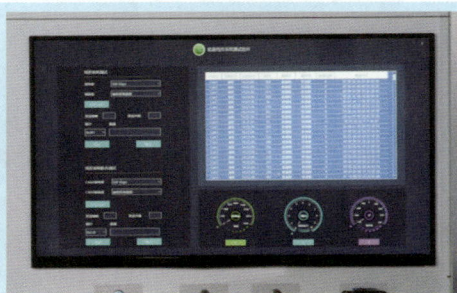

3）查看故障现象。根据底盘线控系统测试装调试验台的调试软件中报文信息显示，发现线控驱动电机控制器输出报文的 CAN1 中 ID 0x310、0x311、0x312 同时消失，可以判断为线控驱动电机控制器通信故障

3. 故障分析

可能造成故障的原因如下：
① 线控驱动电机控制器电源、搭铁及相关电路故障
② 线控驱动电机控制器 CAN 通信故障
③ 线控驱动电机控制器软件错误
④ 线控驱动电机控制器故障

4. 故障检测

按照从简单到复杂的顺序排除故障，首先测量线控驱动电机控制器电源，排查供电是否正常
用万用表电压档测线控驱动电机控制器的供电端子上是否有约 60V 电压。如果有约 60V 的直流电，说明动力蓄电池给线控驱动电机控制器供电了（此处电压为高压电，所以测量时做好高压电安全防护）

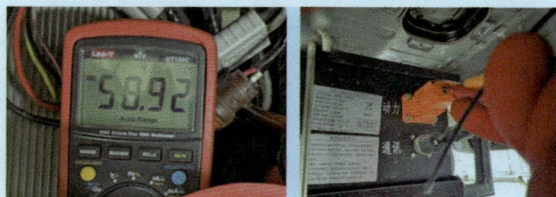

如果用万用表电压档测线控驱动电机控制器的供电端子上没有电压或电压极低，则测量动力蓄电池高压端是否供电。排除线控驱动电机控制器电源故障

（续）

打开蓄电池供电闸刀开关，插上钥匙并将开关置于 ON 位

进行线控驱动电机控制器 CAN 通信测量：使用万用表电压档，红表笔接线控驱动电机控制器低压插头 CAN-H 端子 21，黑表笔搭铁，测量值显示 2.5V 左右为正常，实际测量值为 2.63V

使用万用表电压档，红表笔接线控驱动电机控制器低压插头 CAN-L 端子 23，黑表笔搭铁，测量值显示 2.5V 左右为正常，测量值为 2.53V

若测量线控驱动电机控制器的 CAN 总线、供电和搭铁都无异常，则需检查是否有线控驱动电机控制器对应升级。若无，则需要更换线控驱动电机控制器

现场经万用表测得，线控驱动电机控制器低压插头 CAN-L 端子 23 电路存在断路故障，为线控驱动电机控制器 CAN 通信故障

5. 故障恢复

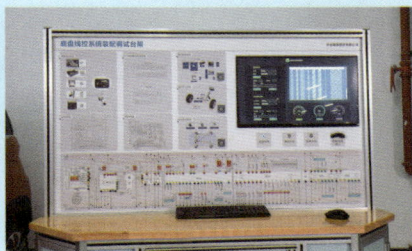

维修或更换相同型号的电路，试验台恢复正常状态

6. 确认故障是否完全排除

重启车辆电源，观察车辆是否自检。车辆自检正常

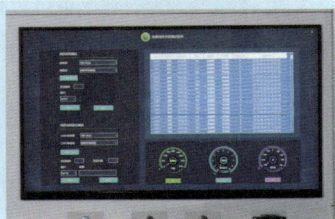

根据底盘线控系统测试装调试验台的调试软件中报文信息显示，CAN1 中 VCU 输出报文的 ID 0x310、0x311、0x312 均正常。故障排除

7. 整理工位

关闭智能网联汽车总电源开关、动力蓄电池电源开关、遥控器开关

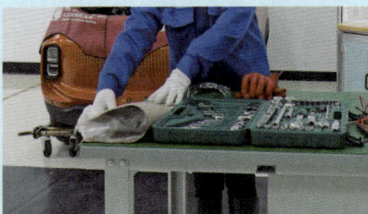

将工具、防护用品归位
打扫工位

整车控制器 CAN
通信故障检修

六、VCU CAN 通信故障检修

1. 作业准备

1）清洁操作工位。用抹布清洁试验台架等

（续）

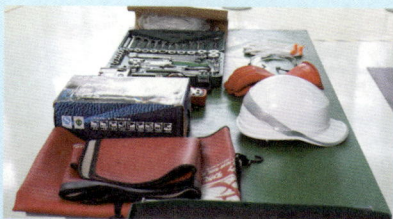	2）准备安全防护用具。准备座椅套、转向盘套、变速杆套、脚垫；准备格栅和翼子板防护垫，高压绝缘手套、高压安全帽、高压防护鞋和护目镜
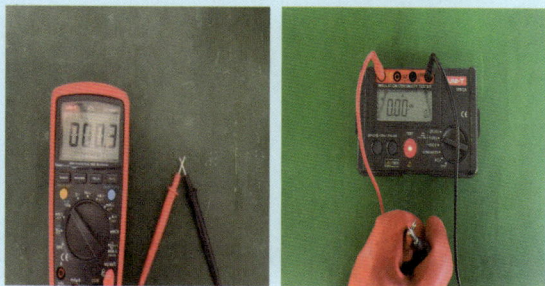	3）检查工具和设备的外观及实训车防护。检查万用表是否正常，万用表校零，检查台架计算机是否正常，检查高压绝缘手套是否完好，铺上格栅和翼子板防护垫，检查绝缘测试仪是否正常，绝缘测试仪校零

2. 发现故障现象

	底盘线控系统测试装调试验台驱动电机无法起动
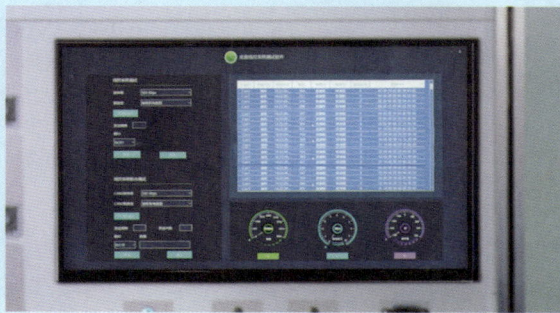	根据底盘线控系统测试装调试验台的调试软件中报文信息显示，发现 CAN1 中 VCU 输出报文的 ID 0x314、0x301、0x364 同时消失，但发现 CAN2 中 VCU 输出报文的 ID 0x101、0x102、0x103 仍然存在，但数据异常，可以判断为 VCU 的 CAN1 无通信

3. 故障分析

可能造成故障的原因如下：
① VCU CAN1 通信故障
② VCU 软件错误
③ VCU 电源、搭铁及相关电路故障

4. 故障检测

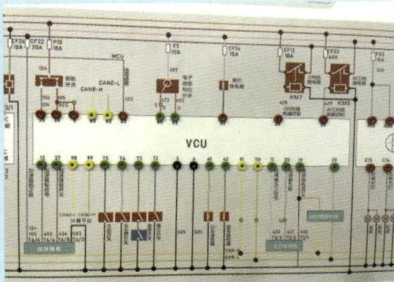

按照从简单到复杂的顺序排除故障，首先排查 VCU CAN1 通信是否有故障

车辆下电，分别拔下 VCU 两个插头

插上钥匙并将开关置于 ON 位

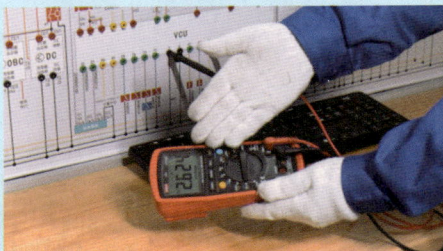

使用万用表电压档，红表笔接 VCU 插头 CAN1-H 端子 91，黑表笔搭铁，测量值显示 2.55V 左右为正常。或使用万用表电压档，红表笔接 VCU 高压插头 CAN-H 插孔 91，黑表笔搭铁，测量值显示 2.49V 左右为正常

使用万用表电压档，红表笔接 VCU 插头 CAN1-L 端子 90，黑表笔搭铁，测量值显示 2.48V 左右为正常。或使用万用表电压档，红表笔接 VCU 低压插头 CAN-L 插孔 90，黑表笔搭铁，测量值显示 2.42V 左右为正常

（续）

若测量 VCU 的 CAN1 总线无异常，则需检查是否有 VCU 对应升级。若无，则需要更换 VCU

经万用表测得，VCU 插头 CAN-H 线 91 存在断路故障，为 VCU CAN 通信故障

5. 故障恢复

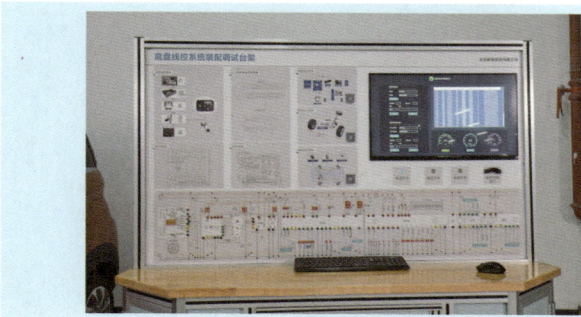

维修或更换相同型号的电路，试验台恢复正常状态

6. 确认故障是否完全排除

重启车辆电源，观察车辆是否自检。车辆自检正常

（续）

根据底盘线控系统测试装调试验台的调试软件中报文信息显示，CAN1 中 VCU 输出报文的 ID 0x314、0x301、0x364，0x101、0x102、0x103 均正常。故障排除

7. 整理工位

关闭智能网联汽车总电源开关、动力蓄电池电源开关、遥控器开关

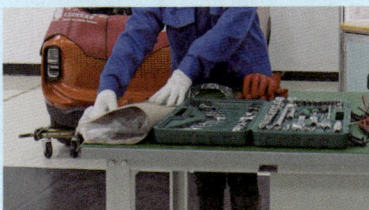

将工具、防护用品归位
打扫工位

线控驱动电机
温度传感器
故障检修

七、线控驱动电机温度传感器故障检修

1. 作业准备

1）清洁操作工位。用抹布清洁试验台架等

2）准备安全防护用具。准备座椅套、转向盘套、变速杆套、脚垫；准备格栅和翼子板防护垫，高压绝缘手套、高压安全帽、高压防护鞋

（续）

3）检查工具和设备的外观及实训车防护。检查万用表是否正常，万用表校零，检查绝缘测试仪是否正常，绝缘测试仪校零。检查台架计算机是否正常，检查高压绝缘手套是否完好，铺上格栅和翼子板防护垫

2. 发现故障现象

底盘线控系统测试装调试验台驱动电机无法起动

根据底盘线控系统测试装调试验台的调试软件中报文信息显示，发现线控驱动电机控制器输出报文的CAN1 中 ID 0x310 电机温度传感器部分异常

线控驱动电机控制器向 VCU 发送 CAN 报文的协议（ID：0x310 周期：200ms）

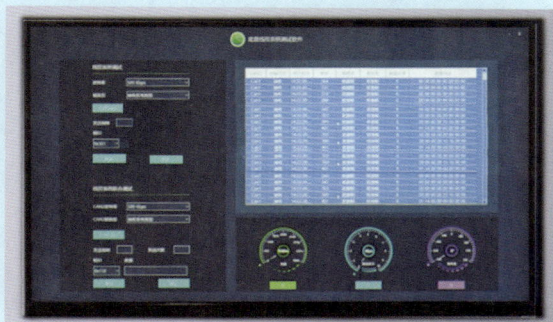

字节	定义	格式
Byte0	驱动电机状态	0xFE 异常
Byte1	驱动电机控制器温度	0~250 偏移量 −40 物理值 −40~210℃
Byte2	驱动电机温度	0~250 偏移量 −40 物理值 −40~210℃
Byte6	驱动电机故障码	0x0E 电机温度传感器故障

可以判断为电机温度传感器相关故障

3. 故障分析

可能造成故障的原因如下：
① 电机温度传感器故障
② 电机温度传感器电路故障
③ 线控驱动电机控制器软件错误
④ 线控驱动电机控制器电源、搭铁及相关电路故障

4. 故障检测

按照从简单到复杂的顺序排除故障，首先测量电机传感器，排查电机温度传感器是否正常

取下钥匙，拔下电机温度传感器插头，插上钥匙并将开关置于 ON 位

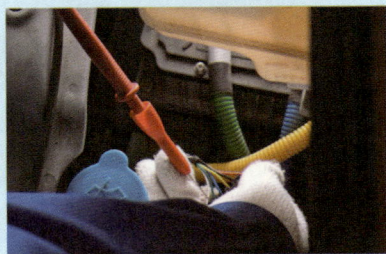

使用万用表电压档，测量电机温度传感器信号电压，两个表笔分别接线控驱动电机控制器温度端子（背部），常温状态下，测量值应为 2.1V 左右

将起动钥匙置于 OFF 位

使用万用表蜂鸣档，测量电机温度传感器电阻值，常温状态下，测量值显示 21kΩ 为正常

若测量线控驱动电机控制器和电机温度传感器之间线束正常，电机温度传感器正常，则需检查是否有线控驱动电机控制器对应升级。若无，则需要更换线控驱动电机控制器

（续）

经万用表测得，电机温度传感器电阻无穷大，为电机温度传感器故障

5. 故障恢复

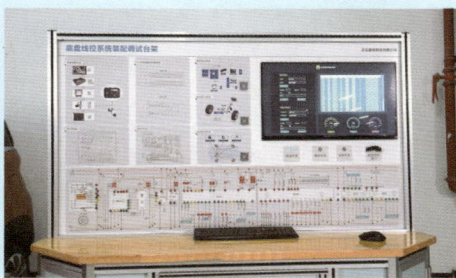

更换驱动电机温度传感器，试验台恢复正常状态

6. 确认故障是否完全排除

重启车辆电源，观察车辆是否自检。车辆自检正常

根据底盘线控系统测试装调试验台的调试软件中报文信息显示，CAN1 中电机控制器输出报文的 ID 0x310 报文正常。故障排除

7. 整理工位

关闭智能网联汽车总电源开关、动力蓄电池电源开关、遥控器开关

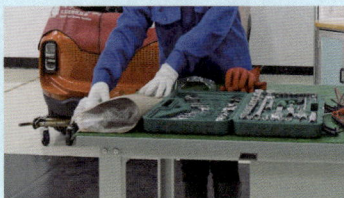

将工具、防护用品归位
打扫工位

知识拓展

由于轮毂电机应用于电动汽车的突出优势和巨大的市场潜力，国内外已有众多厂商开始着力进行轮毂电机的研发。舍弗勒、Protean、丰田等公司均研发出了轮毂电机样机，甚至产品，研发情况见表 2-3。

表 2-3　各国公司轮毂电机产品

国家	公司	轮毂电机产品
日本	丰田	偏轴式轮毂电机
	日产	偏轴式轮毂电机
	NTN	同轴摆线减速器式轮毂电机
	STM-DRIVE	外转子直驱式轮毂电机
美国	舍弗勒	同轴行星齿轮式轮毂电机
英国	Protean	外转子直驱式轮毂电机
法国	Michelin	结合主动悬架的轮毂电机
	AKKA	结合线控转向的轮毂电机

其中，英国 Protean 公司研制的直驱式轮毂电机较为典型。Protean PD18 轮毂电机内部集成逆变器、控制器和制动系统。其结构如图 2-20 所示。

图 2-20　Protean PD18 轮毂电机的结构

项目小结

1）线控驱动系统是智能网联汽车实现的必要关键技术，为智能网联汽车实现自主行驶提供了良好的硬件基础。

2）线控驱动系统主要由加速踏板、加速踏板位置传感器、ECU、数据总线、伺服电动机和加速踏板执行机构组成。

3）根据汽车类型的不同，线控驱动系统分为传统汽车线控驱动和电动汽车线控驱动两种类型。

4）汽车线控驱动系统的能量回收原理是汽车惯性所产生的动能在发电机的作用下转化为电能并存储在储能元件（动力蓄电池）中，从而提高汽车的能量利用率，增加续驶里程。

5）驱动电机常用的有直流电机、交流异步电机、永磁同步电机和开关磁阻电机。

6）永磁是指在制造电机转子时加入永磁体。同步指的是转子的转速与定子绕组的电流频率始终保持一致。

7）电机控制器是电机驱动及控制系统的核心。

8）驱动电机的输出转速较大，因此需配备减速机构进行减速，增大输出转矩。

9）线控驱动系统控制由 VCU 与电机控制器完成。

10）加速踏板模块将驾驶人的驾驶意图转化为电信号。

11）在线控驱动系统中，VCU 与电机控制器间通过 CAN 总线进行通信。

12）线控驱动系统相关报文主要包括监控信息与操作指令。

13）CAN 分析仪读取线控驱动系统通信数据并发送测试报文。

训练习题

一、填空题

1. 线控驱动系统将原来由＿＿＿＿＿＿＿＿驾驶人踩踏动作变成由＿＿＿＿＿＿＿＿驾驶人踩踏动作，且兼顾提高了动力性、经济性、操纵稳定性和乘坐舒适性。

2. 在智能网联汽车中，可将线控驱动系统通过＿＿＿＿＿＿＿＿与＿＿＿＿＿＿＿＿结合起来，通过计算平台替代驾驶人（踩加速踏板、操作换档机构等）向汽车发送行驶意图。

3. 线控节气门系统在收到踏板信号后会进行＿＿＿＿＿＿＿＿，再给节气门执行单元发送合适指令，保证车辆稳定行驶。

4. 智能网联汽车的线控驱动系统由电机、＿＿＿＿＿＿＿＿、加速踏板、变速杆（或按键、旋钮）和＿＿＿＿＿＿＿＿等构成。

5. 在选用人工驾驶模式时，VCU 通过接收变速杆（或按键、旋钮）信号、加速踏板上的传感器信号等，判断汽车行驶方向和行驶速度，然后通过＿＿＿＿＿＿＿＿发送给＿＿＿＿＿＿＿＿，控制电机（M）的转向和转速，并经机械传动装置驱动车轮使车辆行驶。

6. 在选用自动驾驶模式时，＿＿＿＿＿＿＿＿通过接收的各环境传感器反馈的信号，判断汽车行驶方向和行驶速度等，通过 CAN 总线发送给 VCU，VCU 经计算后通过 CAN 总线发送给＿＿＿＿＿＿＿＿，控制电机的转向和转速，并经机械传动装置带动车轮使车辆行驶。

二、单选题

1. _____是通过传感器采集、传送加速踏板深浅与快慢的信号，从而实现踏板功能的电子控制，这个信号会被控制单元接收和解读，然后发出控制指令，控制行驶速度。

　　A. 线控节气门系统　　　　　　B. 线控转向系统
　　C. 线控驱动系统　　　　　　　D. 线控制动系统

2. 智能网联汽车／纯电动汽车的驱动系统能量由_____提供，驱动系统控制的是驱动电机的转矩和转速，它和计算平台、VCU、电机控制器等一同实现车辆的加减速。

　　A. 汽油　　　　　　　　　　　B. 线控转向电动机
　　C. 线控驱动电机　　　　　　　D. 动力蓄电池

3. 智能网联汽车选用自动驾驶模式时，_____通过周围环境信息融合计算出最佳行驶信息并发送给 VCU，由 VCU 将向电机控制器发送加速踏板位置等信息，电机控制器控制驱动电机的转矩和转速。

　　A. 计算平台　　　　　　　　　B. 激光雷达
　　C. 毫米波雷达　　　　　　　　D. 摄像头

4. _____是实现智能驾驶的核心部件，其一方面省去传统机械式结构，体积小、布置灵活；另一方面可实现电控换档，为辅助驾驶和自动驾驶奠定基础。

　　A. 线控驱动系统　　　　　　　B. 线控转向系统
　　C. 线控制动系统　　　　　　　D. 线控换档系统

5. 目前，市场上主要的线控换档器操纵机构形式有_____4 种。

　　A. 按键式、旋钮式、怀档式和档杆式
　　B. 按键式、旋钮式、怀档式和语音式
　　C. 遥控式、旋钮式、怀档式和档杆式
　　D. 按键式、手机控制式、怀档式和档杆式

6. 线控换档系统主要由换档操纵机构、_____、换档执行模块、驻车控制 ECU 和档位指示器等组成。

　　A. 驱动电机控制器　　　　　　B. 转向控制器
　　C. 节气门控制器　　　　　　　D. 换档 ECU

7. 当选用人工驾驶模式时，驾驶人通过操纵杆的传感器将_____传递给 ECU，ECU 处理信号后将指令发给换档电动机，实现前进档、倒档、空档和驻车档的转换。

　　A. 制动信号　　　　　　　　　B. 换档信号
　　C. 加速信号　　　　　　　　　D. 转向信号

8. 当选用自动驾驶模式时，驾驶人操纵换档操纵机构的人工驾驶操作，将变为_____所需档位并进行切换，实现前进档、倒档、空档和驻车档的转换。

　　A. 人工判断　　　　　　　　　B. 人工与机器共同判断
　　C. 汽车自动判断　　　　　　　D. 以上都对

9. _____是线控驱动系统中的核心部件，可以将电能转换为机械能。

　　A. 激光雷达　　　　　　　　　B. 动力蓄电池

C. 计算平台　　　　　　　　　　D. 驱动电机

10. 智能网联汽车主要以纯电动汽车为主，常见的驱动电机有_____。

A. 直流电机　　　　　　　　　　B. 交流异步电机

C. 永磁同步电机和开关磁阻电机　　D. 以上都对

三、多选题

1. 在各类驱动电机中，_____具有高效、高转矩密度、良好的转矩平稳性及低振动噪声等特点。

A. 永磁同步电机　　　　　　　　B. 交流异步电机

C. 永磁同步电机和开关磁阻电机　　D. 高控制精度

2. 永磁同步电机主要由机座、_____、_____、温度传感器和前、后端盖等组成。

A. 转子　　　　　　　　　　　　B. 齿轮

C. 定子　　　　　　　　　　　　D. 蓄电池

3. 永磁同步电机的定子绕组中通入_____，在通入电流后就会在电机的定子绕组中形成旋转磁场，由于在转子上安装了永磁体，永磁体的磁极是固定的，根据磁极的同性相斥异性相吸的原理，在定子中产生的旋转磁场会带动转子进行旋转，最终达到转子的旋转速度与定子中产生的旋转磁极的_____。

A. 两相电流　　　　　　　　　　B. 双相电流

C. 转速不等　　　　　　　　　　D. 转速相等

4. 线控节气门系统主要由_____等部件构成。

A. 加速踏板和加速踏板位置传感器　B. ECU

C. 数据总线　　　　　　　　　　D. 电动节气门

5. _____是驱动电机及控制系统的核心，是连接动力蓄电池与驱动电机的_____。

A. 驱动电机控制器　　　　　　　B. 制动电机控制器

C. 电能存储单元　　　　　　　　D. 电能转换单元

6. _____将电机的控制信号转换为驱动功率变换器的驱动信号，并实现功率信号和控制信号的隔离。_____对电机电流进行控制。

A. 驱动电机控制器　　　　　　　B. 制动电机控制器

C. 功率变换模块　　　　　　　　D. 电能转换单元

四、判断题

1. 纯电动汽车上使用的线控驱动系统具有制动能量回收功能，当驾驶人减小踏板力时，系统认为驾驶人有减速的需求，这时候通过 ECU 发送指令，在没有踩踏制动踏板的情况下，车辆实现制动能量回收，这个功能在业界称为"单踏板"。（　　　）

2. "主踏板"分为 3 个主要控制行程，即加速行程、减速行程和恒速行程。（　　　）

3. 线控节气门使用导线来代替拉索或者拉杆，由加速踏板位置产生的电信号给 ECU 进行发动机控制。（　　　）

4. 人工驾驶模式下，线控驱动系统的通信主要存在于 VCU 与 ECU 之间，包括 VCU

向 ECU 发送的驱动指令和 ECU 向 VCU 发送的电机状态、电机控制器状态等反馈信息。（　　　）

5. 线控驱动系统具有工作原理相对较为复杂，成本提高，相比传统节气门，在硬件上，需要添加踏板位置传感器，并且增加 ECU 接线的缺点。（　　　）

五、简答题

1. 绘制出智能网联汽车线控驱动系统的工作原理图。

2. 简答线控驱动系统的工作过程。

项目三
智能网联汽车线控转向系统技术

项目目标

素养目标

1. 养成拆卸、安装过程中良好的劳动习惯，提升动手实践操作职业素养。

2. 养成应用技术资料完成结构认知自学的职业素养，培养独立思考、处理和分析问题的习惯。

3. 培养严谨的工作态度，通过实践项目养成团队协作意识和岗位职责意识。

知识目标

1. 了解转向系统的发展历程。

2. 了解智能网联汽车转向系统的功能与分类。

3. 掌握线控转向系统各组成部分的名称。

4. 掌握线控转向系统各部件的位置、各部件之间的位置关系及作用。

5. 掌握智能网联线控转向系统的工作原理。

6. 理解线控转向系统的通信原理和关键技术。

技能目标

1. 能够独立拆装线控转向系统。

2. 能对照技术文件完成线控转向系统机械部分的安装和调试。

3. 能够理解 VCU 与转向模块 ECU 之间的关系。

4. 能够正确、熟练连接 VCU 与 ECU 的相关线束。

5. 能够准确检测线控转向系统出现的故障。

任务一　线控转向系统的认知

——学不可以已，知而好问，然后能才。

任务导入

　　张强是一位传统汽车的维修人员，看到智能网联汽车的迅猛发展，打算应聘去新能源智能网联汽车的维修部门。你知道他要学习哪些基本知识来适应新的岗位吗？在进入岗位前，他需要参加员工培训，培训主要围绕线控转向系统的结构和工作原理等展开介绍。通过培训，张强学习到了线控底盘转向技术的工作原理、技术上的优势及存在的难点，顺利进入工作岗位。如果你是一位新员工，能否通过学习培训后胜任这份工作呢？

任务描述

　　通过对底盘线控转向系统的发展历程、分类、结构、工作原理、目前存在的优势及技术上存在的难点等方面的学习，培养学生的探索意识和创新意识及接受新知识的能力。

知识链接

　　线控转向系统是一种电控转向系统，该系统由电信号控制并向电动机发送电信号指令，实现转向功能。它消除了传统转向系统中转向盘与转向执行机构间的机械连接，使其与其他系统更加协调，对提高汽车的转向稳定性、驾驶舒适性和主动安全性具有重要意义。

一、初识线控转向系统

1. 转向系统的发展历程

　　用来改变或保持汽车行驶方向的一系列装置称为汽车转向系统。起初，汽车转向系统为机械式转向，完全靠人力进行转向。为协助驾驶人做汽车方向调整，减轻打转向盘的用力强度，从而发展出了助力转向系统。其经历了机械式转向系统（MS）、液压助力转向系统（HPS）、电控液压助力转向系统（EHPS）和电动助力转向系统（EPS）几个阶段，各阶段如图3-1所示。

　　目前，乘用车上以电动助力转向系统为主流，商用车上以液压助力转向系统为主流。线控转向系统的发展改善了汽车的驾驶特性并增强了操纵性，且具备舒适性好、响应速度快、安全性高、与车道保持辅助等辅助驾驶功能配合更好的优点，很好地满足了汽车智能化对车辆转向系统在控制精确度和可靠性等方面的要求，将成为未来智能网联汽车转向系统的主流趋势。

汽车转向系统
发展史

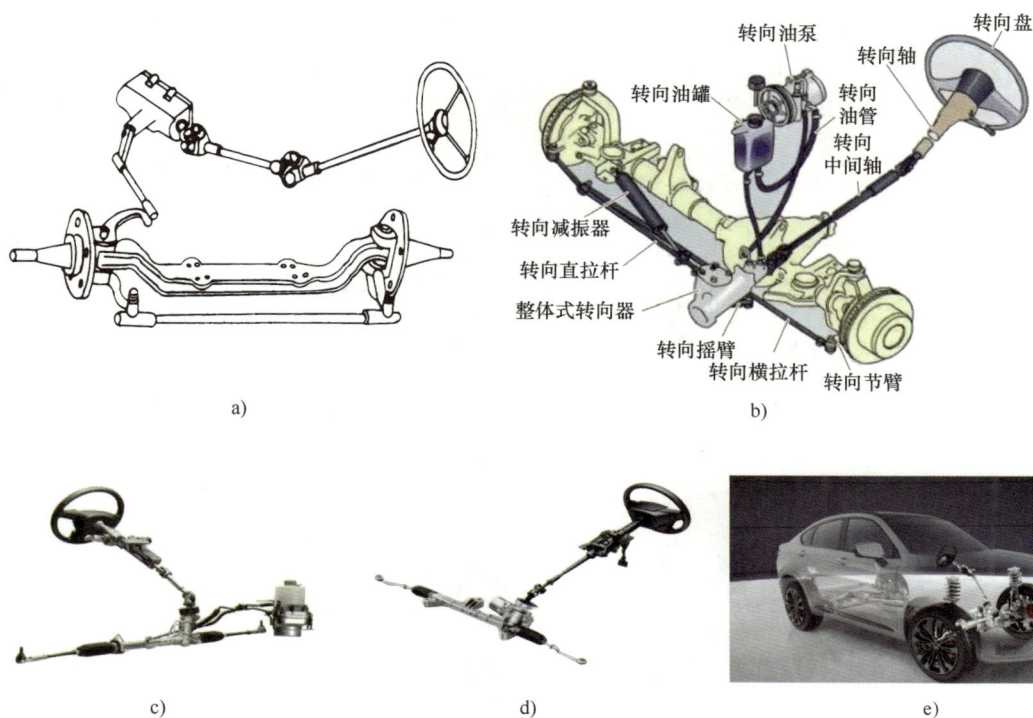

图 3-1　转向系统的发展

a）机械式转向系统　b）液压助力转向系统　c）电控液压助力转向系统
d）电动助力转向系统　e）线控转向系统

2. 智能网联汽车转向系统的分类

目前，能适应自动驾驶汽车转向系统要求的主要有EPS和线控转向系统。

（1）EPS　EPS的结构如图3-2所示。在转向盘转动时，转向盘传感器将转动信号传到控制单元，控制单元通过计算给电动机提供适当的电压，驱动电机输出适合的转速和转矩，再经减速器降转速提转矩后推动转向拉杆，提供转向助力。

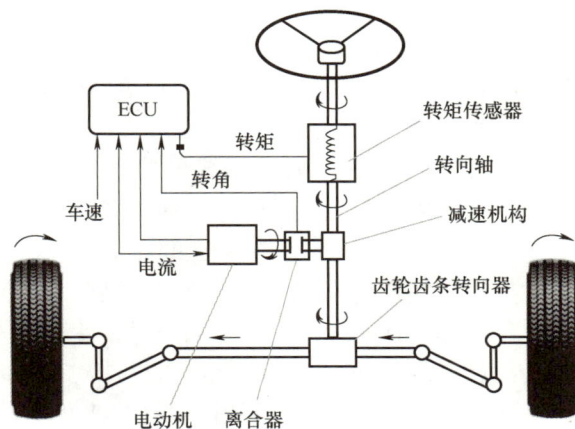

图 3-2　EPS 的结构

优点：不含任何机械结构，设计和构造简便，助力与发动机转速无关，能够让转向盘在低速时更轻盈，高速时更稳定。

缺点：需要长期保留机械装置，以保证冗余度，否则电子设备失效时容易造成不良后果。

1）柱辅助型：助力电动机安装在转向管柱上，电动机助力转矩作用于转向管柱上，其示意图如图 3-3a 所示。

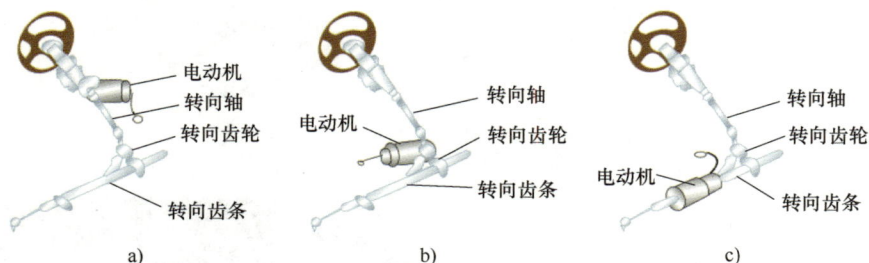

图 3-3　EPS 的分类

a）柱辅助型（C-EPS）　b）齿轮辅助型（P-EPS）　c）齿条辅助型（R-EPS）

优点：结构紧凑，布置在驾驶室内，工作环境较好，不占用发动机舱的空间，成本较低。

缺点：可提供的助力大小受到限制，易引起驾驶室内产生噪声，不利于转向轴的吸能结构设计，适用于中小型乘用车。

2）齿轮辅助型：助力电动机和减速机构布置在转向齿轮上，驱动电机的输出力矩通过减速机构传递到转向齿轮上，其示意图如图 3-3b 所示。

优点：可以提供较大的转向助力，助力效果较为迅速、准确，有利于降低驾驶室噪声水平。

缺点：电动机和传感器等部件安装在前机舱中，器件的耐热与防水等环境要求高，成本较高，适用于需求助力较大的中型乘用车。

3）齿条辅助型：助力电动机和减速机构布置在转向齿条上，电动机助力转矩作用在转向齿条上，其示意图如图 3-3c 所示。

优点：可以提供更大的转向助力，助力效果较为迅速、准确，有利于降低驾驶室噪声水平。

缺点：电动机和传感器等部件安装在发动机舱，器件的耐热与防水等环境要求高，成本较高，适用于需求助力较大的大中型乘用车。

（2）线控转向系统　适应智能网联汽车转向系统要求的第二类转向系统是线控转向系统，如图 3-4 所示。它是将驾驶人的转向意图（通过传感器测量转向盘转角）转换成数字信号，并传递给 ECU；转向执行总成接收主控制器 ECU 的命令，通过转向电动机产生转矩控制转向拉杆，从而控制车轮转动，实现驾驶人的转向意图。同时，控制器根据转向执行总成反馈回来的信号，对路感电动机进行控制，产生良好的路感，使驾驶人能够准确感知路面信息。线控转向系统摆脱了传统转向的各种限制，不但可以设计汽车转向的力传递特性，而且可以设计汽车转向的角传递特性，给汽车的转向特性设计带来更大的可发挥空间，更方便与自动驾驶系统的其他子系统（如感知、动力、底盘等）实现集成，在改善汽车主动安全性能、驾驶特性、操纵性以及驾驶人路感方面具有优势，是智能网联汽车实现路径跟踪与避障、避险所必需的关键技术。

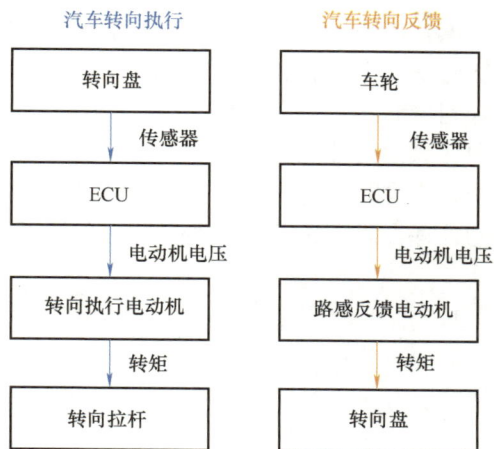

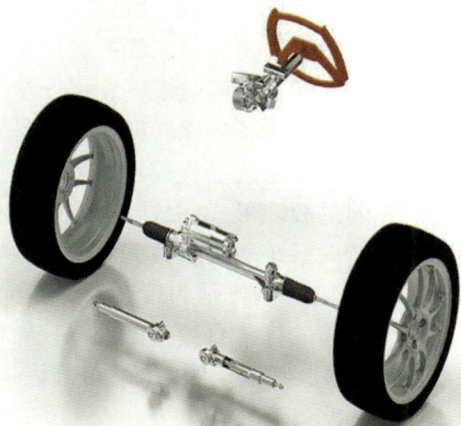

汽车转向执行

转向盘

↓ 传感器

ECU

↓ 电动机电压

转向执行电动机

↓ 转矩

转向拉杆

汽车转向反馈

车轮

↓ 传感器

ECU

↓ 电动机电压

路感反馈电动机

↓ 转矩

转向盘

图 3-4　线控转向系统

随着智能驾驶相关技术的不断成熟，未来性能更优越、优点更多的线控转向系统开发与使用将成为必然。线控转向更符合未来智能驾驶技术的发展需求，在未来将会有良好的商业化和产业化的市场前景。掌握线控转向技术是自主品牌提升技术含量的一次机遇与挑战，也是打破国外技术垄断的新突破点。

二、线控转向系统的组成

线控转向的目的是实现车辆的横向控制，其核心是实现转向轮的转角控制。线控转向系统主要由转向盘模块、转向执行模块和控制器（ECU）三大模块组成，此外，还有故障容错系统、电源系统、车载通信系统等辅助系统。其结构如图 1-18 所示。

线控转向系统
的组成

转向盘模块主要由转向盘、转向盘转矩传感器、转角传感器、减速器、路感电动机和路感电动机电流传感器等组成。转向盘模块有两个基本功能：一是将驾驶人转向意图（通过转向盘转角传感器测量转向盘转角）转化为数字信号传递给控制器，控制器根据转向控制策略和算法得到转向轮目标转角，控制转向电动机驱动转向执行机构实现转向；二是主控制器根据相应的路感算法向路感电动机发送控制信号产生路感，以提供给驾驶人相应的路感信息。

转向执行模块由转向电动机及减速器、转角传感器、齿轮齿条转向器和电动机电流传感器等组成。其主要功能是接收控制器的指令，将测得的转向轮转角信号反馈给控制器，并依据驾驶人意图及车辆运行状态，由转向电动机产生合适的转矩和转角控制车轮转向，完成转向轮的角度伺服控制；转向执行模块同时将转向轮转角及转向电动机电流信号反馈到控制器，作为路感模拟的输入信号。

控制器是线控转向系统的控制中心和决策中心，相当于系统的"大脑"。它通过对采集的信号进行分析处理，对驾驶人转向意图和当前汽车状态进行判断，根据控制策略做出合理控制决策。控制器向转向执行电动机和路感电动机发送指令，控制两个电动机协调工作。一

方面控制转向执行机构，保证汽车能够准确实现驾驶人的转向意图；另一方面控制路感电动机，保证其能够给驾驶人提供舒适良好的路感。此外，根据控制策略的差异性，控制器可以对驾驶人的操作指令进行识别，判定在当前状态下该转向操作是否合理。当汽车处于非稳定状态或驾驶人发出错误指令时，线控转向系统将屏蔽驾驶人错误的转向操作或自动进行稳定控制，以合理的方式自动驾驶车辆，将安全风险降到最低。

故障容错系统是为了确保转向系统的基本转向功能而设计的备用模块。它包括一系列的监控和实施算法。该系统是线控转向系统最重要的组成之一。它采用严密的故障检测和处理逻辑，针对不同的故障形式和故障等级做出相应的处理，以求最大限度地保持汽车的正常行驶，提高汽车转向系统的安全性能。

电源系统的主要任务是为控制器、转向执行电动机和路感电动机以及其他车载电器供电。电源系统性能的优劣直接关系到线控转向系统能否正常运行。转向执行电动机的功率可达 500~800W，加上其他车用电器，电源系统的负荷较大，为保证汽车在较高的电负荷下稳定工作，就必须配备高性能电源。

车载通信系统的作用是快速实现各模块之间的通信交流，减少车内连线数量。目前，车载通信总线有 CAN、TTP/C、FlexRay、MOST、车载以太网和 LIN 等。随着汽车总线技术的发展，存在着多种汽车总线标准，未来将会使用到具有高速实时传输特性的一些总线标准和协议。这一类总线标准主要有 TTP、Bytef-light 和 FlexRay。TTP（时间触发协议）是一个应用于分布式实时控制系统的完整的通信协议，能够支持多种容错策略，具有节点的恢复和整合功能。Bytef-light 的特点是既能满足某些高优先级消息需要时间触发，以保证确定延迟的要求，又能满足某些消息需要事件触发，需要中断处理要求。FlexRay 是一种特别适合下一代汽车应用的网络通信系统，具有容错功能和确定的消息传输时间，能够满足汽车控制系统的高速率通信要求。线控转向系统就是将传统的机械转向系统变成通过高速容错通信总线相连的电气系统，可实现系统的自动化、智能化、网络化与信息化。

三、线控转向系统的工作原理

线控转向系统取消了传统设计中的机械连接，由控制器根据传感器采集反馈的信号，做出决策发出控制指令，完成相应的功能。其工作原理图如图 3-5 所示。

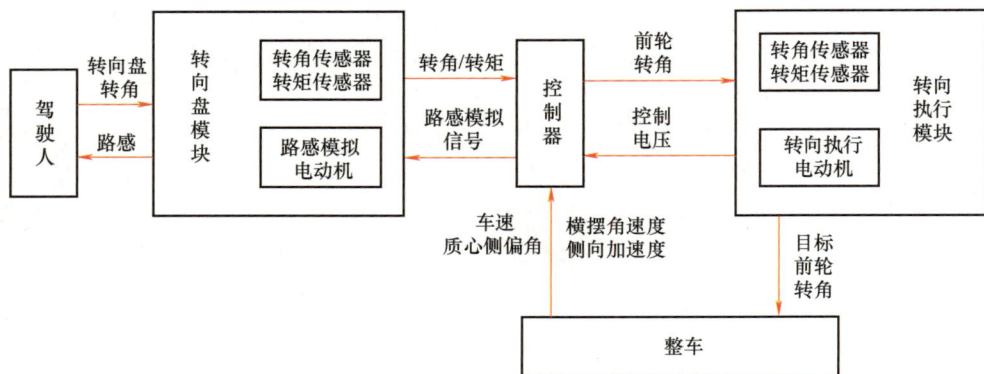

图 3-5　线控转向系统的工作原理图

　　驾驶人根据当前行驶环境和驾驶经验，转动转向盘输入转向指令，转角传感器、转矩传感器将采集到的转角、转矩信号传递给控制器，控制器结合其他传感器传回的车速、横摆角速度、侧向加速度等车辆动态信号，判断汽车行驶状态和路面条件，并根据控制算法，输出信号到转向执行模块，控制转向执行电动机输出合适的转矩和转角，完成汽车转向操作，使汽车按照驾驶人的意图和指令行驶。

　　当汽车受到外界干扰时，控制器根据车辆反馈的信息，主动对前轮转角进行调整，保证汽车稳定行驶。同时，控制器根据转向执行模块反馈回来的信号，对路感电动机进行控制，产生良好的路感，使驾驶人能够准确感知路面信息。

　　人工驾驶模式时，如图 3-6 所示，当转向盘转动时，转矩传感器和转角传感器将测量到的转向盘转矩和转向盘转角转变成电信号输入 ECU，ECU 控制转向执行电动机的旋转方向、转矩大小和旋转角度，通过机械转向装置控制转向轮的转向位置，使汽车沿着驾驶人期望的轨迹行驶。同时，汽车行驶的转速和转角等信息，通过位置传感器转换成电信号反馈给ECU，进而驱动路感电动机，反馈给驾驶人一定的转向盘力矩，来模拟路感。

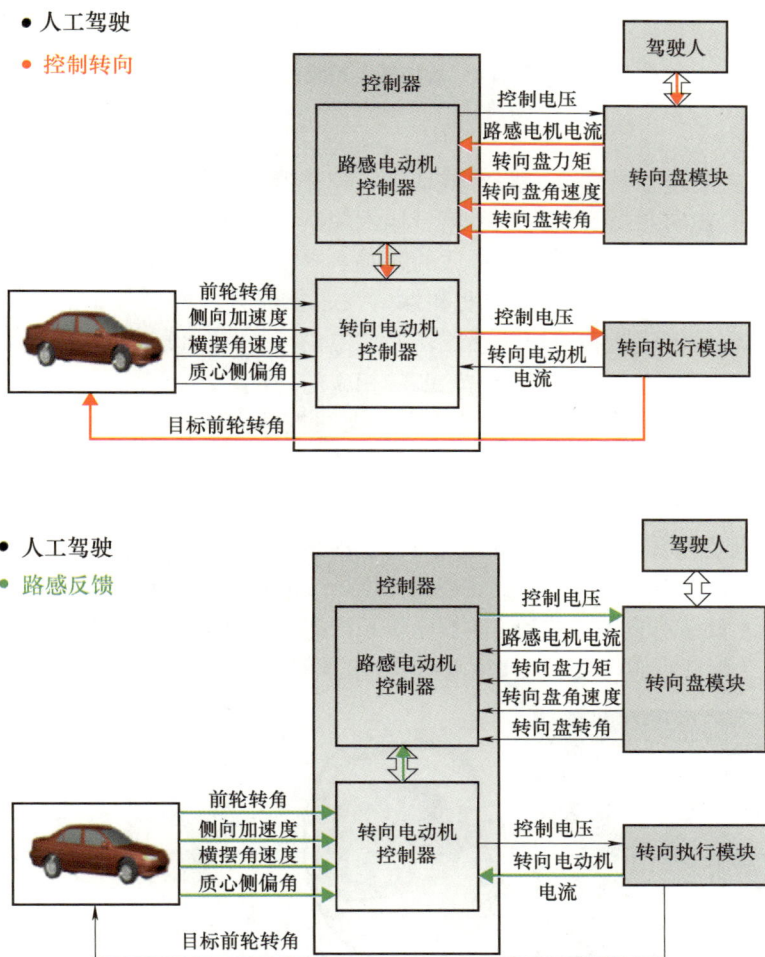

图 3-6　人工驾驶模式工作原理图

当选用自动驾驶模式时，驾驶人转动转向盘的人工驾驶操作将变为计算平台向 VCU 发送转向意图的自动驾驶操作，即计算平台根据接收的环境感知传感器的信号和预置的行驶轨迹等，判断汽车的行驶方向，通过 CAN 总线发送给 VCU，VCU 经计算再通过 CAN 总线发送给线控转向系统 ECU，进而控制汽车进行转向。

四、线控转向系统各关键部件的结构

线控转向系统最显著的特征是取消了传统转向系统中从转向盘到转向执行器间的机械连接。线控转向系统的机械部分主要由转向盘模块和转向执行模块组成，如图 3-7 所示。

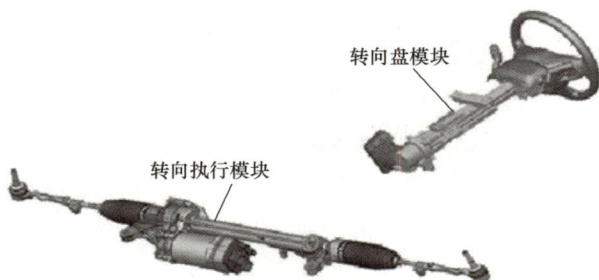

图 3-7　线控转向系统的结构

1. 转向盘模块

转向盘模块主要包括转向盘、路感电动机、减速器、转角传感器和转矩传感器。其主要功能是将驾驶人的转向意图转变为数字信号输入控制器，同时，驱动路感电动机实现控制器给出的反馈力矩指令，为驾驶人提供合适的路感。

（1）转向盘　转向盘是驾驶人改变和保持汽车行驶方向的部件，能够将驾驶人转动转向盘的转角通过转角传感器和转矩传感器转换成电信号并传给线控转向控制器，再通过车载网络传递给转向执行机构，从而使转向轮偏转相应的角度。

在传统转向系统中，转向盘一般呈圆形。在线控转向系统中，转向盘可采用圆形，也可采用非圆形，甚至可采用操纵杆或遥控器的形式。非圆形转向盘可以有效减小转向盘的体积，使驾驶人腿部有更充足的活动空间。

转向盘通过花键与转向轴相连，并用螺母或螺栓紧固。其内部由金属骨架构成，骨架的外面一般包有柔软的合成橡胶或树脂，起到缓冲的作用。汽车的转向盘除装有喇叭控制开关和驾驶人安全气囊外，通常还装有自动巡航和音响娱乐等系统的控制开关。当转向盘转动时，这些电子元器件随之转动。为保证它们与汽车主线束电信号的正常接通，需采用螺旋线缆，如图 3-8 所示。

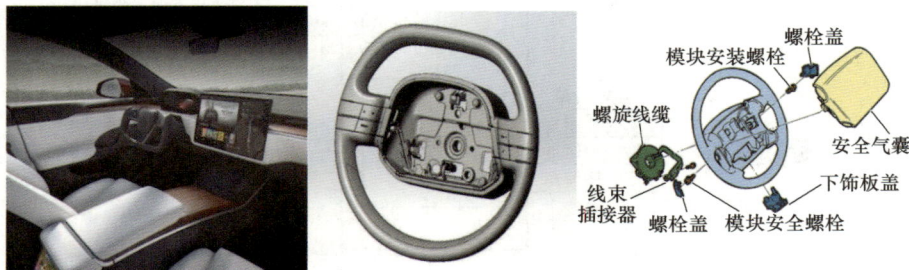

图 3-8　转向盘的结构

（2）转角传感器和转矩传感器　转角传感器和转矩传感器是检测转向盘转动角度和驾驶人施加在转向盘上的转矩，然后将信号转换为计算机能识别的电信号的变换装置。转角传感器和转矩传感器按照结构不同可分为接触式传感器和非接触式传感器。

接触式传感器的传感元件之间一直存在滑动摩擦，因此在使用过程中容易磨损老化，出现测量信号不准确甚至报错的情况，现已基本淘汰。目前常用的是非接触式转角传感器和转矩传感器。

转矩传感器和非接触式转角传感器的结构如图 3-9 和图 3-10 所示。其基本原理为定子线圈上提供一个正弦的励磁电流，在气隙中形成一个正弦分布的旋转磁场，转子线圈感应该磁场得到一个与励磁同频率但不同赋值和不同相位的正弦电压信号，通过解析该感应电动势可以得到转子线圈的位置，从而得到测量扭杆偏转角。

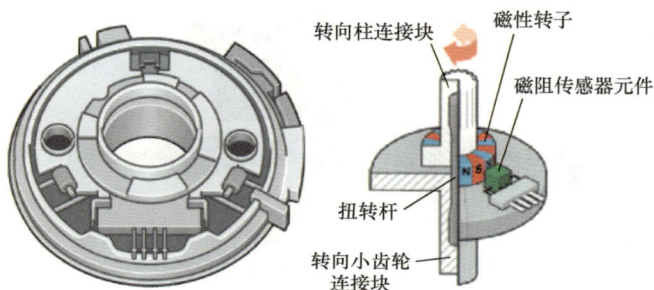

线控转向
系统各关键
部件的作用 2

图 3-9　转矩传感器的结构

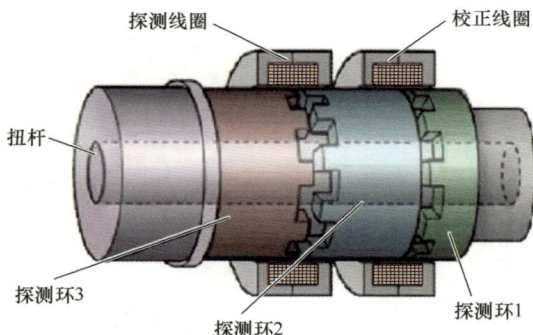

图 3-10　旋变式非接触式转角传感器的结构

（3）路感电动机　应用在汽车转向领域的电动机主要有两类，一类是直流有刷电动机，如图 3-11 所示，另一类为直流无刷电动机，如图 3-12 所示。直流无刷电动机根据其反电动势和供电电流的波形不同，可以分为由方波驱动的直流无刷电动机（BLDCM）和由正弦波驱动的永磁同步电动机（PMSM）。永磁同步电动机与直流无刷电动机相比体积小、质量小、噪声小、效率高、功率密度高。

2. 转向执行模块

转向执行模块的结构如图 3-13 所示，主要由转向电动机、转向器和转向传动机构等部件组成。该模块的功能为驱动转向电动机准确地执行控制器给出的转向角指令，实现车辆的

转向功能。

图 3-11　直流有刷电动机

图 3-12　直流无刷电动机

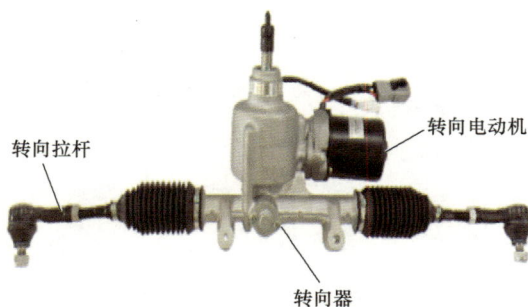

转向拉杆

转向电动机

转向器

图 3-13　转向执行模块的结构

（1）转向电动机及减速机构　转向电动机根据 ECU 的指令输出合适的转矩，控制转向器左、右移动实现转向。转向电动机分为直流有刷永磁式和直流无刷永磁式两种。前者可靠性差，控制程序简单；后者可靠性高，但控制程序较复杂。目前常采用直流无刷永磁电动机。

安装在转向器上的电动机与减速机构由蜗杆、蜗轮和直流电动机组成。当蜗杆与安装在转向器输出轴上的蜗轮啮合时，它降低电动机速度并把电动机输出力矩传递到输出轴，如图 3-14 所示。

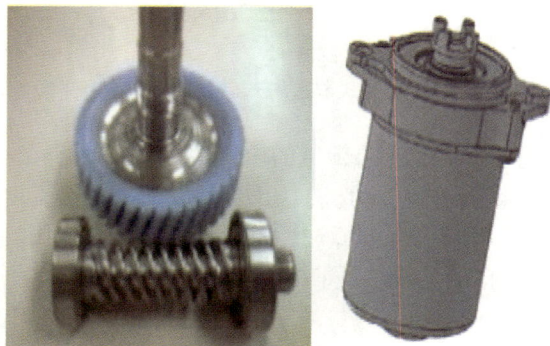

图 3-14　转向电动机总成

（2）转向器　转向器是把转向盘的转动变为转向摇臂的摆动或转向齿条移动的部件。

目前汽车上广泛使用的转向器有齿轮齿条式和循环球式，乘用车线控转向系统大多采用齿轮齿条式转向器。

齿轮齿条式转向器通常安装在副车架或发动机托架上，其结构如图 3-15 所示。齿轮齿条式转向器具有结构简单、质量小、转向灵敏、成本低、便于布置等特点。

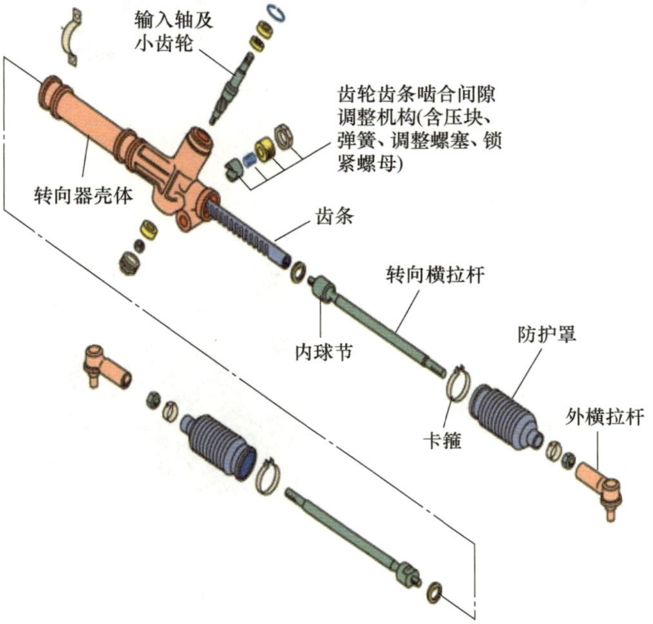

图 3-15　齿轮齿条式转向器的结构

齿轮齿条式转向器主要由输入轴及小齿轮、齿条和转向器壳体等组成，如图 3-15 所示。输入轴用轴承支撑在转向器壳体中，并且采用油封密封。它上部通过花键与转向柱下万向节配合，下部加工有小齿轮，小齿轮与齿条啮合。齿条装在管形转向器壳体内，并通过弹簧及压块紧压在输入轴小齿轮上，以减轻或避免小齿条受到振动或冲击。齿条两端通过球节（通常称为"内球节"）连接转向横拉杆。球节可以满足转向轮相对于转向器空间运动的要求。转向器管形壳体两侧各装有一个防护罩，并用卡箍紧固，它们将齿条、转向横拉杆、内球节等密封起来，可防止水、灰尘或者其他污染物进入转向器。转向时，输入轴上的小齿轮从转向轴获得旋转力矩，驱动与之啮合的齿条做横向移动，与齿条直接连接的横拉杆随之横向移动，从而驱动转向传动机构中的其他部件工作，使转向轮偏转相应的角度，实现汽车转向。

（3）转向传动机构　转向传动机构将转向器输出的力矩传递给转向桥两侧的转向节，使两侧转向轮偏转。同时，它使两侧转向轮偏转角度按一定关系变化，以保证汽车转向时车轮与地面的相对滑动尽可能小。

线控转向系统的转向传动机构主要由转向横拉杆和球节等组成，如图 3-16 所示。当齿条左、右移动时，横拉杆随之等量移动，推动梯形臂及转向节绕着支点转动，从而使转向轮偏转相应角度。

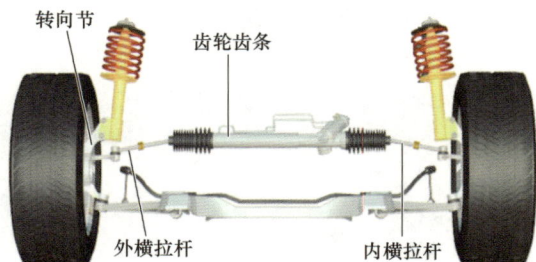

图 3-16 转向传动机构

3. 控制器（ECU）

ECU 是线控转向系统中最关键的部分，如图 3-17 所示。该部分决定线控转向系统的控制效果，包括输入处理电路、微处理器、输出电路和电源电路。它对各类传感器所采集的信号进行分析处理，判别汽车的运动状态，向转向盘回正力矩电动机和转向电动机发送指令，控制两个电动机的工作，保证各种工况下都具有理想的车辆响应，以减少驾驶人对汽车转向特性随车速变化的补偿任务，减轻驾驶负担。同时，控制器可以对驾驶人的操作指令进行识别，判定在当前状态

图 3-17 控制器（ECU）

下驾驶人的转向操作是否合理。当汽车处于非稳定状态或驾驶人发出错误指令时，线控转向系统会将驾驶人错误的转向操作屏蔽，而自动进行稳定控制，使汽车尽快地恢复到稳定状态。

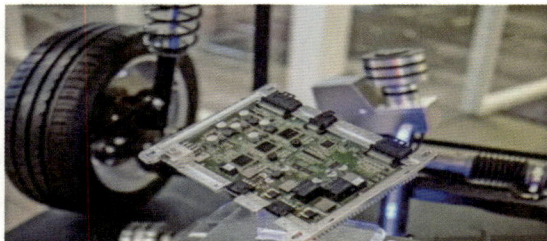

五、线控转向系统的优势

从线控转向系统的结构分析中可以看出：转向盘和转向轮之间的机械连接不复存在，取而代之的是导线、电缆之间的信号连接。这种基于纯电信号控制的转向系统，具有以下一系列传统机械转向系统不具备的优势：

1）更安全。由于取消了转向柱等机械结构，因此可以完全避免碰撞事故中，转向柱对驾驶人的伤害。

2）更舒适。智能化的 ECU 能够根据汽车的行驶状态，实时判断驾驶人的操作是否合理，并做出相应的调整。当汽车处于非平稳的工况时，线控转向系统可以自动地对汽车进行稳定性控制。对于车内人员来说，会感到更加平稳、舒适。

在消除机械连接的同时，驾驶人的腿部活动空间增大。同时，地面的横纵向不平顺，不会直接传递到驾驶人的手上，路感信息由回正力矩电动机模拟生成，会过滤无用的信息，只向驾驶人提供有用的信息，从而改善驾驶的舒适性。

另外，线控转向系统有一个重要的特点：传动比可变，且可以任意设置。因此，可以让汽车按最理想的转向特性行驶。并且线控转向系统可以对随车速变化的参数进行补偿，使汽车的转向特性不再随车速的变化而变化，从而减轻驾驶人的负担。

线控转向系统
的特点

3）更经济。传统的转向系统存在大量机械结构，取消这些机械结构可以显著减小汽车的质量，并因此减少耗油量或耗电量。同时，取消这些机械连接，也降低了汽车的零件生产成本。

4）更智能。线控转向系统是整车的一部分，线控转向系统的控制器可以和汽车的其他控制器交换并共享数据。由此，转向控制器可以获取汽车的整体运动状态，并通过算法优化，综合提升车辆的操纵稳定性。

六、线控转向技术上存在的难点

首先，线控转向需要保证足够的可靠性和鲁棒性。由于取消了机械结构，所有的控制都通过电信号实现，因此必须保证复杂的程序运算不会出错，否则将导致严重的驾驶事故。目前的做法是一方面提升计算程序的性能，另一方面提供冗余备份，使得主系统发生故障时，仍有另一套冗余系统可以工作，保持正常行驶。但是冗余系统的设计、布局，以及两套系统之间的交互存在一定的困难。

其次，线控转向系统需要实时地模拟路面的路感，以便驾驶人合理驾驶。这对计算程序的性能提出了较高的要求。当然，如果是L5级的自动驾驶，完全取消了转向盘则没有这个问题，但是L5级的实现还很遥远。

此外，线控转向系统对转向电动机的功率要求高，相应的转向电动机的成本也将增加。

🏠 任务实施

通过智能网联汽车线控转向系统结构、工作原理、优势、技术上的难点等方面的学习，完成信息收集和整理总结，完成任务工单。

1）信息收集。到图书馆查阅相关书籍，在网络搜索相关资料，查看教材内容，收集转向系统的发展历史，智能网联汽车底盘线控转向技术的发展、现状和未来等方面信息，智能网联汽车底盘线控转向技术的结构、工作原理等方面信息。

2）整理总结。将收集到的信息归纳整理，画出智能网联汽车底盘线控转向技术的结构、工作原理的思维导图。

3）完成任务工单，进行自我反思与评价。

任务二　线控转向系统的拆装

—— 工人莫献天机巧，此器能输郡国材。

🏠 任务导入

汽车的转向系统是其最重要的子系统之一，它对车辆的行驶安全性、操纵稳定性和驾驶人的操作舒适性均会产生重要影响。随着科技水平发展，汽车转向系统也在不断迭代。假设你是品牌的技术培训师，如何向4S店的维修技师讲解目前最前沿的线控转向系统？

任务描述

汽车服务站接收了一辆待维修车辆，据车主反映，车辆在行驶过程中自动驾驶界面的信息不准确，有车道偏离但车辆未报警，也未对车辆的信息进行修正。作为一名维修人员的你，如何根据客户的反映解决问题？

知识链接

改变或保持汽车行驶或倒退的一系列装置称为汽车转向系统。线控转向技术基于传统转向基础，取消了机械中间轴，通过电信号传输驾驶人的转向意图，并做出路面反馈信息。该技术极大地推进了汽车的集成化、轻量化、网联化和智能化，是车辆智能化、无人驾驶系统等热门领域发展的关键技术。其拆装部件见表3-1。

表 3-1　线控转向系统拆装部件明细表

拆卸部件	安装部件
蓄电池	转向器
安全气囊	转向横拉杆
转向盘	轮胎
气囊游丝	转向传动轴
组合开关（灯光、刮水器）	转向助力电动机
起动钥匙开关总成	转向控制器
转向控制器	起动钥匙开关总成
转向助力电动机	组合开关（灯光、刮水器）
转向传动轴	气囊游丝
轮胎	转向盘
转向横拉杆	安全气囊
转向器	蓄电池

任务实施

一、任务准备

场地：小组使用实习场地1块、对应人数的课桌椅。

设备：智能网联汽车教学车、调试台架、多功能一体机1台。

工具/仪器：常用拆装工具（世达）、螺钉旋具套装、钳子、锤子、球头拆卸器等。

二、操作注意事项

1）实训开始前，应摘掉各类饰品，穿着实训服，长发需缩起。

2）拆装前，需要佩戴棉线防护手套，以保护手部，防止刮伤。

3）使用万用表进行故障检查时，正确选择量程，以免影响测量结果。

4）在使用诊断仪测量故障码和数据流时，一定要将车辆起动开关置于 ON 位或起动档状态。

5）在使用扳手拆装时，要选择合适大小的扳手，否则容易造成螺栓棱角损坏，难以拆卸，螺栓不能继续使用。

6）在安装与转向助力电动机相连接的传动蜗杆时，需要提前涂抹润滑脂，以便于传动。

7）注意转向螺旋电缆的安装。首先确定转向盘的旋转圈数，先向左 / 右转至极位，再回转至总圈数的一半，为螺旋电缆的旋转中间安装位置。

8）拆下来的安全气囊为了放置安全，不应将装饰盖面朝下放置在桌面或地面上。

9）工具使用后，应清洁并归位。

10）转向系统装配后，应进行转向零位学习、四轮定位操作后，才能上路行驶。

三、线控转向系统的拆卸步骤

图示	操作要点
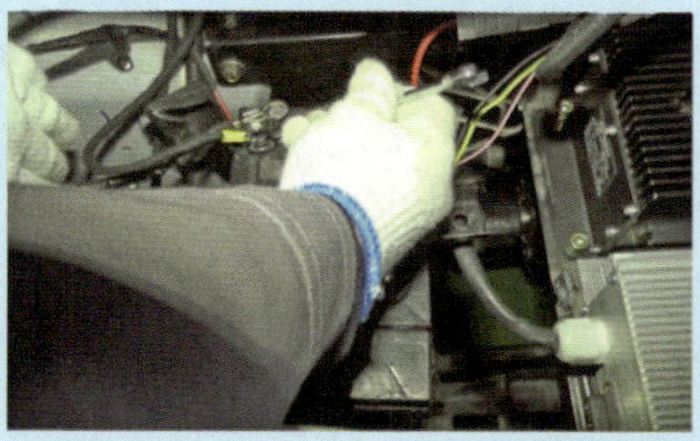	断开蓄电池负极，然后等待 2min
	拆卸安全气囊，分离气囊插接器，然后分离喇叭插接器，将安全气囊取出 注意：分离安全气囊前，需去除手上静电，拆卸后的安全气囊必须正面向上摆放
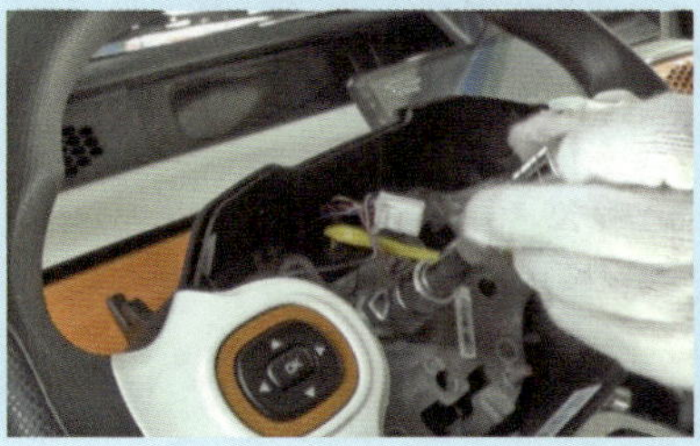	确定轮胎朝向正前方，拆卸转向盘固定螺母，将转向盘取下

（续）

图示	操作要点
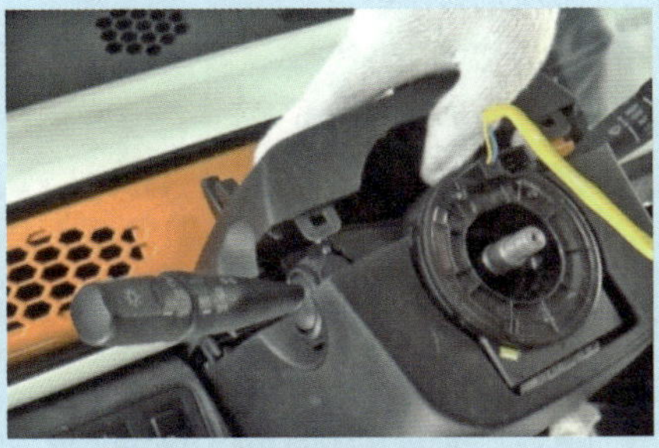	拆卸转向管柱上下装饰板固定螺栓，将上、下装饰板取下
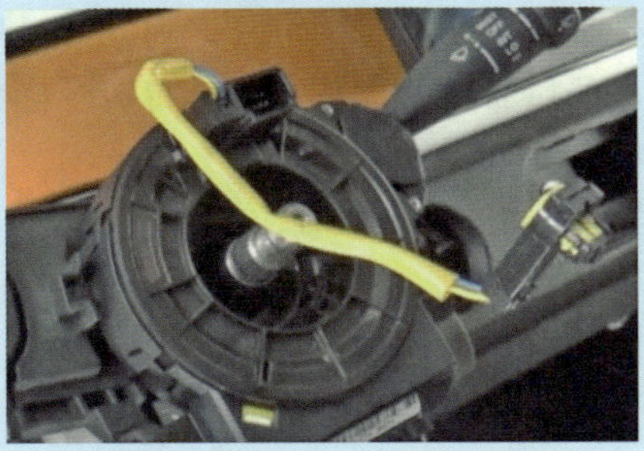	分离气囊游丝插接器
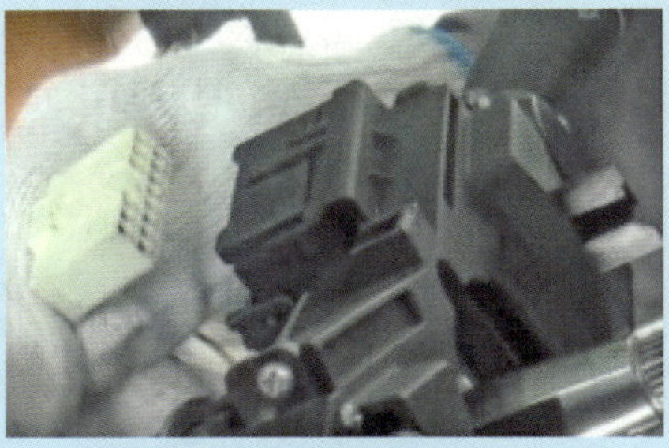	分离灯光和刮水器线束的插接器
	拆卸灯光和刮水器组合开关固定螺栓，将组合开关取下
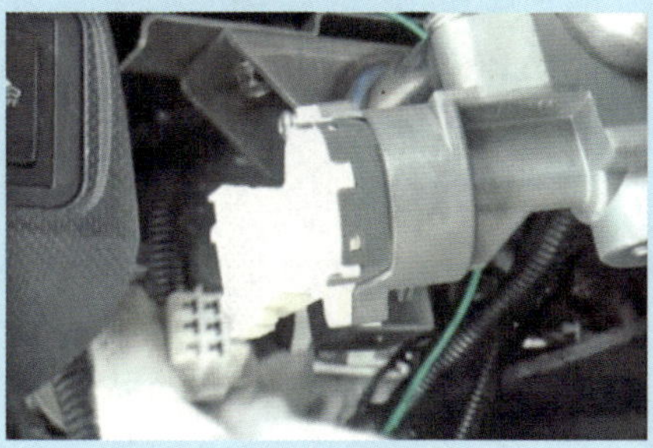	分离点火开关插接器

（续）

图示	操作要点
	拆卸点火开关固定螺栓，将开关取下
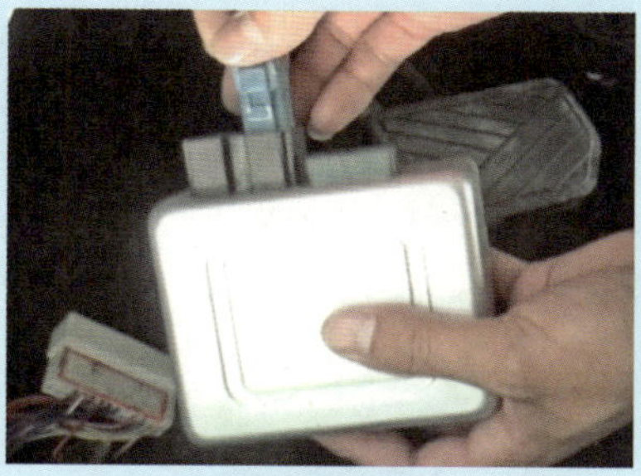	拆卸线控转向系统的控制器固定螺栓，然后分离控制器上所有插接器，将控制器取出 注意：先分离供电插接器
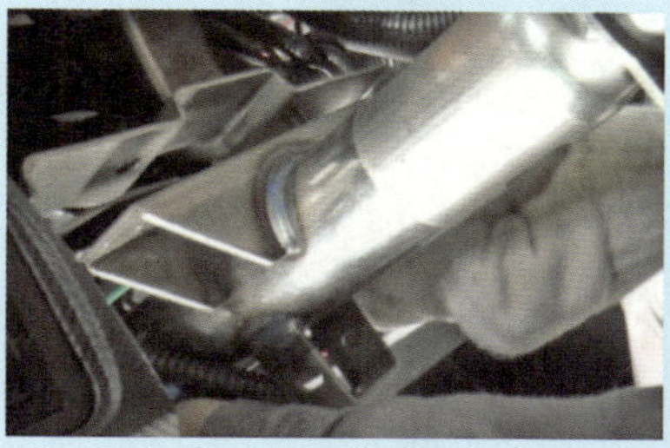	拆卸转向管柱的 4 颗固定螺栓，将管柱取下
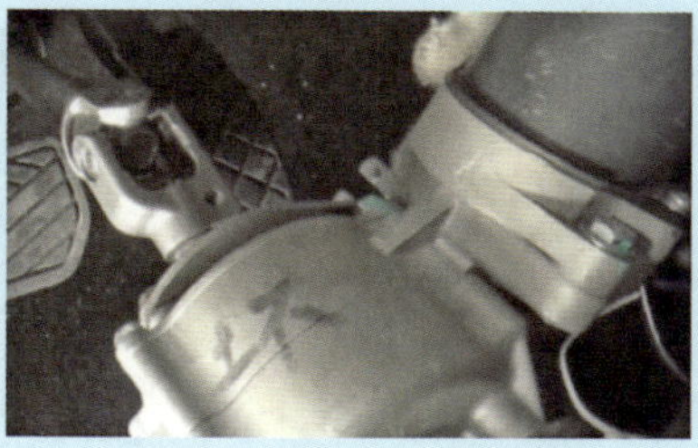	拆卸助力转向电动机至万向传动轴一端固定螺栓，将电动机取下
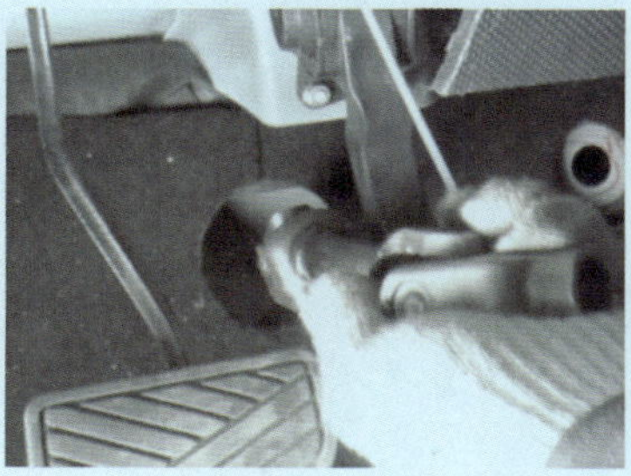	拆卸万向传动轴至转向器花键上的固定螺栓，将传动轴取下

（续）

图示	操作要点
	利用轮胎与地面的附着力，按对角线分别松开两前轮胎的固定螺栓
	用尖嘴钳分别拆卸两侧螺栓锁紧销，然后分别拆卸两侧转向横拉杆球头固定螺母
	分别拆卸转向器左、右两个固定卡箍的锁紧螺栓，将卡箍取下
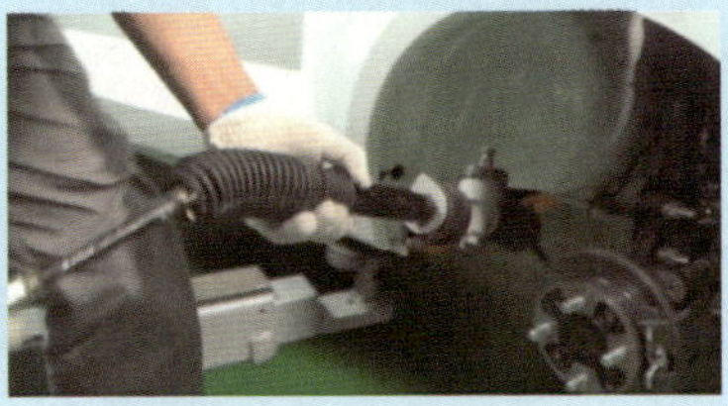	将转向器取出，至此，线控转向系统整车拆卸完成

四、线控转向系统的安装步骤

图示	操作要点
	使用13mm套筒扳手拧紧4颗固定螺栓，将转向器穿入并固定卡子到卡槽位置

（续）

图示	操作要点
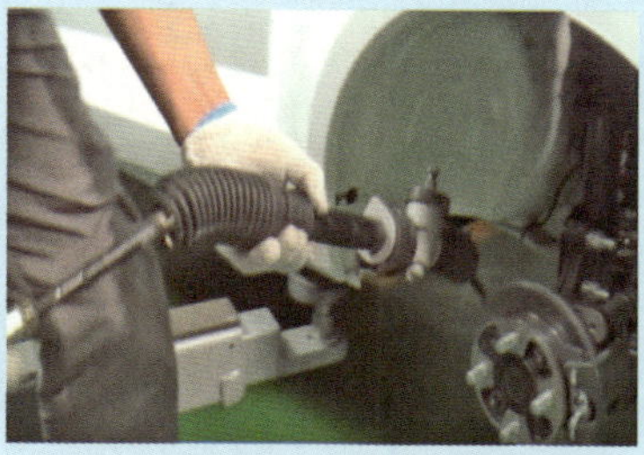	将转向器放至安装位置
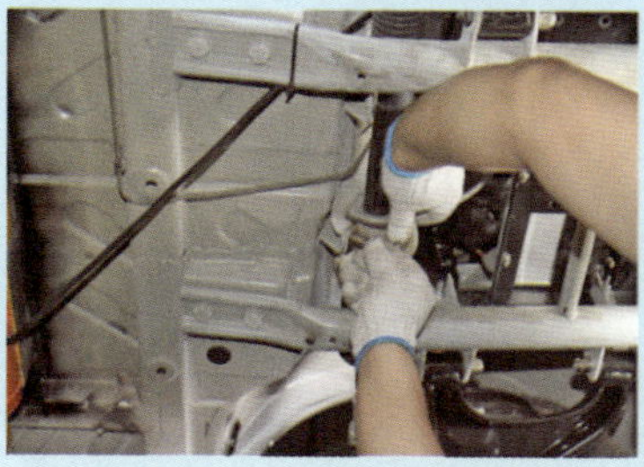	用手将螺栓带上
	安装转向器的左右两个固定卡箍并安装锁紧螺栓
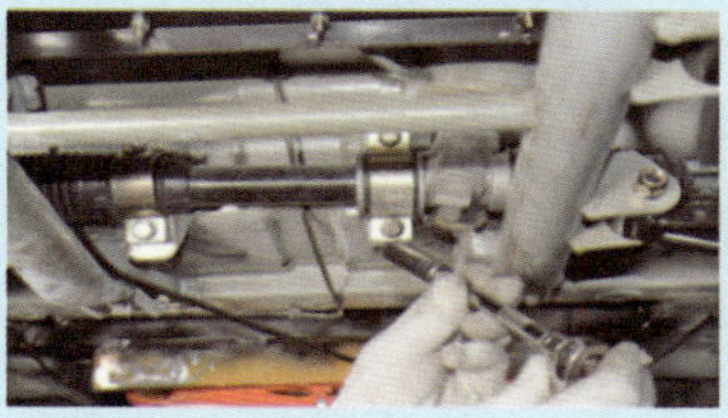	选用 13mm 套筒扳手将 4 颗螺栓顺时针拧紧
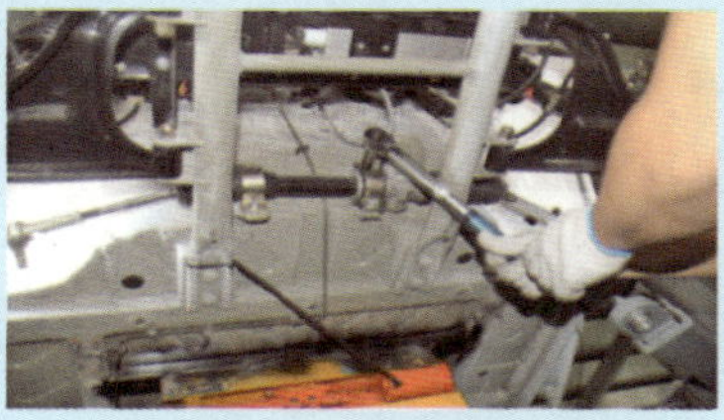	施加拧紧力矩，使用力矩扳手紧固
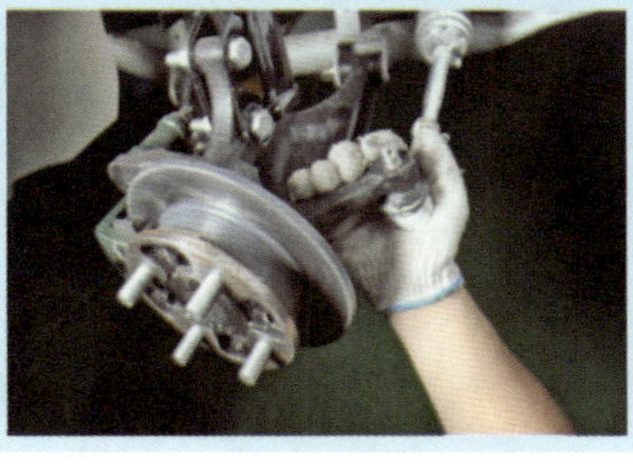	安装转向器两边拉杆球头，并连接转向拉杆球头

（续）

图示	操作要点
	选用 18mm 套筒扳手将转向器拉杆球头螺母拧紧
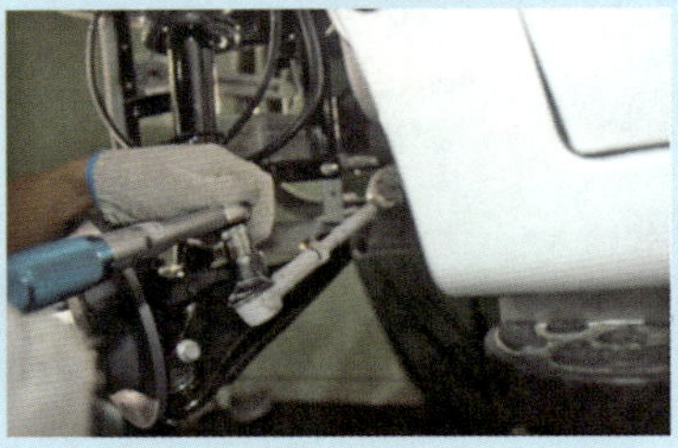	安装转向横拉杆球头，然后安装固定螺母，选用 18mm 套筒扳手将转向器拉杆球头螺母拧紧
	用尖嘴钳安装螺栓锁紧销
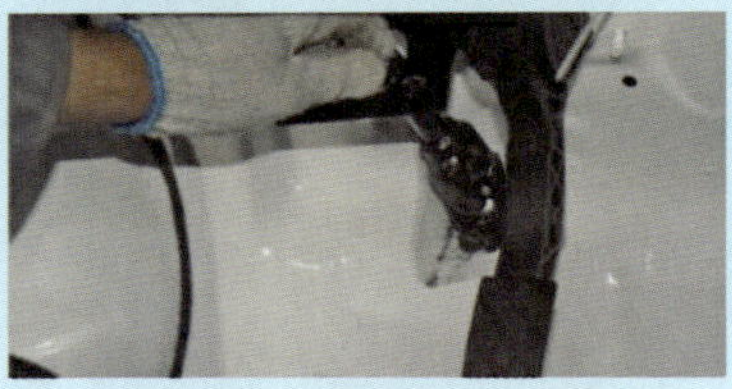	安装转向轴万向节
	紧固转向轴万向节，选用 13mm 套筒扳手拧紧其螺栓
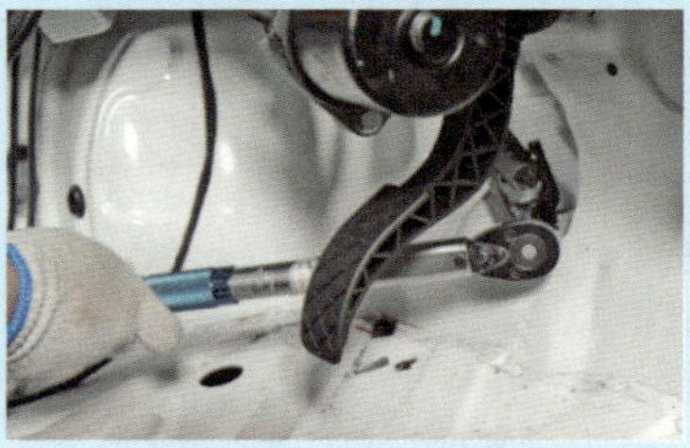	采用机械扭力扳手二次紧固螺栓

（续）

图示	操作要点
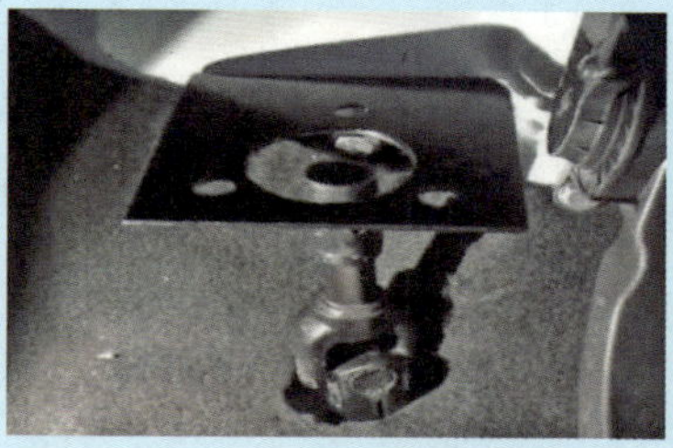	将转向轴万向节旋转调整至中间位置（总计 3.5 圈，从最左侧旋转 1.75 圈即可）
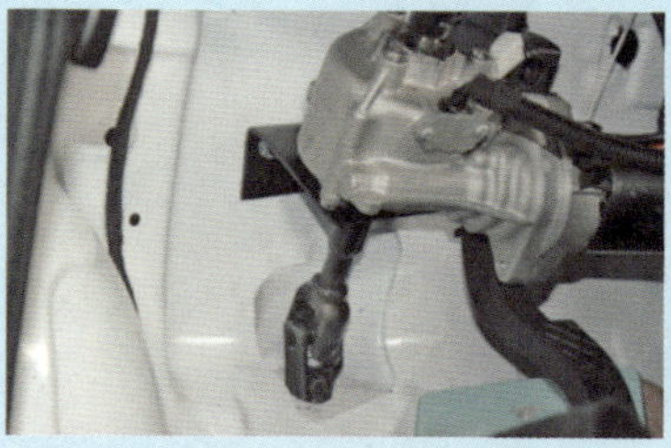	安装转向助力电动机总成，固定其上面连接螺栓
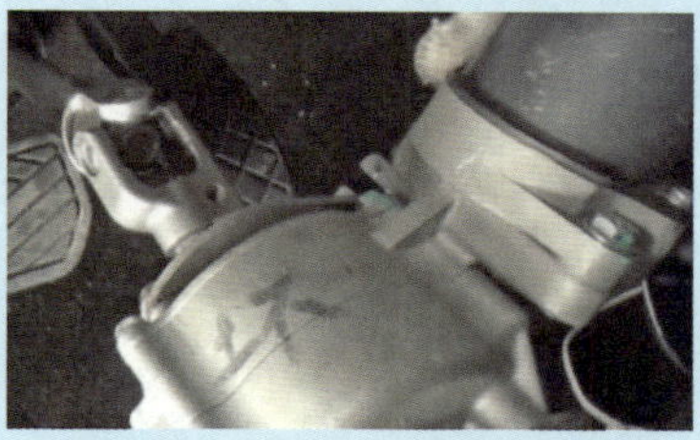	将助力转向电动机安装至万向传动轴另一端，安装固定螺栓，按规定力矩拧紧
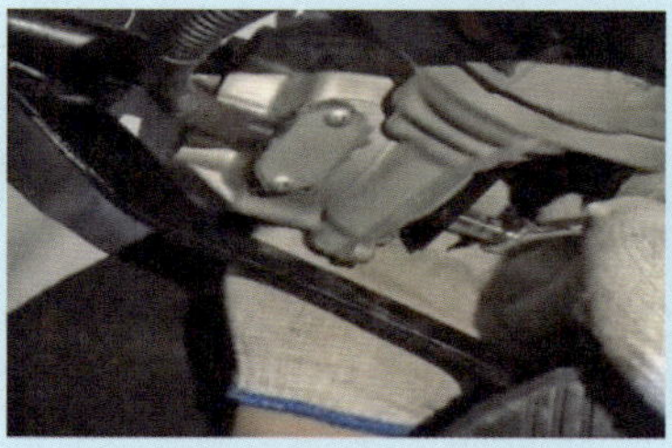	安装转向电动机，选用 10mm 套筒扳手将 3 颗转向电动机固定螺栓拧紧
	紧固，采用机械扭力扳手二次紧固转向器螺栓
	选用 13mm 套筒扳手拧紧螺栓，安装转向管柱万向节到转向电动机花键轴上

（续）

图示	操作要点
	使用 13mm 套筒扳手将转向管柱 4 颗固定螺栓拧紧
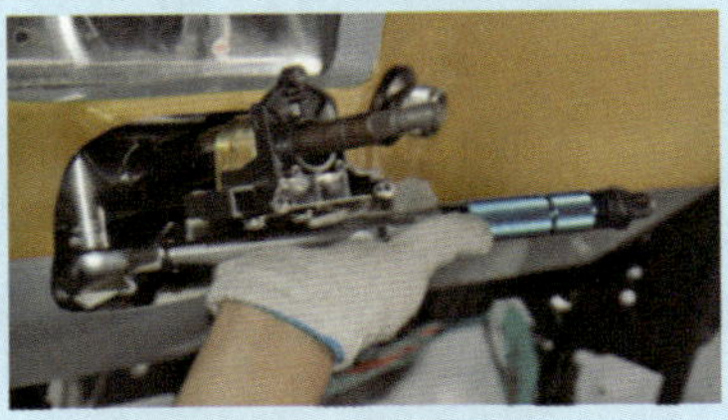	用机械扭力扳手施加拧紧力矩，二次紧固转向管柱螺栓
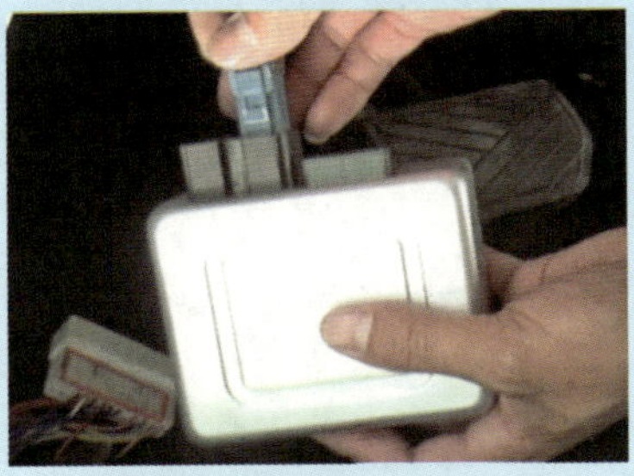	安装线控转向系统的控制器。控制器安装在主驾驶人仪表台内部，首先连接控制器上所有插接器，再将控制器放入安装位置，安装固定螺栓，按规定力矩拧紧
	先将点火开关放至转向管柱，然后安装固定螺栓，按规定力矩拧紧
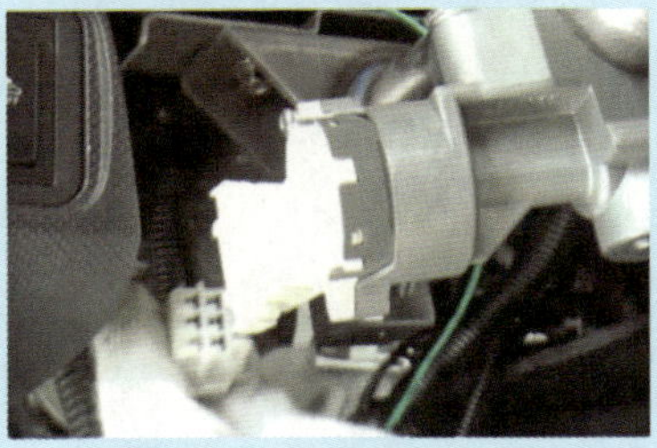	连接点火开关插接器
	组合开关的装配，安装灯光和刮水器组合开关内部螺栓，选用十字槽螺钉旋具拧紧

（续）

图示	操作要点
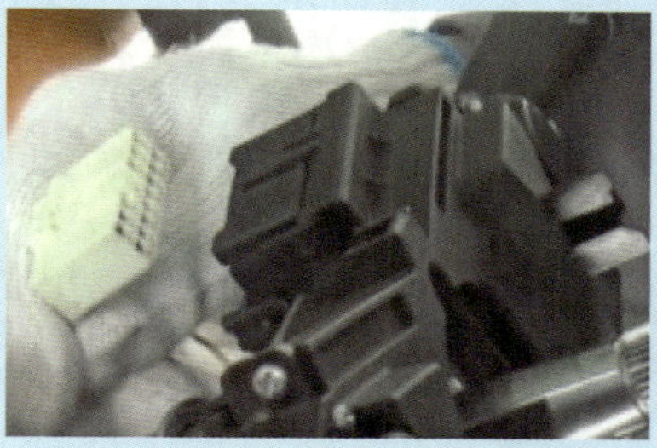	连接灯光和刮水器线束插接器
	安装气囊游丝及其插接器
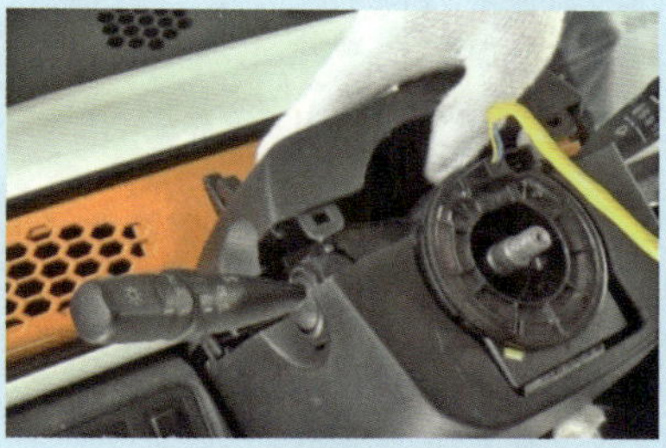	安装转向管柱上、下装饰板，并用十字槽螺钉旋具固定螺栓
	安装转向盘前，需确定游丝旋转圈数的中间位置。其方法为将气囊游丝向左旋转至极限位置，然后摆正游丝，向回旋转 3 圈，即中间位置
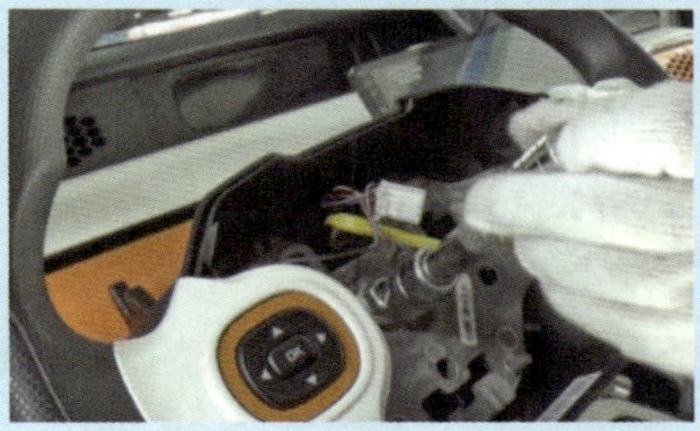	确定轮胎朝向正前方，将转向盘放至转向管柱，安装固定螺母，按规定力矩拧紧

（续）

图示	操作要点
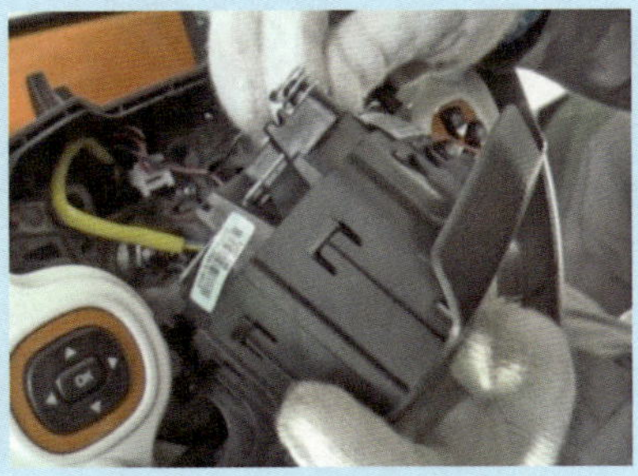	连接气囊插接器，然后连接喇叭插接器，将气囊装入转向盘 注意：安装安全气囊前，需去除手上静电，转向系统整车装配完成后，还需要做转向调试和四轮定位后，才能上路
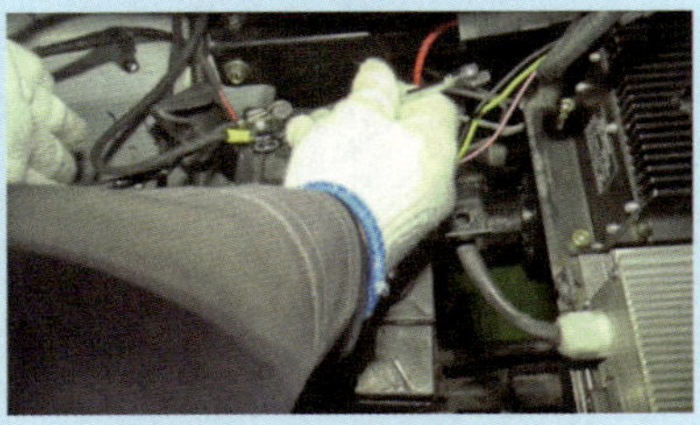	安装蓄电池负极电缆，按规定力矩紧固 至此，线控转向系统整车安装完成，可撤除车外及车内防护

任务三　线控转向系统的调试（VCU-计算平台双向）

——以实践出真知，用思想引领未来。

🏠 任务导入

某汽车设计公司立项某汽车线控底盘转向系统解决方案，为此购买了市面上一款线控底盘作为对标产品，委派人员协作开展逆向研究。按照公司的工作手册，需要完成对这一款对标产品线控转向系统结构、作用及工作原理的认知，为后续工作打好基础。转向系统机械部分已经安装调整完毕，标定人员需要依据通信协议对转向系统线控部分进行安装与测试，完成线控转向系统零位标定与转向角度标定的工作。

🏠 任务描述

通过对智能网联汽车线控转向系统调试的学习，能够了解线控转向调试的注意事项；会对计算平台与 VCU 之间发送的 CAN 报文进行解析；会对汽车线控转向系统进行调试；培养严谨的工作态度、团队合作意识和岗位职责意识。

📁 知识链接

1. 通信协议

CAN 属于现场总线的范畴，它是一种有效支持分布式控制或实时控制的串行通信网络。在当前的汽车产业中，出于对安全性、舒适性、方便性、低公害、低成本的要求，开发出面向汽车的 CAN 通信协议，与其他现场总线比较而言，CAN 总线是具有通信速率高、容易实现、性价比高等诸多特点的一种已形成国际标准的现场总线。这些也是目前 CAN 总线应用于众多领域，具有强劲市场竞争力的重要原因。

线控转向系统单元之间通信需要一个高速、容错和时间触发的通信协议，目前多采用 TTCAN（Time-Triggered Controller Area Network）标准。它是一种基于 ISO 11898-1 所描述的标准 CAN 物理层来进行通信的。TTCAN 提供了一套时间触发消息机制，允许使用基于 CAN 网络形成控制环路，同时提高了基于 CAN 汽车网络的实时通信性能。

线控底盘上主要的控制单元包括转向系统 ECU、制动系统 ECU、动力蓄电池管理系统（BMS）、电机控制器、充电单元（OBC）和仪表单元，如图 3-18 所示。

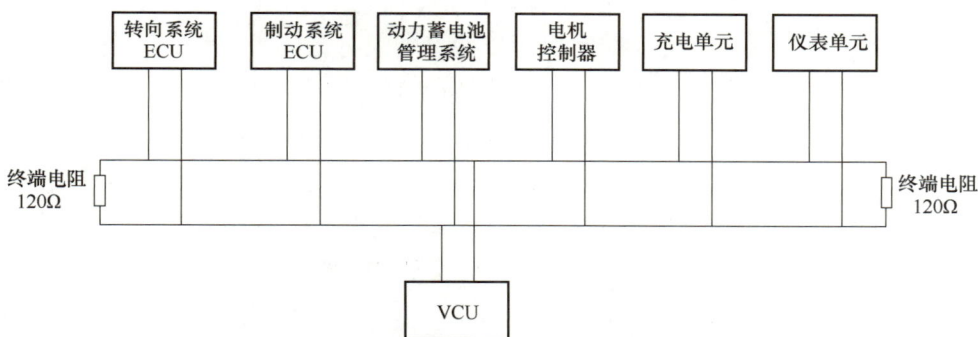

图 3-18　线控底盘网络拓扑结构

线控转向系统的通信主要包括 VCU 向转向系统 ECU 发送的转向指令、转向系统 ECU 向 VCU 发送的转向角度、电动机电流及 ECU 温度等反馈信息。

2. 转向模块 ECU 通信报文

以某转向系统 ECU 为例，其通信主要存在于 VCU 与转向系统 ECU 之间，协议详细说明见表 3-2，通信速率为 500kbit/s，报文采用 Motorola 格式，帧格式为标准帧。

3. 调试注意事项

1）通过模式开关进行人工驾驶模式和自动驾驶模式切换。进行 CAN1 调试时，需要将模式开关切换至人工驾驶模式；进行 CAN2 调试时，需要将模式开关切换至自动驾驶模式。注意：如通过 CAN1 发送调试指令是以 VCU 的身份向 EPS/EHB/MCU 发送协议，因而会干预 VCU 当前指令，为避免冲突，调试时应选择 CAN2 发送协议。

表 3-2　VCU 与转向系统 ECU 之间协议详细说明

发送	接收	ID	周期	数据位	说明
VCU	ECU	0x314	50ms	1	1：工作，0：停止 bit0 = 1 → ECU 进入工作模式，bit0 = 0 → ECU 进入停止模式
				1	预留，bit1 = 0（默认）
				1	bit2 = 1 → ECU 标定当前位置为角度中点，即 0 角度
				1	预留，bit3 = 0（默认）
				4	预留，bit4~bit7 = 0（默认）
				16	角度旋转到当前数值对应角度（−720°~720°），0° 为中点位置。 Byte1~Byte2 = 0x "xxxx"
				16	预留，Byte3~Byte4 = 0x0000（默认）
				24	预留，Byte5~Byte7 = 0x000000（默认）
ECU	VCU	0x18F	100ms	8	ECU 状态 bit0~bit1：工作模式，bit0~bit0：停止模式 bit1~bit1：ECU 驱动部分烧毁，bit1~bit0：ECU 驱动部分正常 bit2~bit1：ECU 检测到故障，bit2~bit0：ECU 未检测到故障 bit3~bit1：ECU 检测到 MOSFET 过温，bit3~bit0：未检测到 MOSFET 过温 bit4~bit7：预留
				16	当前角度值，Byte1~Byte2 = 0x "xxxx"
				16	当前电动机电流，Byte3~Byte4 = 0x "xxxx"
				8	预留，Byte5 = 0x00（默认）
				8	ECU 温度，Byte6 = 0x "xx" 例如：当前 ECU 温度 = 39℃ → Byte6 = 0x27
				8	预留，Byte7 = 0x00（默认）

2）调试前，确保千斤顶将后轮悬空，同时保证驾驶位上有 1 名安全员，以免出现安全事故。

3）发送调试协议后，只有单击了"停止"按钮，才能进行下一项任务。

🏠 任务实施

　　线控转向系统调试实训项目是学生掌握设置转向盘转动方向和角度报文和解析转向反馈报文的方法。在自动驾驶过程计算平台与 VCU 之间实时通信，计算平台向 VCU 发出转向、制动和驱动相关指令，VCU 接收指令后经过运算处理将信号下发执行单元 ECU，执行单元 ECU 控制执行器进行动作。计算平台向 VCU 发送 CAN 报文的协议见表 3-3，VCU 向计算平台反馈 CAN 报文的协议见表 3-4。

表 3-3 计算平台向 VCU 发送 CAN 报文的协议

字节		定义		说明
Byte0	bit0	轮廓灯		0：关闭 1：打开
	bit1	近光灯		0：关闭 1：打开
	bit2	远光灯		0：关闭 1：打开
	bit3	喇叭		0：关闭 1：打开
	bit4	预留		—
	bit5	使能信号		0：未使能 1：使能
	bit6	档位		0x00：驻车档；0x01：倒档；0x02：空档；0x03：前进档
	bit7			
Byte1		目标车速	低字节	有效值范围为 0~2200（表示 0 ~ 220km/h），最小计量单元为 0.1km/h，"0xFF，0xFE"表示异常，"0xFF，0xFF"表示无效
Byte2			高字节	
Byte3		—		—
Byte4		转向角度	低字节	角度旋转到当前数值对应的角度（−540°~540°）。0° 为对应中点位置 CCW = 80° → Byte1~Byte2 = 0x0050 CW=80° → Byte1~Byte2 = 0xFFB0（65536-80）
Byte5			高字节	
Byte6	bit0	制动使能		1：使能制动 0：不使能制动
	bit1~bit7	制动压力请求		压力行程请求，最大行程点为 125，最小行程点为 0，单位为个（当前将行程分成 125 个点）
Byte7		预留		

表 3-4 VCU 向计算平台反馈 CAN 报文的协议（ID：0x101，周期：100ms）

字节		定义		说明
Byte0	bit0~bit1	驾驶模式		0：手动控制模式（加速踏板＋档位） 1：自动模式（线控） 2：遥控器调试模式
	bit2~bit4	档位		0x00：驻车档；0x01：倒档；0x02：空档；0x03：前进档
	bit5~bit6	车辆状态		0x00：正常；0x01：一级报警；0x02：二级报警；0x03：三级报警
	bit7	预留		—
Byte1		当前角度	低字节	CCW= 80° → Byte1~Byte2=0x5000 CW=−80° → Byte1~Byte2=0xB0FF
Byte2			高字节	
Byte3		驱动电机状态		0x01：耗电；0x02 发电；0x03 关闭状态；0x04 准备状态；"0xFE"表示异常，"0xFF"表示无效
Byte4		车速	低字节	有效值范围为 0~2200（表示 0 ~ 220km/h），最小计量单元为 0.1km/h，"0xFF，0xFE"表示异常，"0xFF，0xFF"表示无效
Byte5			高字节	
Byte6		驱动电机转矩	低字节	有效值范围为 0~65531（数值偏移量 −20000 表示 −2000 ~4553.1N·m），最小计量单元为 0.1N·m，"0xFF，0xFE"表示异常，"0xFF，0xFF"表示无效（备注：前进时转矩为正值，倒车时转矩为负值）
Byte7			高字节	

一、实训 1：计算平台向 VCU 发送转向 CAN 报文计算

实训要求：

1）转向盘逆时针旋转（左转）320°。

2）转向盘顺时针旋转（右转）448°。

步骤 1：参数设置。

计算平台向 VCU 发送 CAN 报文，需选择 CAN2 发送报文，即采用联合调试发送报文进行通信，帧 ID 选择 0x110，发送周期填 100（单位为 ms），发送次数填 100，波特率选择默认的 500kbit/s，帧类型选择默认的接收所有类型，如图 3-19 所示。

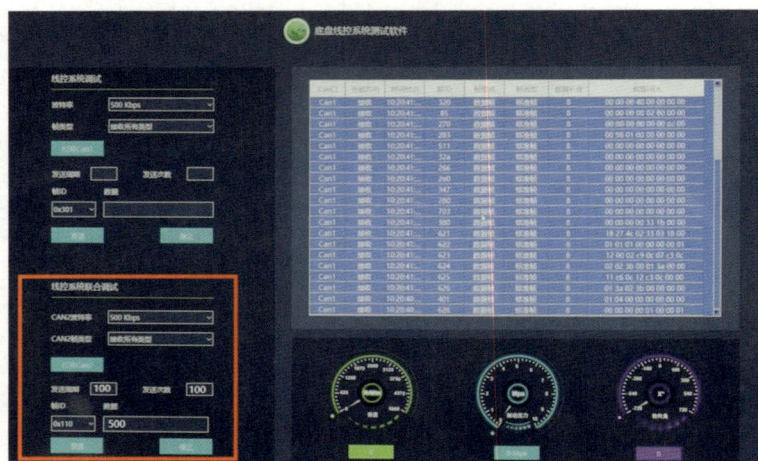

图 3-19　参数设置

步骤 2：线控转向系统联合测试，设置为驻车档，转向盘逆时针旋转（左转）320°。

字节	计算	数据
Byte0	Byte0 用来设置车身灯光喇叭状态、使能信号、档位。根据设置要求，车身灯光喇叭状态无须设置，默认为关闭，则 bit0~bit4=00000。bit5 是计算平台向 VCU 发出的使能信号，计算平台在向 VCU 发送指令时，应使 VCU 处于使能状态，则 bit5=1，bit6~bit7，用来设置档位，设置档位需求为驻车档，则 bit6~bit7=0x00，转换成二进制 bit6~bit7=00。通过以上可知，bit0~bit7=00100000，最后转换成十六进制为 Byte0=0x20	0x20
Byte1	Byte1~Byte2 用来设置目标车速，与设置需求无关，默认 Byte1~Byte2=0x0000	0x0000
Byte2		
Byte3	Byte3 为预留位，默认 Byte3=0x00	0x00
Byte4	Byte4~Byte5 用来设置转向角度，转向盘逆时针旋转 320°，数值 320 换算成两字节十六进制为 0140。由于 Byte4 为低字节，Byte5 为高字节，则 Byte4=0x40，Byte5=0x01，因此，Byte4~Byte5=0x4001	0x4001
Byte5		
Byte6	Byte6 用来设置制动压力和制动使能，与设置需求无关，默认 Byte6=0x00	0x00
Byte7	Byte7 为预留位，默认 Byte7=0x00	0x00
报文	ID：0x110　数据：2000000040010000	

步骤 3：线控转向系统联合测试，设置为空档，转向盘顺时针旋转（右转）448°。

字节	计算	数据
Byte0	Byte0 用来设置车身灯光喇叭状态、使能信号、档位。根据设置要求，车身灯光喇叭状态无须设置，默认为关闭，则 bit0~bit4=00000。bit5 是计算平台向 VCU 发出的使能信号，计算平台在向 VCU 发送指令时，应使 VCU 处于使能状态，则 bit5=1。bit6~bit7，用来设置档位，设置档位需求为空档，则 bit6~bit7=0x02，转换成二进制 bit6~bit7=10。通过以上可知，bit0~bit7=01100000，最后转换成十六进制为 Byte0=0x60	0x60
Byte1	Byte1~Byte2 用来设置目标车速，与设置需求无关，默认 Byte1~Byte2=0x0000	0x0000
Byte2		
Byte3	Byte3 为预留字节，默认 Byte3=0x00	0x00
Byte4	Byte4~Byte5 用来设置转向角度，转向盘顺时针旋转 448°，在协议中，定义顺时针为负数，负数表示的方法为二进制能表示的最大数值（216）减去负数绝对值，即 216–448=65088，数值 65088 换算成两字节十六进制数为 FE40。由于 Byte4 为低字节，Byte5 为高字节，则 Byte4=0x40，Byte5=0xFE，因此，Byte4~Byte5=0x40FE	0x40FE
Byte5		
Byte6	Byte6 用来设置制动压力和制动使能，与设置需求无关，默认 Byte6=0x00	0x00
Byte7	Byte7 为预留位，默认 Byte7=0x00	0x00
报文	ID：0x110　　数据：6000000040FE0000	

二、实训 2：VCU 向计算平台反馈的转向 CAN 报文计算

CAN 口	传输方向	时间标识	帧 ID	帧格式	帧类型	数据长度	数据（HEX）
CAN2	接收	14：43：21	0x101	数据帧	标准帧	8	0104010400000000

在调试软件上反馈回来的报文如下：

字节	数据	解析
Byte0	0x01	Byte0 用来反馈驾驶模式、档位、车辆状态，0x01 换算成二进制为 00000001，得出 bit0~bit1=01，表示驾驶模式为自动模式；bit2~bit4=000，表示档位为驻车档；bit5~bit6=00，车辆状态为正常；bit7 为预留位，默认 bit7=0
Byte1	0x0401	Byte1~Byte2 用来反馈当前转向角度，0x0401 先进行高低字节变换后为 0x0104，再换算成十进制值为 260，表示转向盘为逆时针旋转 260°
Byte2		
Byte3	0x04	Byte3 用来反馈当前驱动电机的状态，Byte3=0x04，表示驱动电机当前处于准备状态
Byte4	0x0000	Byte4~Byte5 用来反馈当前车速，Byte4~Byte5=0x0000，表示当前车速为 0
Byte5		
Byte6	0x0000	Byte6~Byte7 用来反馈驱动电机转矩，Byte6~Byte7=0x0000，表示驱动电机转矩为 0
Byte7		

解析上述报文，分析线控转向系统相关状态。

通过以上解析，可知线控系统状态：驾驶模式为自动模式、档位为驻车档、车辆状态正常、转向盘逆时针旋转 260°，驱动电机处于准备状态，车速为 0，驱动电机转矩为 0。

任务四　线控转向系统故障检修（供电电源，CAN 通信，转矩传感器、转角传感器）

——知行合一，方能致远。

任务导入

客户李先生的汽车发生故障后将车开到 4S 店维修，李先生说转向盘很沉，转向无助力。其车是一辆纯电动车型丰田 bZ4X，此车型配备的是线控转向系统。你作为 4S 店售后服务工作人员，如何判断发生转向无助力的原因，是否能把客户的转向助力修好？

任务描述

通过对智能网联汽车线控转向系统的故障检修操作，能够使用线控转向系统检修时所需要的工具；能够使用工具和仪器进行线控转向系统供电电源故障，CAN 通信故障及转矩传感器、转角传感器故障的检修；培养严谨的工作态度、团队合作意识和岗位职责意识，提升学生动手实践操作能力。

知识链接

一、线控转向系统关键技术

1. 传感器技术

随着电子技术的发展，汽车电子化程度不断提高，通常的机械系统已经难以解决某些与汽车功能要求有关的问题，而被电子控制系统代替。传感器的作用是根据被测量的大小，定量提供有用的电输出信号。传感器作为汽车电控系统的关键部件，它直接影响汽车技术性能的发挥。这些传感器主要分布在发动机控制系统、底盘控制系统和车身控制系统中。如汽车线控转向系统需要的相关传感器有角位移传感器、转矩传感器、车速传感器、侧向加速度传感器、横摆角速度传感器等。

2. 容错控制技术

汽车电控系统的结构和控制算法日趋复杂，控制范围日益扩大，控制精度逐步提高，并向集中控制方向发展。在这些复杂控制系统的运行过程中，往往出现一些无法预料的故障，这些故障一般在运行过程中难以维修，为了提高汽车的可靠性与安全性，汽车电控系统必须采取容错控制。当有些部件失效时，它们在系统中的功能可用系统中的其他部件完全或部分

代替，使系统能继续保持规定的性能或不丧失最基本的功能，或进一步实现故障系统的性能最优，使汽车返回维修点后再维修。基于容错控制技术的汽车线控转向系统，在不影响系统控制功能的情况下，利用容错控制技术提高了转向系统的可靠性，保证了车辆的正常行驶及安全性。

容错控制的方法主要有两种：第 1 种是按照故障在系统中发生的位置，例如传感器、执行部件和控制器自身故障容错控制；第 2 种是按照系统应对故障时所做出的处理故障的方式，分为被动容错控制和主动容错控制。

被动容错控制方法是指在对故障进行容错时，保持控制系统的结构和参数不变，通过整个系统自身具有鲁棒性实现容错效果，也就是说，控制系统对故障并不进行控制策略上的调整，而是产生不敏感性，这样在故障发生后整个闭环系统就会忽略这些不敏感的故障，使整个系统仍能继续工作。

主动容错控制方法就是故障发生后，主动容错通过对整个系统各模块的参数进行调整或者重新构造控制器的结构来实现对故障的消除和规避，使整个系统仍能安全工作，从而实现容错的功能。其工作原理图如图 3-20 所示。

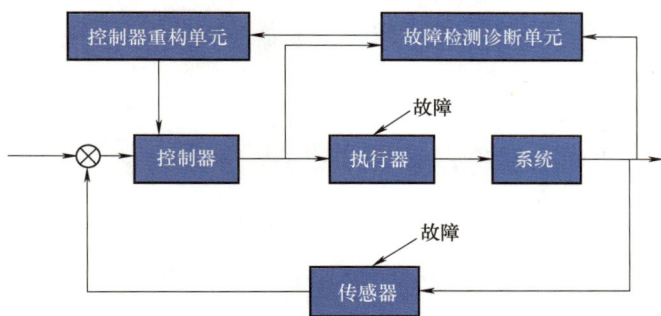

图 3-20　主动容错控制系统工作原理图

3. 总线技术

随着汽车电子技术的发展，车用电子设备的不断增加对汽车的综合布线和信息的交互共享提出了更高的要求。由于汽车内部 ECU 大量引入，为了提高信号的利用率，要求大批的数据信息可以在不同的电子单元中共享，汽车综合控制系统中大量的控制信号需要实时交换。传统的点对点通信方式已远远不能满足需求，因此必须采用先进的总线技术。

车用总线是指用于车载网络中底层的车用设备或车用仪表互联的通信网络。目前，汽车应用的通信网络包括 CAN 总线、MOST 总线、LIN 总线和 FlexRay 总线等。

在线控转向系统中，取消了机械传动转向机构，转向器与转向柱之间没有机械连接。这就要求用于线控系统的通信系统必须严格地满足容错和确定性的操作，高的带宽功能可以快速传输大量极为详尽的信息，从而使系统反应变得非常迅速、准确，这样不但增加了反应灵敏度，同时可以增加系统的安全性能。

FlexRay 总线是由宝马、飞利浦、飞思卡尔和博世等公司共同制定的一种新型通信标准，专为车内联网而设计，采用基于时间触发机制，具有高带宽、容错性能好等特点，在实时性、可靠性和灵活性方面具有一定的优势。

FlexRay 总线数据收发采取时间触发和事件触发的方式，利用时间触发通信时，网络中的各节点都预先知道彼此将要进行通信的时间，接收器提前知道报文到达的时间，报文在总线上的时间可以预测出来。即使行车环境恶劣多变，干扰了系统传输，FlexRay 协议也可以确保将信息延迟和抖动降至最低，尽可能保持传输的同步与可预测。这对需要持续及高速性能的应用（如线控制动、线控转向等）来说，是非常重要的。

FlexRay 作为一种灵活的通信系统，能够简化汽车电子和通信系统架构，同时可帮助汽车电子单元变得更加稳定和可靠，从而满足未来先进汽车高速控制应用的需要。同时，FlexRay 支持分布式控制系统，并且其物理层技术特点可以根据特定的应用优化其网络拓扑结构，这能保证汽车环境下通信系统的可用性和可靠性，对于汽车网络系统安全具有重要的影响。因此，对 FlexRay 协议进行功能和特性的分析，可为总线技术的后续发展进行充分的技术储备。图 3-21 所示为第一辆 FlexRay 量产车。

4. 电源技术

汽车电源承担着线控转向系统中 ECU、4 个电动机的供电。两个转矩反馈电机功率为 50~80W，两个转向电动机功率为 500~800W，电源负荷相当重。因此，为了保证整个系统的稳定工作，汽车电源的性能至关重要。实验证明，对于特定的功率，电压值的提高可使系统电流减小，而小的电流可使导线上的损耗减少，从而可使用更细、更小的线束。提高电压值可以减小电气装置本身的体积和质量，减少损耗，也有利于控制装置的小型化，提高集成度。于是，一些汽车制造商提出将现有的汽车电源电压提高 3 倍，即达到 42V。42V 电源的采用为发展汽车线控转向系统创造了条件：电机的质量减小了 20%；减小了线束直径，降低了设计与使用成本，方便安装；减小了负载电流；提高了电子元件的集成度等。这些优点对线控转向系统开发具有决定性的影响，必将大大推动汽车线控转向系统的电动机以及相关部件的发展。图 3-22 所示为电动机在线控转向系统中的应用。

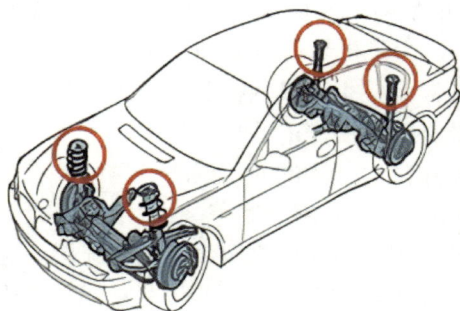

图 3-21　第一辆 FlexRay 量产车

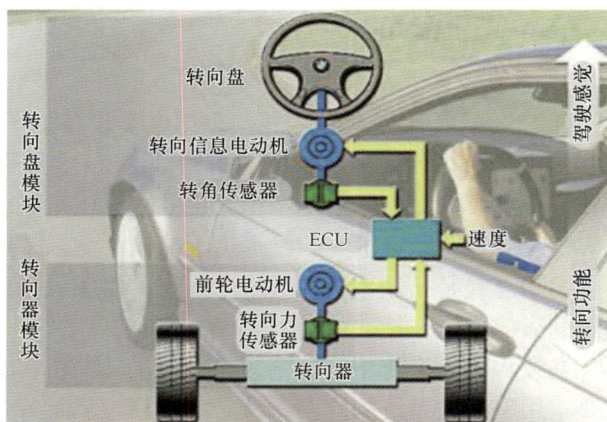

图 3-22　电动机在线控转向系统中的应用

二、线控转向系统电路图分析

1. EPS 线控转向系统电路图分析

如图 3-23 所示，EPS 线控转向系统的工作过程：打开起动开关，EPS 控制器开始工作。

汽车在转向时，转矩传感器和转角传感器会"感觉"到转向盘的力矩和拟转动的方向并将其转为电信号，这些信号通过数据总线发送给 EPS 控制器，EPS 控制器根据传动力矩、拟转的方向等数据信号，向电机控制器发出动作指令，电动机就会根据具体的需要输出相应大小的转动力矩，从而产生助力转向。

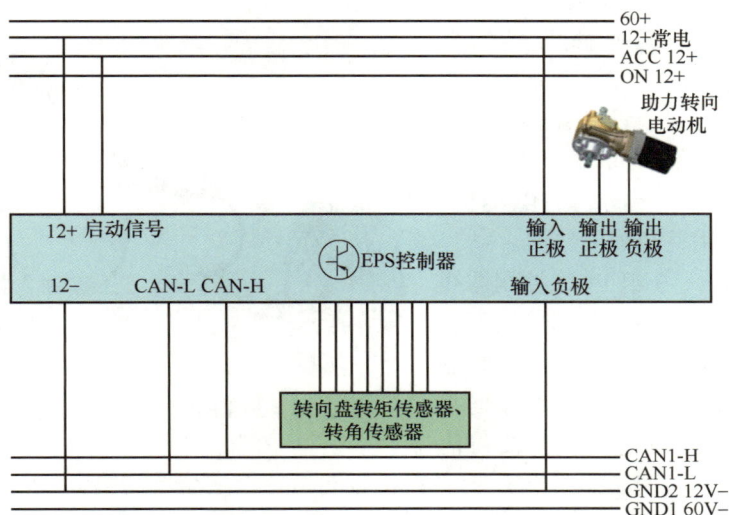

图 3-23　EPS 线控转向系统电路图

2. SBW 线控转向系统电路图分析

（1）单组 ECU 的 SBW 线控转向系统　如图 3-24 所示，SBW 线控转向系统的工作过程：打开起动开关，SBW 控制器接收到启动信号开始工作。当转向盘转动时，转矩传感器和转

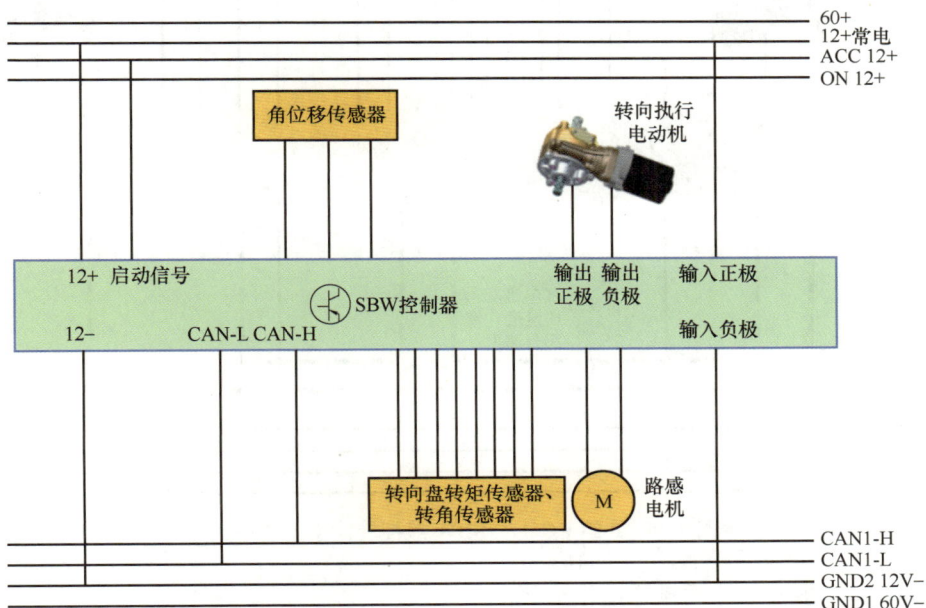

图 3-24　单组 ECU 的 SBW 线控转向系统电路图

角传感器检测到驾驶人转矩和转向盘的转角并将其转变为电信号输入 SBW 控制器，SBW 控制器依据车速传感器和安装在转向传动机构上的位移传感器的信号来控制转矩反应电动机的旋转方向，并根据转向力模拟生成反应转矩，控制转向电动机的旋转方向、转矩大小和旋转角度，经过机械转向装置控制转向轮的转向位置，通过角位移传感器反馈转向执行电动机的转动角度是否正确，使汽车沿着驾驶人希望的轨迹行驶。

（2）3 组 ECU 的 SBW 线控转向系统　如图 3-25 所示，线控转向系统 3 组 ECU 是转向系统的冗余设计，3 组 ECU 同时对转向需求进行计算，两侧的 ECU 分别控制两侧车轮的转向助力电动机，中间 ECU 可以利用冗余消除错误。

如图 3-26 所示，3 组 ECU 控制器线控转向系统的工作过程：打开起动开关，3 组 ECU 控制器开始工作。转矩传感器和转角传感器检测驾驶人的转向数据并转变为电信号，然后通过数据总线将信号传递给车上的 ECU 控制器，ECU 控制器将转向指令发送至转向电动机，从而控制车轮转

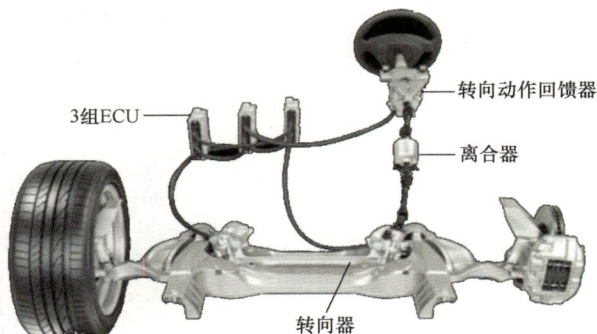

图 3-25　3 组 ECU 的 SBW 线控转向系统的组成

向。角位移传感器反馈转向执行电动机的转动角度是否正确。

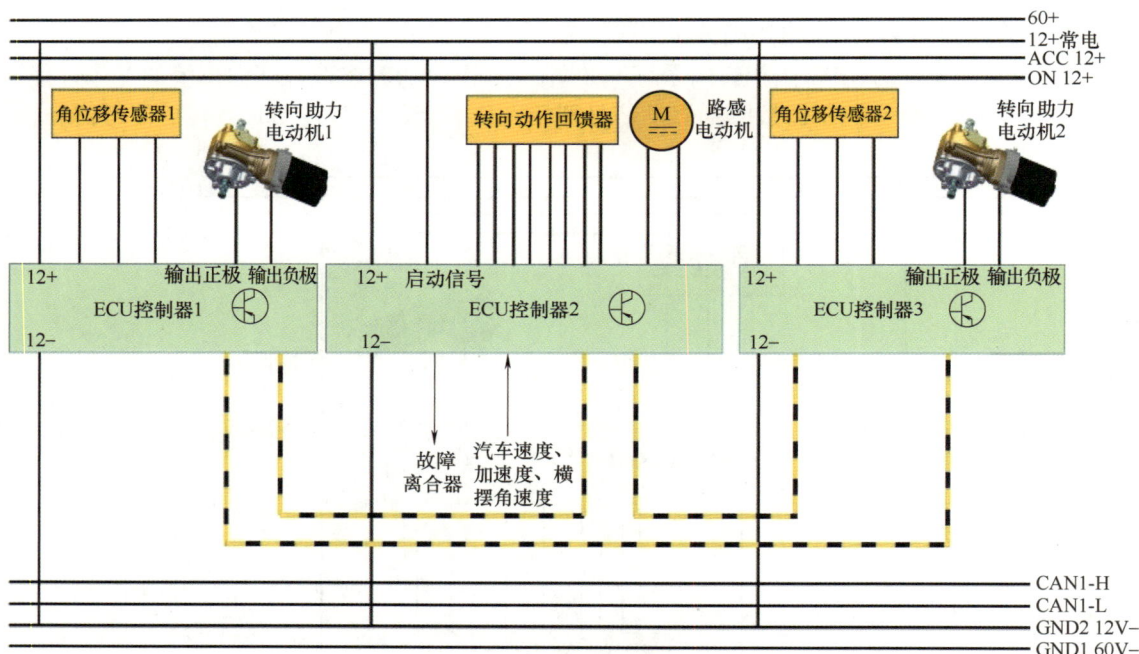

图 3-26　3 组 ECU 的 SBW 线控转向系统电路图

3. 线控转向系统部件插接器端子介绍

由于目前电动助力转向系统（EPS）的应用较为广泛，关于线控转向系统的端子介绍和

后面的故障检修都以 EPS 为例。

线控转向系统控制器（EPS-ECU）上由 4 个插接器组成，分别为信号插接器、传感器插接器、电动机插接器和电源插接器，如图 3-27 所示。其各部件插接器端子定义见表 3-5。信号插接器通过 CAN 线与其他模块进行通信；传感器插接器与转矩传感器转角传感器连接，用于监测转向盘转矩与转角；电动机连接线连接至转向助力电动机提供工作电源；电源插接器与辅助蓄电池连接。

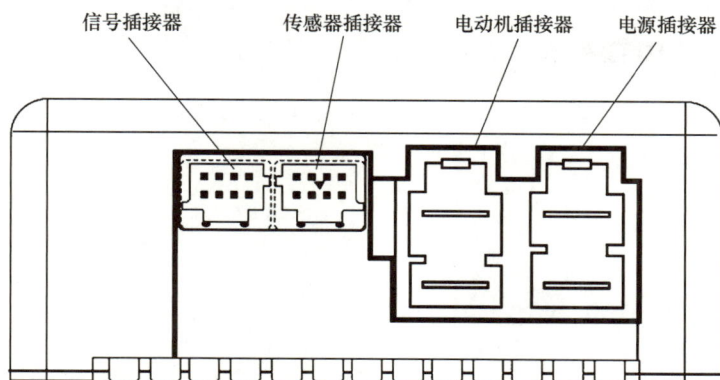

图 3-27　EPS-ECU 上的插接器

表 3-5　各部件插接器端子定义

名称	端子编号	端子定义	名称	端子编号	端子定义
信号插接器	1	—	传感器插接器	1	PWM
	2	—		2	PWM
	3	CAN-L		3	GND
	4	ON 12+		4	5V
	5	—		5	5V
	6	—		6	GND
	7	—		7	TQ
	8	CAN-H		8	TQ
电源插接器	1	BATT+			
	2	BATT−			

🏠 任务实施

为帮助客户排除故障，恢复转向助力，需要学习使用工具和仪器进行线控转向系统供电电源故障，CAN 通信故障及转矩传感器转角传感器故障的检修，完成检测前防护、分析故障原因、检修故障、整理任务工单等工作。线控转向系统故障检修任务以智能网联汽车底盘线控系统测试装调试验台为载体开展针对转向系统完成故障检测等理实一体化教学。图 3-28

所示为智能网联汽车底盘线控系统测试装调试验台。

图 3-28　智能网联汽车底盘线控系统测试装调试验台

故障检测前防护：

个人防护：维修人员戴棉线手套	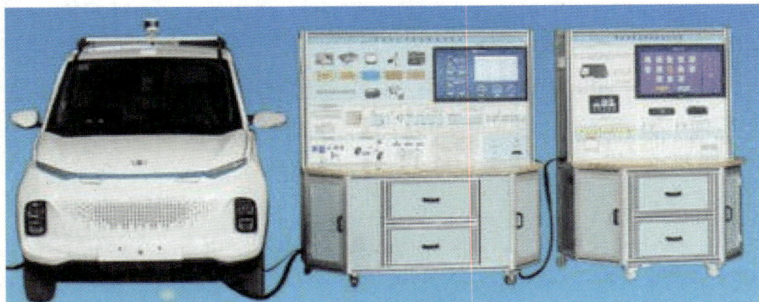
实训车防护：实训车需铺上格栅和翼子板防护，铺座椅四件套	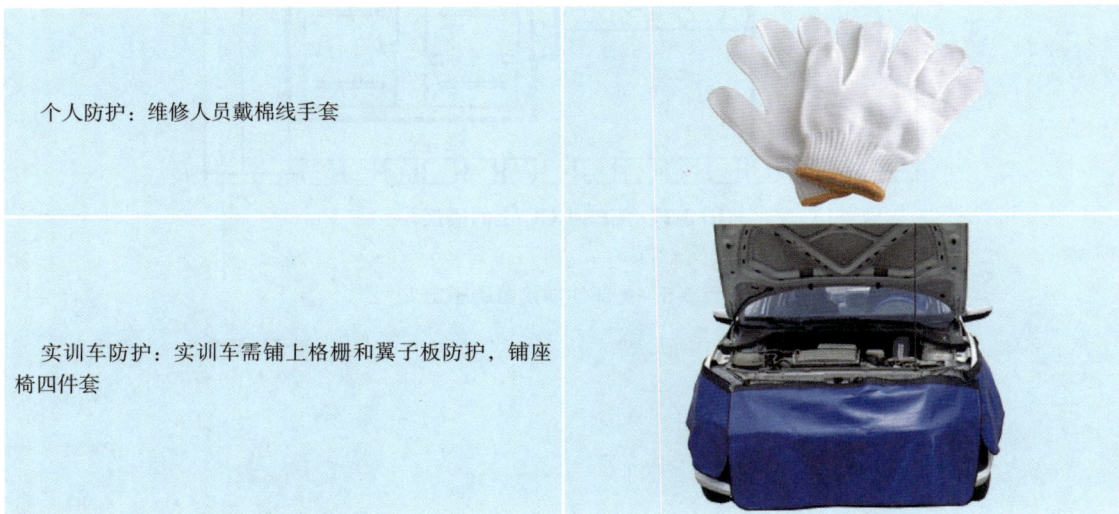

线控转向系统供电电源故障检修

实训 1：线控转向系统供电电源故障检修

第 1 步：故障现象	
	整车转向无助力，转不动转向盘

（续）

第2步：故障分析

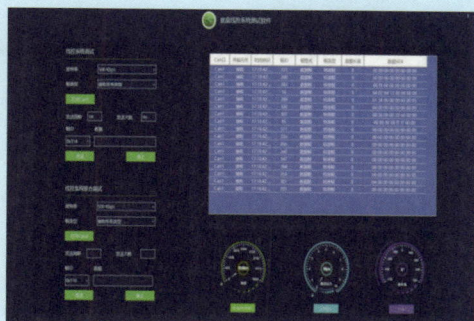

根据底盘线控系统测试装调试验台的调试软件中报文信息显示，发现 EPS-ECU 输出报文的 CAN1 中 ID 0x18F 消失，可以判断为 EPS-ECU 通信故障

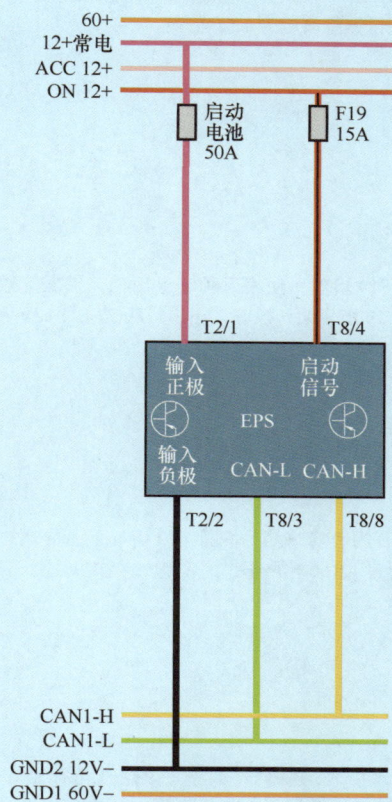

根据电路图分析，造成故障的原因可能如下：
① EPS-ECU 电源故障
② EPS-ECU 通信故障
③ EPS-ECU 软件错误
④ EPS-ECU 故障

第3步：故障检测

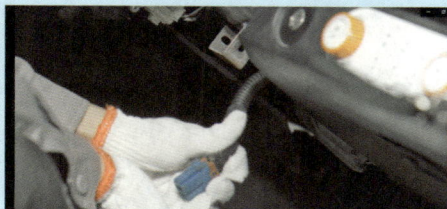

取下钥匙，分别拔下 EPS-ECU 信号插头和供电插头，插上钥匙并置于 ON 位置

（续）

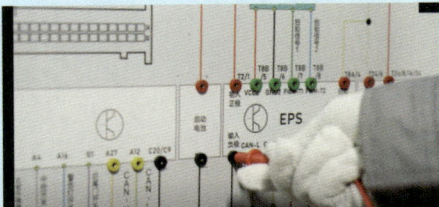

使用万用表蜂鸣档，测量 EPS-ECU 供电插头搭铁端子 T2/2 和搭铁之间的通断情况，正常为导通状态

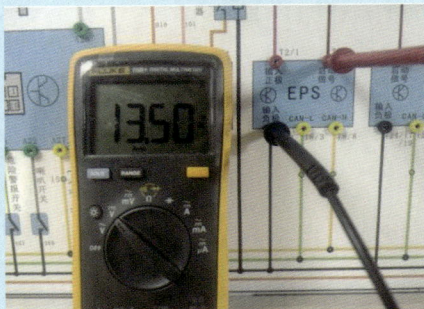

使用万用表电压档，黑表笔接 EPS-ECU 供电插头搭铁端子 T2/2，红表笔接 EPS-ECU 信号插头 ON 供电端子 T8/4，正常测量值应为 12V 左右

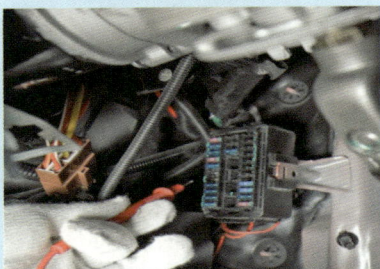

拔下 F19 熔丝，使用万用表电压档，黑表笔搭铁，红表笔接 F19 电压输入插座，正常测量值应为 12V 左右

使用万用表蜂鸣档，测量 F19 熔丝是否导通，正常为导通状态。如果不导通，说明熔丝存在问题，需要更换熔丝

使用万用表蜂鸣档，测量 F19 熔丝电压输出插座和 EPS-ECU 信号插头 ON 供电端子 T8/4 之间电路的导通情况，正常为导通状态

经万用表测得，F19 熔丝电压输出插座和 EPS-ECU 信号插头 ON 供电端子 T8/4 之间电路无穷大，存在断路故障，为 EPS-ECU 电源故障

（续）

第 4 步：故障修复	
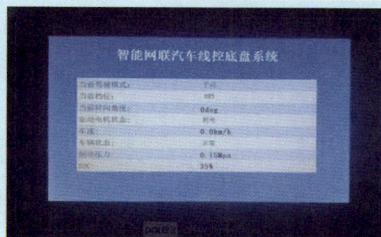	维修或更换相同型号的电路，试验台恢复正常状态，故障排除，撤除防护

线控转向系统
CAN 通信
故障检修

实训 2：线控转向系统 CAN 通信故障检修

第 1 步：故障现象	
	整车转向无助力，转不动转向盘

第 2 步：故障分析

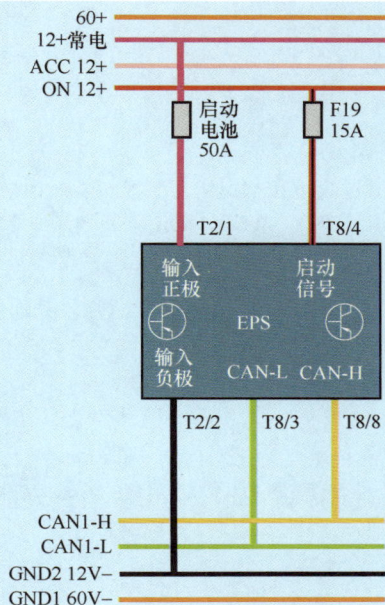

根据底盘线控系统测试装调试验台的调试软件中报文信息显示，发现 EPS-ECU 输出报文的 CAN1 中 ID 0x18F 消失，可以判断为 EPS-ECU 通信故障。可能造成故障的原因如下

① EPS-ECU 电源故障

② EPS-ECU CAN 通信故障

③ EPS-ECU 软件错误

④ EPS-ECU 故障

（续）

第 3 步：故障检测	
	取下钥匙，分别拔下 EPS-ECU 信号插头和供电插头，将车钥匙置于 ON 位
	使用万用表电压档，黑表笔接 EPS-ECU 供电插头搭铁端子 T2/2，红表笔接 EPS-ECU 信号插头 ON 供电端子 T8/4，正常测量值应为 12V 左右
	如果以上测量结果不正常，需要接着测量供电电路和熔丝 F19
	使用万用表电压档，红表笔接 EPS-ECU 信号插头 CAN-H 端子 T8/8，黑表笔搭铁，正常测量值应为 2.55V 左右
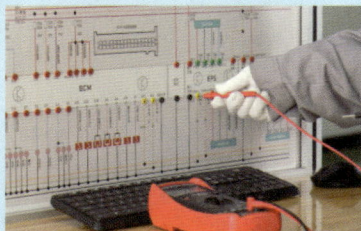	使用万用表电压档，红表笔接 EPS-ECU 信号插头 CAN-L 端子 T8/3，黑表笔搭铁，正常测量值应为 2.46V 左右
	若测量 EPS-ECU 的 CAN 总线、供电和搭铁都无异常，则需检查是否有 EPS-ECU 对应升级。若无，则需要更换 EPS-ECU

（续）

经示波器或万用表测得，EPS-ECU 信号插头 CAN-H T8/8 电路存在断路故障，为 EPS-ECU CAN 通信故障

第 4 步：故障修复

维修或更换相同型号的电路，试验台恢复正常状态，故障排除，撤除防护

线控转向系统转矩传感器、转角传感器故障检修

实训 3：线控转向系统转矩传感器、转角传感器故障检修

第 1 步：故障现象

整车转向无助力，转不动转向盘

第 2 步：故障分析

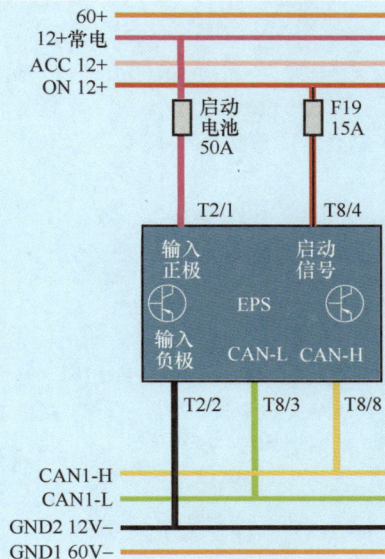

根据底盘线控系统测试装调试验台的调试软件中报文信息显示，发现 EPS-ECU 输出报文的 CAN1 中 ID 0x18F 转角传感器部分异常，可以判断为转角传感器相关故障

根据电路图分析可能造成故障的原因如下：
① 转角传感器故障
② 转角传感器电路故障
③ EPS-ECU 软件错误
④ EPS-ECU 故障

（续）

第3步：故障检测

将车钥匙置于 ON 位

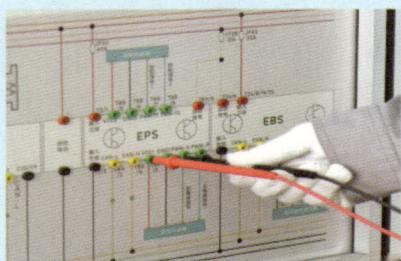

测量转矩传感器、转角传感器电源 1，使用万用表电压档，测量 EPS-ECU 插头（背部）端子 T8/1 与 T8/2 之间的电压，正常为 5V 左右

测量转矩传感器、转角传感器电源 2，使用万用表电压档，测量 EPS-ECU 插头（背部）端子 T8/5 与 T8/6 之间的电压，正常为 5V 左右

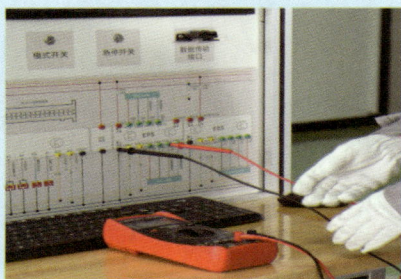

测量转矩传感器、转角传感器转角信号 1，使用万用表电压档，红表笔接 EPS-ECU 插头（背部）端子 T8/3，黑表笔搭铁，正常测量值应为 5V 左右

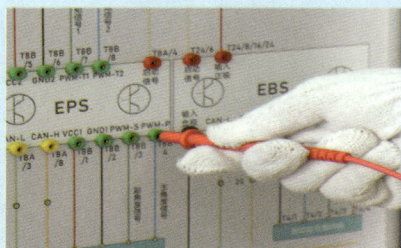

测量转矩传感器、转角传感器转角信号 2，使用万用表电压档，红表笔接 EPS-ECU 插头（背部）端子 T8/4，黑表笔搭铁，正常测量值应为 5V 左右

（续）

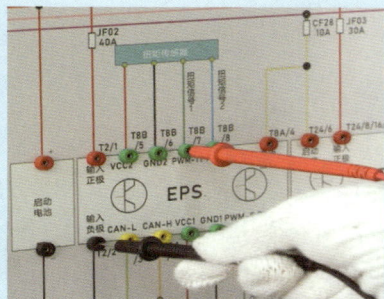

测量转矩传感器、转角传感器转角信号 1，使用万用表电压档，红表笔接 EPS-ECU 插头（背部）端子 T8/7，黑表笔搭铁，正常测量值应为 5V 左右

测量转矩传感器、转角传感器转角信号 2，使用万用表电压档，红表笔接 EPS-ECU 插头（背部）端子 T8/8，黑表笔搭铁，正常测量值应为 5V 左右

若测量 EPS-ECU 和转角传感器电源和信号正常，则需检查是否有 EPS-ECU 对应升级。若无，则需要更换 EPS-ECU

经万用表测得，EPS-ECU 传感器插头端子 T8/1 和 T8/2 间的电压为 0，经检查发现端子 T8/1 脱落

第 4 步：故障修复

恢复脱落端子，试验台恢复正常状态，故障排除，撤除防护

知识拓展

　　高阶智能驾驶要求下，叠加政策松绑，转向系统线控化已成大势所趋。

　　高阶智能驾驶要求汽车底盘智能化、电动化、集成化，线控转向系统和EPS均通过ECU对电动机发出控制信号，进而实现汽车转向。线控转向系统在EPS的基础上发展而来，其进一步利用线控代替机械连接转向盘和执行机构，可实现转向系统与转向盘的完全解耦，具有响应快、舒适性好、轻量化、更安全、可升级等优势，是通往高阶智能驾驶的核心部件之一。2022年1月1日，中国转向标准GB 17675—2021正式实施，新的国家转向标准一个重要的变化是解除了以往对转向系统转向盘和车轮必须物理连接的限制。2022年4月《线控转向技术路线图》征求意见稿正式发布，总体目标是在2025年、2030年实现国际领先的L3+、L4+级自动驾驶的线控转向系统，线控转向的渗透率达到5%、30%，核心零部件（控制器、电机等）自主化率达到20%、50%以上。新国标放宽要求为线控转向系统的发展扫清了法律障碍，技术路线图征求意见稿则进一步明晰了线控转向系统的发展方向，有助于新技术渗透率和产品国产化的持续提高。

　　线控转向单车价值量高、渗透率提升空间大、国产替代空间广，2023年起进入量产元年，供需两端全面打开。

　　随着法规松绑＋技术日益成熟＋量产车型逐步落地，2023年起线控转向进入量产元年，丰田bZ4X车型已经上市，特斯拉Cybertruck采用线控转向，长城汽车的智慧底盘量产，吉利、蔚来、红旗等主机厂也纷纷跟进。预计线控转向系统2025年单车价值量为4000元，对应85亿元的市场规模，2030年市场规模有望进一步提升至239亿元，2022—2030年复合增速达57%。海外巨头（如博世、采埃孚等）在线控转向技术上具备一定先发优势，但考虑到耐世特汽车系统公司、华域汽车系统股份有限公司、伯特利汽车安全系统股份有限公司、拓普集团股份有限公司、浙江世宝股份有限公司等大规模研发投入，凭借成本优势、快速响应能力以及车企本土采购趋势，中国企业有望实现线控转向领域的弯道超车。

项目小结

　　本项目通过对智能网联汽车线控转向系统的学习，了解了线控转向系统的定义、特点、不同分类方式、基本结构、工作原理和应用；进行了汽车线控转向系统的安装、调试和检测的实践操作；学会了使用线控转向系统安装时所需的工具和仪器进行线控转向系统的装调与测试、故障检测；提升了学生独立思考、处理和分析问题的能力、动手实践操作能力，培养了严谨的工作态度、团队合作意识和岗位职责意识。

训练习题

1. 简述汽车线控转向系统需要的相关传感器。

2. 简述智能网联汽车线控转向系统调试的注意事项。

3. 底盘线控系统测试装调实训车转向无助力，判断为 EPS-ECU 通信故障。造成故障的原因有哪些？

项目四
智能网联汽车线控制动系统技术

项目目标

素养目标

1. 培养独立思考、处理和分析问题的意识。
2. 培养严谨的工作态度、团队合作意识和岗位职责意识。

知识目标

1. 了解线控制动系统的功能。
2. 掌握线控制动系统的结构。
3. 熟悉智能网联汽车线控制动系统的报文。
4. 熟悉线控制动系统的故障检修方法。

技能目标

1. 能对线控制动系统进行性能测试与验证。
2. 能够完成线控制动系统的调试。
3. 能够使用工具和仪器进行线控制动系统的检修。

任务一 线控制动系统的认知

——奋斗才能收获，勤学才能有所成。

任务导入

　　某汽车公司生产了一款线控底盘系统，采用的是 EHB 型线控制动系统。你作为线控制动系统装配调试技术人员，需要首先了解该车型 EHB 的组成与技术特点等基础知识，以便准确、规范地完成该车型 EHB 的安装调试工作。

任务描述

通过对智能网联汽车线控制动系统的定义、发展历程、优缺点、未来趋势的学习，能够了解制动系统的发展历程，能够掌握线控制动系统的作用和分类，能够了解不同线控制动系统的特点，能够了解目前线控制动系统的发展现状以及未来趋势，培养严谨的工作态度、团队合作意识和岗位职责意识。

知识链接

一、线控制动系统的定义

汽车制动系统的作用：可以让行驶中的汽车以适当的减速度减速行驶直至停车，可以让下坡行驶的汽车保持适当的稳定车速，可以让静止的汽车可靠地停在原地或坡道上。

线控技术（X-by-Wire）就是"电控技术"，是从航空技术领域引入的。其中，"X"代表汽车中传统上由机械或者液压控制的各功能部件，用制动（Brake）代替 X 就是线控制动（Brake-by-Wire）。机械连接逐渐减少，制动踏板和制动器之间动力传递分离开，取而代之的是导线连接；将原有的制动踏板用一个模拟发生器替代，通过制动踏板位置传感器监测驾驶人的制动意图产生、传递制动信号，将制动踏板机械信号转变为电控信号，并将信号传递给控制系统和执行机构，以电控模块来实现制动力，并根据一定的算法模拟踩踏感觉反馈给驾驶人；导线传递能量，数据线传递信号，这种制动称为线控制动。制动踏板仅只连接一个制动踏板位置传感器，踏板与制动系统之间没有任何刚性连接或液压连接的，都可以视为线控制动系统。

线控制动系统的定义及发展历程

二、制动技术的发展

乘用车的制动系统自威廉·迈巴赫于 1900 年发明鼓式制动器起，至今已有 120 多年的历史，期间诞生了多种形式的制动系统。

制动技术的发展，按照力的传递方式不同，可以划分为以下三个阶段。

第 1 个阶段是机械制动，制动能量完全由人体来提供。其经典制动方式如图 4-1 所示。

图 4-1　机械制动

这个阶段汽车的主要特点是质量小、结构简陋、动力不足、行驶缓慢，因此对制动力要求不高，依靠纯机械式制动系统便足以满足制动要求。因此，当时的制动系统单纯靠驾驶人通过简单的机械装置向制动器施加作用力来实现制动。

第 2 个阶段是压力制动，包含液压制动和气压制动。这个阶段的主要特点是汽车质量越来越大，车速越来越快，对制动系统要求越来越高，所以必须借助相关的助力器（例如真空助力器）装置，通过制动液或者气体传递制动压力。在此阶段还出现了电子制动系统，如ABS 等。压力制动如图 4-2 所示。

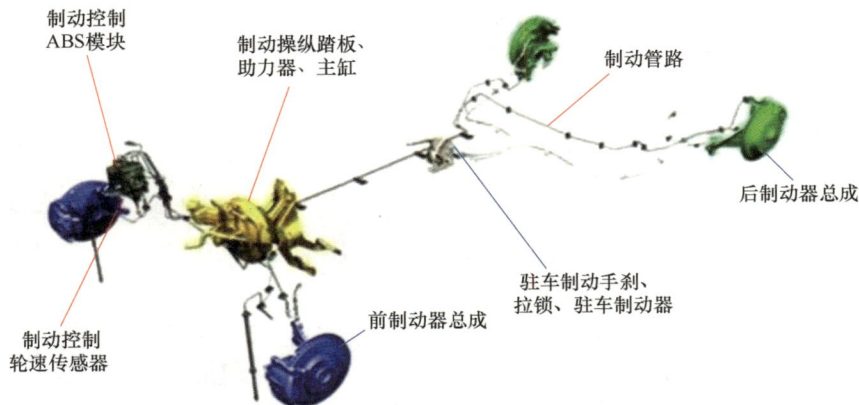

图 4-2　压力制动

第 3 个阶段是线控制动。这个阶段的制动系统不仅为了满足制动性能要求，更多的是为了追求高效能、可靠性、集成化等特性，如图 4-3 所示。

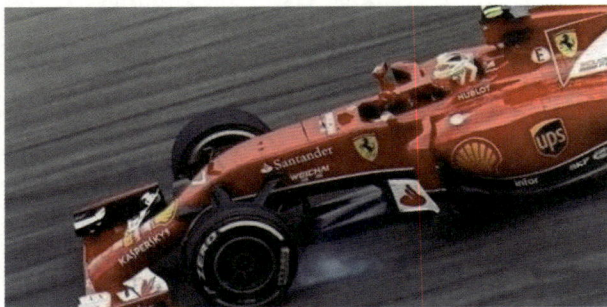

图 4-3　线控制动

三、线控制动系统的类型

1. 基于 ESC 的线控制动

随着 ADAS 在传统车辆上的应用，如自适应巡航系统（ACC）、自动紧急制动系统（AEB）功能的实现都需要使用线控制动功能。为满足使用需求，像博世公司的电子稳定程序（ESP）与大陆公司的电子稳定控制系统（ESC）开始支持 ACC 和AEB 功能。目前，在 L2 级自动驾驶及以下的常规车辆中一般采用的是基于 ESC 的线控制动系统。这样，传统车辆在制动执行部分只需升级 ESC 的版本就可以实现线控制动功能。

线控制动系统的类型

如图 4-4 所示，ESC 由传感器、控制器和执行器三部分组成。传感器通常包括 4 个轮速传感器、转向盘转角传感器、侧向加速度传感器、横摆角速度传感器、制动主缸压力传感器等；控制器主要是 ECU，通常与发动机管理系统联动；执行部分包括制动系统和液压调节器等。

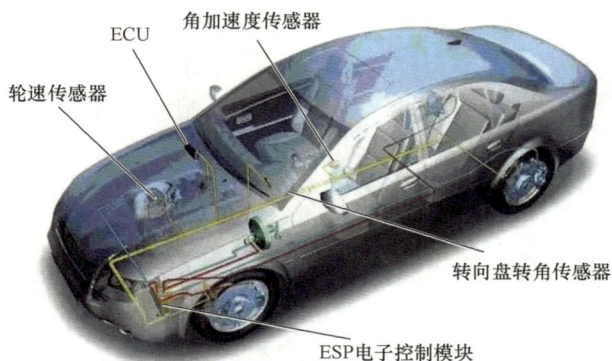

图 4-4　ESC 的组成

ESC 是在 ABS 的基础上发展而来的，ESC 与 ABS 最大的不同在于，ESC 可以在没有踩制动踏板的情况下，由预压泵建立制动压力并输出至制动轮缸产生制动效果。与 ABS 相比，ESC 主要增加了建立压力的预压泵以及两对电磁阀 VLV 和 USV。

由于 ESC 液压泵的功率较小，只适合承担紧急情况下的辅助制动，如果直接应用于 L3 级自动驾驶及以上车辆的常规制动，存在制动力不足和可靠性下降等问题。为满足更高级别线控制动的性能要求，相关厂商开发出了 EHB 与 EMB 等线控制动系统。

2. 电子液压制动系统（EHB）

EHB 是电控 + 液压制动的混合体，目前各家方案略有不同，包括制动踏板是部分解耦还是完全解耦，助力方式是高压蓄能器间接型还是纯电机直接型。但是其制动原理基本一致，都是在驾驶人踩下制动踏板后，制动踏板位置传感器将力和位移信号转化为电信号送入 ECU。ECU 结合整车其他信息，计算出需要的助力大小，再利用助力机构施加助力，产生和真空助力器相同的功能。

同时，会计算模拟一个反馈力给到制动踏板，用以给驾驶人模拟真实的制动效果。部分厂家 EHB 产品保留了传统的机械液压制动系统，以实现安全冗余。在 EHB 失效时，驾驶人可通过大力踩制动踏板进入传统机械液压制动模式。

EHB（Electro-Hydraulic Brake）是在传统的液压制动器基础上发展而来的。电子液压系统用电子踏板取代了传统液压踏板，用电动机、电动液压泵等电子元器件取代了传统制动系统中的真空助力器等传统机械零部件，保留了成熟度高的液压制动部分。在汽车智能化的趋势下，考虑到对 L3 级及以上等级自动驾驶汽车来说制动系统的响应时间非常关键，而线控制动执行信息由电信号传递，响应相对快、制动距离短，是汽车智能化发展下的应用趋势。

如图 4-5 所示，EHB 用一个综合的制动模块来实现制动液压的建立与调节。模块由制动踏板单元、液压驱动单元、制动执行单元和控制单元 4 部分组成。制动踏板单元作为制动信号的接收单元，接收驾驶人的制动意图，生成并传递信息，最后给驾驶人制动反馈。液压驱动单元取代传统制动系统中的真空助力部分来驱动液压，这里有"电动机＋减速机构"和"液压泵＋高压蓄能器"两组装置。制动执行单元与传统制动系统一样。控制单元包括ECU、液压力控制单元和各类传感器等。正常工作时，制动踏板与制动器之间的液压连接断开，备用阀处于关闭状态。电子踏板配有踏板反馈器与传感器，ECU通过接收传感器信号最终通过电动液压泵实现制动。当电子信号故障时，备用阀打开，实现常规的液压制动。

在EHB的发展过程中，产生了机电伺服助力系统和集成式液压系统两个方向。机电伺服助力系统以博世的iBooster系统为代表（图4-6），采用的是机电伺服助力器＋液压制动＋独立存在的ESC模式；集成式液压系统以天合集成化制动系统（IBC）为代表，集成单元（整合了ESC等功能）＋液压制动，集成化程度更高。

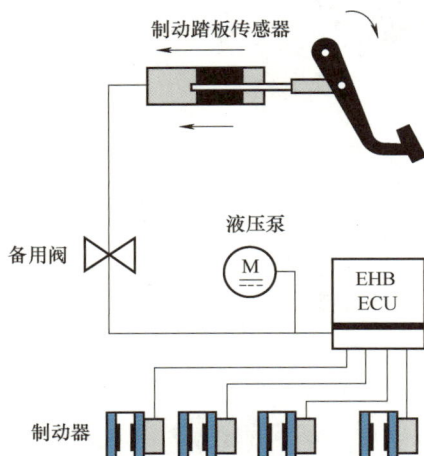

图 4-5　典型 EHB 的结构

图 4-6　博世 iBooster 系统

机电伺服助力系统的工作原理：当驾驶人踩下电子制动踏板时，踏板位置传感器检测生成信号并将信号发给控制单元，控制单元借助电动机将信号表达为制动主缸的制动液压。该系统有两重安全防护，一是车载电源动力不足时，电子助力器带制动泵总成以节能模式工作，二是电子助力器带制动泵总成出现故障时，独立存在的ESC将接管制动系统，以纯液压模式制动。

与机电伺服助力系统相比，集成式液压系统集成程度更高，它有一个集成单元取代了真空助力器体系以及ESC等独立零部件。集成式液压系统的核心组件为超高速无刷电动机，除了助力功能，该电机还可以提供ESC、ABS等辅助制动功能。集成式液压系统失效时，由无助力的液压模式接管。

3. 电子机械制动系统（EMB）

EMB和EHB的最大区别就在于它不再需要制动液和液压部件，制动力矩完全是通过安装在4个轮胎上的由电动机驱动的执行机构产生的，如图4-7所示。因此，相应地取消了制动主缸和液压管路等，可以大大简化制动系统

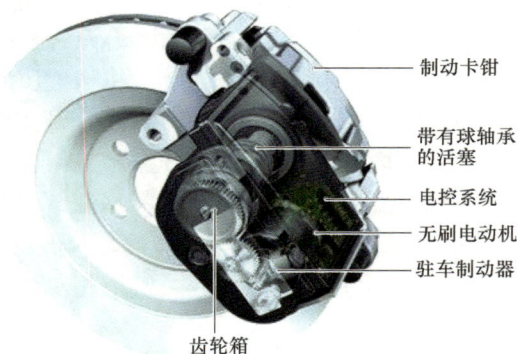

图 4-7　EMB 的制动执行机构

的结构，便于布置、装配和维修，更为显著的是随着制动液的取消，对于环境的污染大大降低了。EMB 是以电信号为传导介质，比传统制动系统的液压或者气压介质在管路中的传导方式有更快的响应速度，缩短了驾驶人踩下制动踏板到制动执行器开始工作的时间间隔。

如图 4-8 所示，EMB 由车载电源、电子制动踏板、制动力分配单元、车载网络和制动执行单元等部分组成。其中，制动执行单元由驱动电机、加速增压装置、运动转换装置以及制动器等构成。电子制动踏板接收驾驶人踩踏板信息，制动力分配单元制订制动方案，以达到最短制动距离，然后以电信号形式通过车载网络传递到制动执行单元，实现制动。

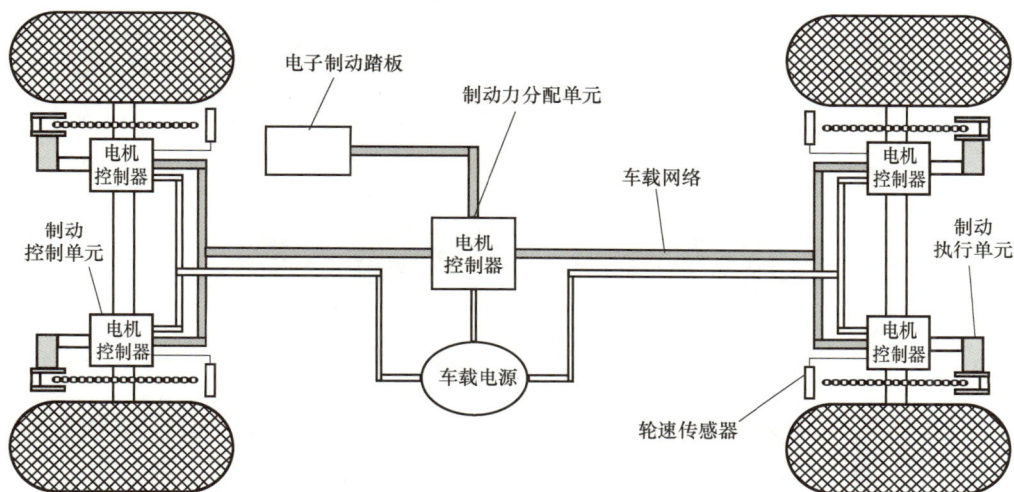

图 4-8　EMB 的结构

四、线控制动系统特点分析

1. EHB 的优势

1）EHB 相较于传统制动系统结构简单紧凑、制动噪声减小等。

2）采用 EHB 控制系统，部件机械特性的变化可由控制算法进行补偿，使制动压力等级和制动踏板行程始终保持一致。

3）传统制动系统的制动特性无法随意改变，而 EHB 通过分析驾驶人意图，判断不同的制动行为，可提供最合理的压力变化特性。

4）传统的采用真空助力器的制动系统助力能力受发动机转速和负荷的影响，而 EHB 的制动能力不受发动机真空度的影响。

5）由于制动踏板位置传感器探测的是制动踏板的运动速度和制动踏板的行程，ECU 据此进行制动压力调节，制造商可以根据不同的车型以及对驾驶人驾驶习惯的统计，仅通过更改控制算法和踏板感觉模拟器提供给驾驶人不同的踏板感觉，所以 EHB 的可移植性好。

6）EHB 通过正确识别驾驶人意图，对制动力（由制动踏板行程和制动踏板加速度来辨别计算）加以调整，以避免制动力不足。

7）在需要保持驻车状态时，可以使系统对车轮施加一定的制动力，即使驾驶人松开了制动踏板，依然能对车轮产生一定的制动压力，减轻驾驶人的负担，提高驾驶舒适性，实现电子驻车控制。

8）传统制动系统只能在一定程度上实现前、后制动压力的分配，而EHB在四轮压力分配方面有很大的自由度，这在左、右附着系数不同的路面上制动时效果显著。

2. EHB的不足

备用系统中仍然包含复杂的制动液传输管路，液压系统结构复杂，使EHB并不完全具备线控制动系统的优点；容易发生液体泄漏，有一定的泄漏风险，存在安全隐患；成本和维护费用较高；由于EHB以液压为制动能量源，液压的产生和电控化相对来说比较困难，不容易做到和其他电控系统的整合；液压系统的复杂性对轻量化不利；应用过程中需要使用制动液，而且存在控制时延长和结构复杂等方面的问题，从而给汽车的安全运行造成不利的影响。现代的汽车电子化程度越来越高，新能源汽车和自动驾驶汽车的发展进一步加快了这种趋势。在汽车越来越像电子产品的今天，EHB的优点并没有远远盖过它的缺点，所以，EHB的大面积普及并不被看好。

3. EMB的优势

1）EMB去掉了冗杂的制动液壶、制动主缸、助力装置、液压阀、复杂的管路系统等；机械连接少，结构简单，布置方便；采用模块化结构，易于装配与维修。

2）极大地缩减了制动反应的时间。传统的液压制动系统反应时间为400~600ms，EHB反应时间为120~150ms，而EMB反应时间只要90ms，制动距离可以缩短60%，安全性能大幅度提高。

3）维护简单。EMB由于没有使用制动液，所以不用担心有液体泄漏，这对电动汽车来说尤其重要。液体泄漏可能导致短路或元件失效，维修起来麻烦且导致维修成本高。

4）轻量化。一系列电子元器件代替了原来笨重的机械助力传动装置，减轻了整车的重量，提高了整车的燃油经济性，减小了前、后轴的负荷和轮胎的磨损。

5）EMB可以与汽车其他电控系统共享轮速传感器和ECU等硬件。因此，通过修改ECU中的软件程序，易于实现ABS、TCS（牵引力控制系统）、ESP等复杂电控功能，并且易于匹配安装有制动能量回收系统的电动汽车。

6）EMB采用的模拟电子踏板能有效避免ABS介入时的打脚现象。

4. EMB技术发展需要克服的技术难题

难题1：没有备份系统，对可靠性要求极高。首先是电源系统，要绝对保证稳定，其次是总线通信系统的容错能力，系统中每一个节点的串行通信都必须具备容错能力。同时，系统需要至少要两个CPU来保证可靠性。

难题2：制动力不足。EMB必须在轮毂中，轮毂的体积决定了电动机的体积，进而限定了电动机功率不可能太大，而普通轿车需要1~2kW的制动功率，这是目前小体积电动机无法达到的功率，必须大幅度提高输入电压，即便如此也非常困难。

难题3：工作环境恶劣，特别是温度高。制动片附近的温度高达数百摄氏度，而电动机的体积又限定了只能使用永磁电机，而永磁在高温下会退磁。同时，EMB有部分半导体元件需要工作在制动片附近，普通半导体元件很难承受如此高的温度，而受体积限制，无法添加冷却系统。同时这是簧下元件，振动剧烈，永磁体无论是烧结还是黏结都很难承受强烈振动，这对半导体元件也是个考验，需要一个高强度防护壳，然而轮毂内体积非常有限，难以做到。

难题 4：需要针对底盘开发对应的系统，难以模块化设计，导致开发成本极高。

五、线控制动系统市场现状

现阶段，市场上线控制动系统产品主要以 EHB 为主，EMB 的重要性逐渐突显。EHB 方面，博世、大陆集团、采埃孚等海外零部件供应商具备先发优势，基本已完成 EHB 的量产装车，其中，博世提供的 Two-Box 产品（iBooster 系列）以及 One-Box 产品（IPB）仍为当前国产车型的主流选择。尽管国内供应商起步较晚，但随着自主品牌新能源车型智能化程度提升叠加国产替代趋势显现，国内供应商如弗迪动力、伯特利、利氪科技、菲格科技正快速崛起。根据数据，2024 年 H1 我国线控制动系统市占率 TOP10 供应商中，国内供应商市场占有率合计 32.57%，博世虽仍保持领先地位，但市场份额已降至 53.68%。

EMB 方面，布雷博、博世、大陆集团等海外零部件供应商计划在 2025 年开启 EMB 方案量产，国内供应商如伯特、亚太股份、万安科技等也在积极开展 EMB 的布局。

表 4-1 给出了世界线控制动产品生产研发情况。

线控制动系统的市场现状与未来趋势

表 4-1　世界线控制动产品生产研发情况

公司	产品名称	产品生产研发情况	装配车型
博世集团	iBooster	已在南京建成 iBooster 生产线，年产能 150 万套左右	大众全系列电动汽车和混合动力汽车，特斯拉 Model 3、保时捷 918 Spyder、凯迪拉克 CT6、荣威、领克、蔚来 ES8、本田 CR-V、雪佛兰 Bolt EV 等
大陆集团	MK C1	已在欧洲、美国、中国实现量产	阿尔法·罗密欧 Giulia
ZF TRW	IBC	已有 IBC 线控制动产品	将运用于通用的 K2×× 平台上，已用于 Cherolet Silverado
日立	E-ACT	已有 E-ACT 线控制动产品	主要配备日产，如日产 Leaf 等
伯特利汽车安全系统股份有限公司	WCBS	已实现量产	—
拿森汽车电子有限公司	NBooster	实现年产能 200 万套	北汽 EC3
亚太机电股份有限公司	iEHB	正在与一汽大众、清华大学、吉林大学合作研发 iEHB 线控制动产品	—
万安科技股份有限公司	—	正在与瑞典 Haldex 公司合作，在国内设立合资公司，布局研发最新的 EMB 技术	—
万向钱潮股份公司	WBS	正在研发 WBS 线控制动产品，实现了城市道路示范运行	—

中国线控系统的研发现状：博世和比亚迪共同研发了 IPB，搭载在比亚迪汉 EV 上，见表 4-2。

表 4-2　比亚迪线控制动系统研发

时间	系统	研发方式
2008 年	ABS	自主研发
2021 年 2 月	IPB	与博世联合研发
2021 年 3 月	dTCS	与博世联合研发
2021 年 10 月	BSC	自主研发
2022 年 5 月	iTAC	自主研发

从长远来看，EMB 是未来车辆线控制动系统的发展趋势，但在现阶段 EMB 还存在着成本高、耐热性差、制动力有限等不足。所以从目前的应用情况来看，EHB 仍然是 L3 级自动驾驶及以上级别车辆线控制动系统的主流选择。

六、需求挑战趋势

当前，线控制动系统面临的主要需求是节能减排，在节能与新能源汽车产业发展规划中，提出了乘用车和商用车燃料消耗量降低的目标要求，包括新能源汽车发展的要求。汽车智能辅助驾驶技术的发展需要 EHB，第一因为电动汽车普遍都具有能量回收功能；第二是智能驾驶，ESC 上无法支撑智能辅助驾驶需要的快速降压还有精度高的要求，EHB 可以达到这样的要求；第三是适用于分布式驱动的汽车，主要是指轮毂电机驱动的汽车。

衍生出来的制动能量回收效率、舒适度和噪声、安全性、耐久性的问题，使纯粹的线控制动系统——EMB 成为研究热点。该系统响应时间快，平台开放度高，同时不会有漏液隐患，这对电动汽车具有重要意义。在汽车电动化和智能化技术的大潮下，汽车制动系统将产生新的发展趋势。

1. 体积、质量更小，集成度更高

带有高压蓄能器的湿式 EHB 过于复杂、体积和质量均很大，并且响应时间略长，成本高、维修费用昂贵，新型制动系统向去掉高压蓄能器的方向发展。

2. 系统更开放，可与其他底盘控制子系统配合

为了提高整车的综合行驶性能，要求制动系统是一个更加开放的平台，能够和其他底盘控制子系统集成。

3. 再生制动与踏板解耦

为了解决电动汽车和混合动力汽车的续驶里程问题，出现了制动能量回收技术，为了与再生制动协调工作，要求制动系统在保证高的制动能量回收效率的同时具有解耦能力，液压制动系统应能根据驾驶人的制动需求合理分配再生制动力和液压制动力。

4. 适用于智能驾驶辅助系统

随着汽车智能化技术的发展，制动系统的另一个发展趋势就是能够与 ESC、ACC 等汽车智能驾驶辅助系统匹配，能够作为智能驾驶辅助系统的重要底层执行器。这就要求制动系统拥有更强的主动制动能力、更快的响应速度和更精确的制动压力控制。

5. 人机共驾

随着执行控制层面人机共驾技术的发展，要求制动系统具有能够个性化定制踏板感觉和制动特性的能力，车辆匹配不同的驾驶风格和驾驶模式。

6. 具备更平顺的"软"停车功能、更好的 NVH 性能

这要求制动系统响应必须足够精确、迅速和舒适。例如当车辆开启自适应巡航（ACC）时，博世的 iBooster 可以确保车辆在制动直到停驶过程中的制动舒适性，在此过程中几乎不产生任何振动和噪声。

七、EHB 的组成

汽车 EHB 主要由液压控制模块、制动踏板模块、液压控制单元（HCU）、制动器和各类传感器等组成。图 4-9 所示为 EHB 的基本结构。

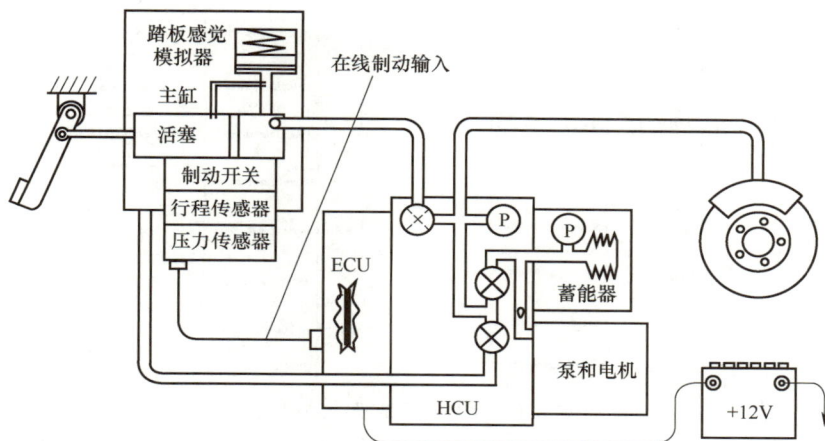

汽车电子液压制动系统（EHB）组成及工作原理

图 4-9　EHB 的基本结构

液压控制模块：主要包括电机、泵、蓄能器、单向阀、溢流阀、增/减压阀等。

制动踏板模块：主要包括制动踏板、踏板力传感器、踏板行程模拟器、主缸、电磁阀、储油杯等。

HCU：接收制动踏板发出的信号、各类车辆状态信号以及反馈信号等进行综合分析和判断，对进、出液电磁阀分别进行调节，通过输入 PWM（脉冲宽度调制）控制信号给高速开关阀，从而控制各车轮上的制动压力。

1. 制动踏板模块

制动踏板模块包括踏板感觉模拟器、踏板力传感器或踏板行程传感器以及制动踏板。踏板感觉传感器是 EHB 的重要组成部分，为驾驶人提供与传统制动系统相似的踏板感觉（踏板反力和踏板行程），使其能够按照自己的习惯和经验进行制动操作。踏板传感器用于监测驾驶人的操纵意图，一般采用踏板行程传感器，采用踏板力传感器的较少，也有两者同时应用的，以提供冗余传感器且可用于故障诊断。

2. EHB 控制模块

EHB 控制模块的结构如图 4-10 所示，其主要由 3 部分功能组件组成。

（1）输入通道　输入通道包括踏板行程传感器、轮速传感器、压力传感器、转向盘转

角传感器、横摆角速度传感器、横向加速度传感器信号处理模块等，通过 xPC 系统将传感器信号采集到 ECU，ECU 经分析判断输出控制信号。

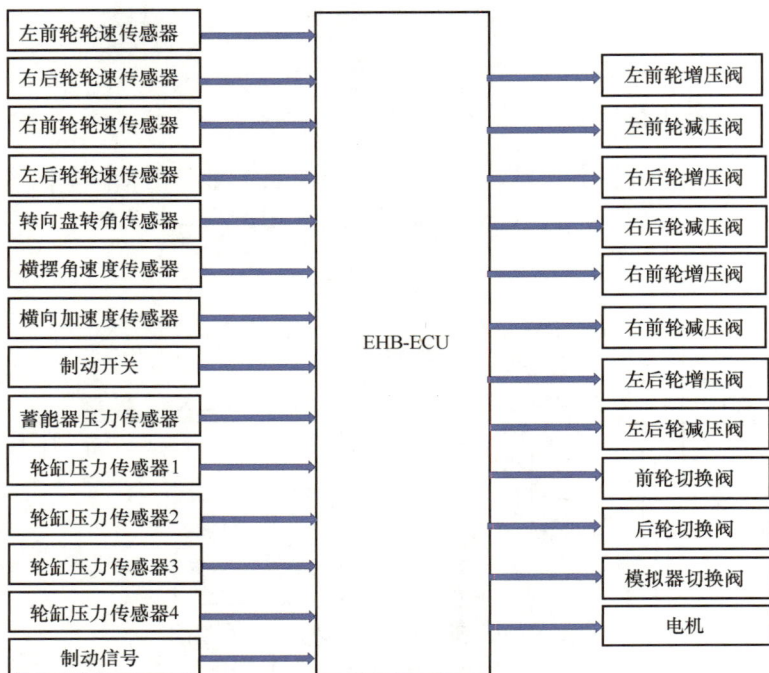

左前轮轮速传感器
右后轮轮速传感器
右前轮轮速传感器
左后轮轮速传感器
转向盘转角传感器
横摆角速度传感器
横向加速度传感器
制动开关
蓄能器压力传感器
轮缸压力传感器1
轮缸压力传感器2
轮缸压力传感器3
轮缸压力传感器4
制动信号

EHB-ECU

左前轮增压阀
左前轮减压阀
右后轮增压阀
右后轮减压阀
右前轮增压阀
右前轮减压阀
左后轮增压阀
左后轮减压阀
前轮切换阀
后轮切换阀
模拟器切换阀
电机

图 4-10　EHB 控制模块的结构

（2）输出通道　输出通道部分包括踏板感觉模拟器上的电磁阀驱动模块、制动钳液压通路上的电磁阀驱动模块、故障容错通路上的电磁阀驱动模块和液压泵电机驱动模块等。

（3）ECU　ECU 是 EHB 的核心部分，其主要功能是完成对传感器信号的采集和处理，对各种数据进行逻辑分析，识别驾驶人制动意图，计算出车轮的参考速度、参考滑移率和车轮的加减速度，并通过相应的控制算法得出结论，做出正确的判断，最后发出控制信号给执行机构，实现 EHB 的制动功能。

图 4-11 所示为某型 EHB 控制模块的端子布置。各端子的定义见表 4-3。

图 4-11　某型 EHB 控制模块的端子布置

表 4-3　某型 EHB 控制模块端子定义

端子	端子定义	线径线长	端子	端子定义	线径线长
1	DC+/ 电源正极	1.5m² 线，1m 长度	13	DC-（信号负极）	—
2	—	—	14	DC-（信号负极）	—
3	VCU_ING	0.3m² 信号线，1m 长度，黄色线	15		
4	5V_SENSOR（+5V）	0.3m² 信号线，1m 长度，红色线	16	DC-/ 电源负极	1.5m² 线，1m 长度
5	CAN-H	0.3m² 信号线，1m 长度，白色线	17	DC+/ 电源正极	1.5m² 线，1m 长度
6	CAN-L	0.3m² 信号线，1m 长度，棕色线	18		
7	—	—	19	ACC1	0.3m² 信号线，1m 长度，蓝色线
8	DC-/ 电源负极	1.5m² 线，1m 长度	20	ACC2	0.3m² 信号线，1m 长度，绿色线
9	DC+/ 电源正极	1.5m² 线，1m 长度	21	ACC3	
10	—	—	22	ACC4	
11	DC-（信号负极）	0.3m² 信号线，1m 长度，黑色线	23		
12	DC-（信号负极）	—	24	DC-/ 电源负极	1.5m² 线，1m 长度

3. 传感器

传感器包括轮速传感器、压力传感器和温度传感器等，用于监测车轮运动状态、轮缸压力的反馈控制以及不同温度范围的修正控制等。

4. VCU

VCU 作为新能源车中央控制单元，是整个控制系统的核心。VCU 采集驱动电机及动力蓄电池状态、加速踏板信号、制动踏板信号及其他执行器传感器控制器信号，根据驾驶人的驾驶意图综合分析并做出相应判定后，监控下层各部件控制器的动作。它负责汽车的正常行驶、制动能量回馈、整车发动机及动力蓄电池的能量管理、网络管理、故障诊断及处理、车辆状态监控等，从而保证整车在较好的动力性、较高经济性及可靠性状态下正常稳定地工作。

八、电子助力器带制动泵总成

1. 电子助力器带制动泵总成的工作原理

如图 4-12 所示，当驾驶人踩制动踏板，输入杆产生位移，踏板行程传感器检测该位移，并将该位移信号发送至控制单元，控制单元计算并驱动电机应产生相应的转矩，转化成伺服制动力，驱动制动主缸移动。自动驾驶或驾驶辅助应用时，系统根据传感器信号，当产生激活条件时，自动计算并驱动电机工作，从而实现自动制动。

电子助力器带制动泵总成

2. 电子助力器带制动泵总成的功能与特点

（1）电控制动助力功能　制动助力是电子助力器带制动泵总成的主要功能。电子助力器带制动泵总成根据驾驶人踩踏板动作增加液压助力或消除液压助力，摆脱制动系统对真空

的依赖。与真空助力系统相比，电子助力器带制动泵总成可通过软件来定义制动性能曲线（图 4-13），满足整车厂差异化的要求，即通过软件调整电动机助力大小，使踏板力和制动主缸压力的对应关系不是一成不变的（制动主缸压力大小代表的是制动距离、制动时间），而且让驾驶人可以选择不同驾驶模式，来得到不同的制动质感。

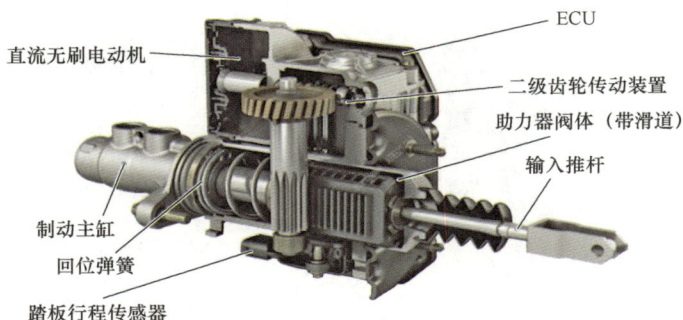

图 4-12 电子助力器带制动泵总成的工作原理图

（2）实现制动能量回收 电子助力器带制动泵总成与新能源汽车电机制动联合实现再生制动，降低能耗，增加续驶里程。新能源汽车的整车电机在制动过程中会产生制动转矩，将在制动过程中产生的动能转化为电能，给蓄电池充电，实现能量回收。博世公司推出的协调再生制动系统（电子助力器带制动泵总成和 ESP hev 产品组合）具有较高的协调能力，可以实现减速值最高达 0.3g 的完全制动能量回收，在电机能力满足制动需求时实现接近 100% 的制动能量回收。当电机能力无法满足制动需求时，进行液压制动补偿，避免减速度波动，保持良好的驾驶感受。协调再生制动系统和传统的再生制动系统相比，能进一步增加新能源汽车的续驶里程，减少混合动力车的燃料消耗和二氧化碳排放，如图 4-14 所示。

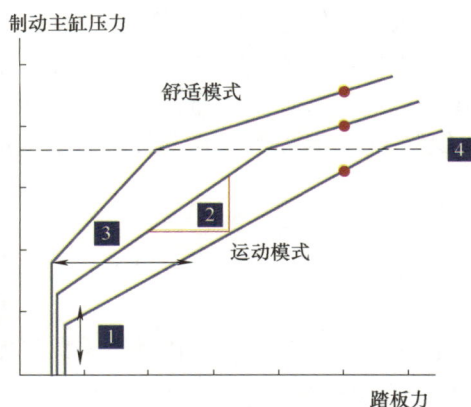

图 4-13 制动性能曲线的调整

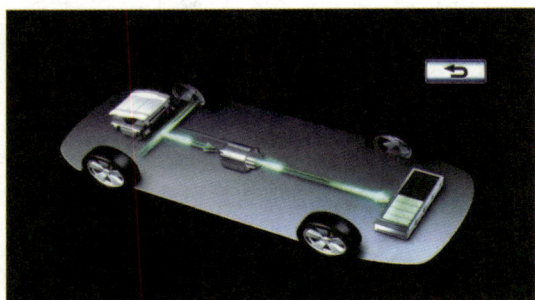

图 4-14 制动能量回收

（3）自动驾驶的关键执行器 电子助力器带制动泵总成可实现主动制动，支持 ADAS 驾驶辅助及自动驾驶，包括 AEB、ACC、EBA、陡坡缓降、坡道起步辅助、全自动泊车等功能。利用电动机，电子助力器带制动泵总成可以在驾驶人不踩制动踏板的情况下，独立主动建压。相比较典型的 ESC，电子助力器带制动泵总成具有高动态建压性能，建压速度更快，可满足高达 25cm³/s 的制动液流量要求。这一优势显著地提高了 AEB 的性能，在紧急情况下，电子助力器带制动泵总成能够以更快的速度自主建压，显著缩短自动紧急制动下的反应时间，并缩短制动距离。

除上述主要功能外，电子助力器带制动泵总成控制单元支持 CAN 总线功能，可与其他车载控制单元互相通信并具备故障自诊断功能。

九、线控制动系统的通信原理

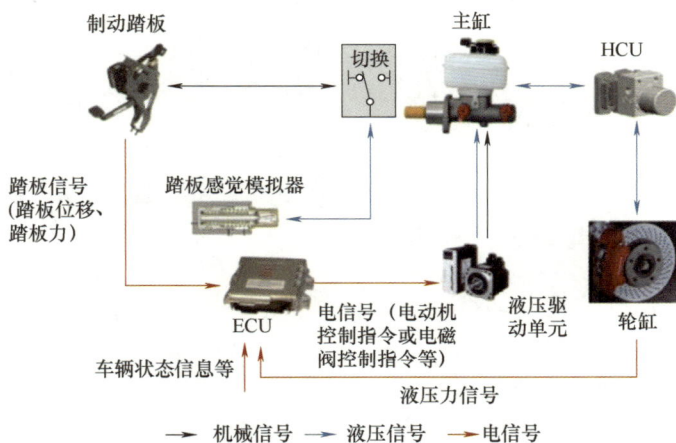

如图 4-15 所示，线控制动系统的通信主要包括 VCU 向 EHB 控制模块发送的制动指令，以及 EHB 控制模块向 VCU 发送的制动行程、制动压力和轮速等相关信息。以某型号线控底盘制动系统电机控制器为例，其通信主要存在于 VCU 与 EHB 控制模块 EBS 之间，通过 CAN 通信，速率为 500kbit/s。报文采用 Motorola 格式，帧格式为标准帧，协议详细说明见表 4-4。举例说明，使用相关设备连接 CAN 总线，应该能采集到协议中所有相应 ID 的报文。如果向 CAN 总线发送一条命令使制动系统动作，可以发送 ID 为 0x364 的报文，通过第一个字节 Byte0 的值可调节制动行程在 0~125mm 范围内。

线控制动系统
通信原理

图 4-15　EHB 控制模块原理图

表 4-4　某型号线控底盘制动系统电机控制器通信协议详细说明

OUT	IN	ID	周期	字节		定义	说明
VCU	EBS	0x364	20ms	Byte0		制动压力泵行程值	压力行程请求，最大行程点为 125，最小行程点为 0，单位为个（当前将行程分成 125 个点）
				Byte1	bit0	制动泵启动信号	0：EBS 未启动　1：EBS 使能
					bit1~bit3	预留	—
					bit4~bit7	EBS 工作模式请求	3：就绪　7：Run
				Byte2		预留	—

（续）

OUT	IN	ID	周期	字节		定义	说明
VCU	EBS	0x364	20ms	Byte3	bit0~bit1	预留	—
					bit2	驾驶模式	0：人工（包括遥控器模式）1：自动
					bit3	预留	—
					bit4~bit5	VCU工作状态信号	0：未初始化 1：可靠的 2：降级 3：故障
					bit6~bit7	钥匙使能信号	0：OFF 1：ACC 2：ON 3：CRANK
				Byte4		预留	—
				Byte5		预留	—
				Byte6		预留	—
				Byte7	bit0~bit3	生命信号	—
					bit4~bit7	预留	—
EBS	VCU/电机控制器	0x289	10ms	Byte0		制动踏板开合度（预留）	制动踏板制动行程有效值范围：0~100（表示0~100%）
				Byte1	bit0~bit1	预留	—
					bit2	制动灯信号	0：无效 1：有效
					bit3	预留	—
					bit4~bit6	工作状态	1：初始化 2：备用 3：就绪 6：Run 7：失效 8：关闭
					bit7	EBS工作状态	0：制动未触发 1：制动触发（控制器制动断电）
				Byte2		制动压力	EBS建立的主缸压力0x00~0xff，精度1bar，物理值范围0~255bar
				Byte3	bit0~bit1	预留	—
					bit2	外部制动请求响应状态	0：踏板 1：CAN
					bit3	预留	—
					bit4	驾驶人干预信号	0：闲置 1：有效
					bit5	仪表警告灯	0：闲置 1：有效
					bit6	制动踏板是否被踩下	0：闲置 1：有效
					bit7	制动踏板是否被踩下有效	0：闲置 1：有效
				Byte4	bit0~bit1	故障等级	00：无故障；01：一级故障（报警措施）；10：二级故障（限制车速20km/h，回去返修）
					bit2~bit7	预留	—

（续）

OUT	IN	ID	周期	字节		定义	说明
EBS	VCU/电机控制器	0x289	10ms	Byte5		预留	—
				Byte6		预留	0x00：无故障；0x01：未接收到制动请求；0x02：制动总泵电动机过电流；0x03：压力传感器错误；0x20：制动总泵电动机故障；0x40：电机驱动器故障；0x50：角度传感器故障；0x60：控制器硬件故障；0x07：控制器欠电压故障
				Byte7	bit0~bit3	生命信号	—
					bit4~bit7	预留	—

十、EHB 的工作原理

EHB 的工作过程主要是对压力供给单元的控制和高速开关阀的控制，产生并存储制动压力，并可分别对 4 个轮胎的制动力矩进行单独调节。EHB 的工作原理如图 4-16 所示。

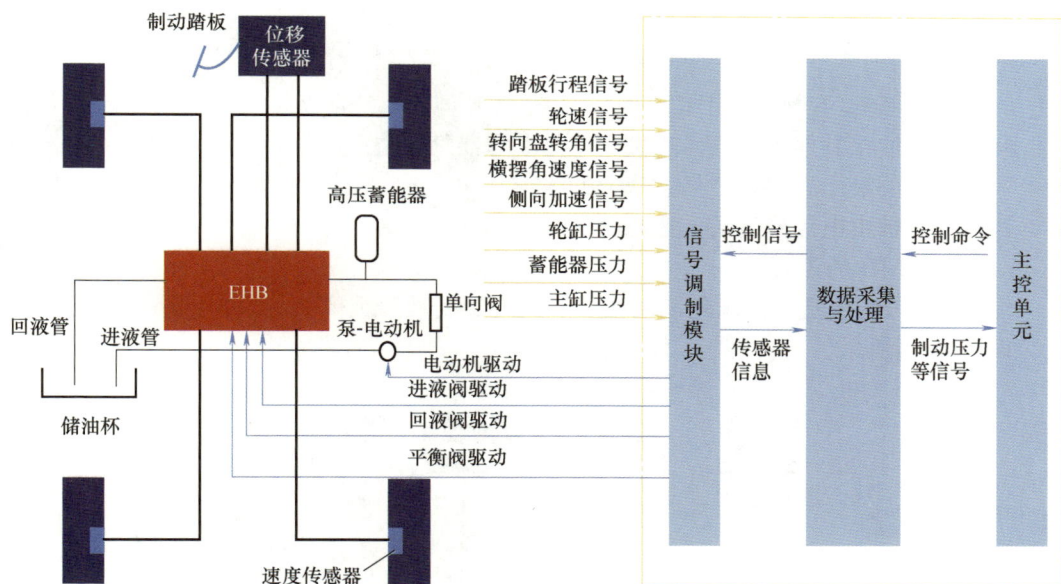

图 4-16　EHB 的工作原理

工作原理：驾驶人踩下制动踏板，数据采集系统将踏板行程传感器、踏板力传感器的信息会同车辆的行驶状态（转向盘转角、轮速、车速、横摆角速度等）信息采集到 HCU 中进行综合分析和判断。当得知系统需要增压时，HCU 输出 PWM 控制信号，对电磁阀进行控制，使进液阀输入流量增大、出液阀输出流量减小，直到达到所需制动压力；当得知系统需要保压控制时，HCU 通过对电磁阀进行控制，使增压阀和减压阀输出的流量保持不变；当得知系统需要减压时，HCU 使进液阀输入流量减小、出液阀输出流量增大，直到达到所需的制动压力；当某几个高速开关阀控制回路失效时，HCU 将切换成应急控制模式，制动踏板力的液压管路与应急制动管路连通，踏板力直接通过液压管理加载在制动器上，实现制动。

博世 iBooster 制动系统：制动系统采用的是 iBooster+ESP 的组合，可以起到双保险的作用，双保险也就是说当 iBooster 失效时，可以由 ESP 接管制动功能。图 4-17 所示为博世 iBooster 制动系统。

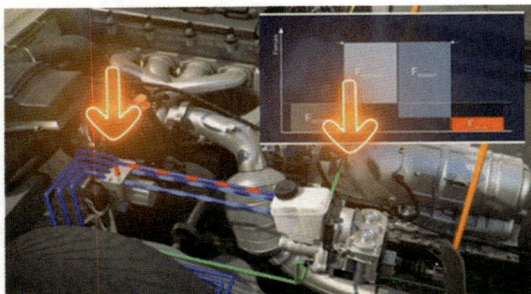

当驾驶人踩下制动踏板，连杆作用使制动推杆产生位移，踏板行程传感器检测到输入推杆位移产生的信号，并将其信号发送至电机控制器，电机控制器计算出电动机应产生的转矩，并将信号发送给电动机，电动机

图 4-17　博世 iBooster 制动系统

接收到信号后，利用传动装置将转矩转化为伺服制动力，再配合驾驶人踩下制动踏板产生的推杆力一起作用，最终在制动主缸内共同转化为制动器轮缸液压力，来实现制动。简单来说，其工作流程可以概括为脚踩踏板→提供位移信号→电动机转动提供助力→最终实现制动，其他品牌的原理也是如此。

十一、EMB

EHB 其实不能算是严格意义上的线控制动系统，它仅是将制动踏板与助力器之间的机械连接替换为电信号连接，但是助力器到轮边制动执行机构之间制动力传递依旧是传统的液压方案。严格意义上的线控制动系统，是指制动踏板到轮边制动执行机构之间全部由电信号连接，这也就是制动系统领域的——EMB。

1. EMB 的组成

汽车 EMB 主要由车轮制动模块、ECU、制动踏板模块、通信网络和电源等部分组成，如图 4-18 所示。

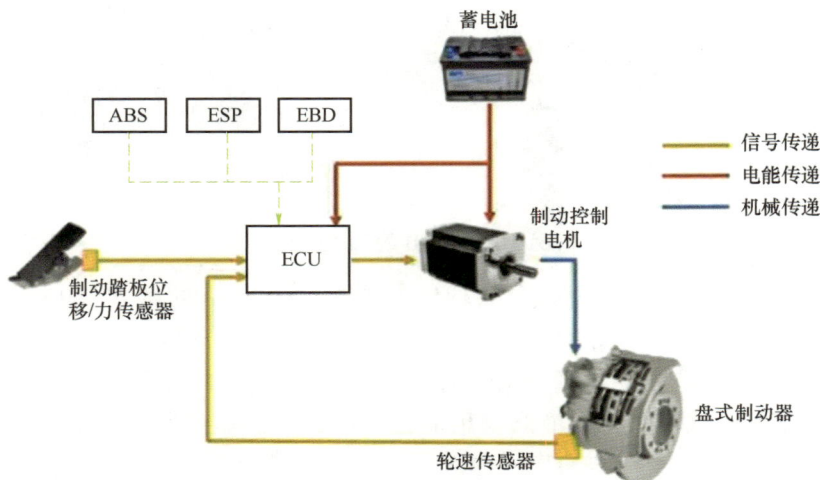

图 4-18　EMB 的基本结构

制动踏板模块：主要包括制动踏板、踏板感觉模拟器、位移 / 力传感器等。

车轮制动模块：主要由制动执行器、制动控制器、机械传动机构、传感器（主要有踏板力传感器、轮速传感器）等组成。

ECU：负责接收信号，判定驾驶人意图，输出制动指令至制动控制器；管理整个制动系统。

通信网络：负责将各类信号送至指定部分。

电源：给整个制动系统提供制动力所需的能量。

2. EMB 的一种典型装车方案

EMB 的一种典型装车方案如图 4-19 所示。其主要包括模拟电子踏板、4 套（两两互为冗余）EMB 机械执行机构、4 个轮速传感器、两个控制单元（ECU，互为冗余）及两套供电系统等，部件之间通过 CAN 总线或其他时间敏感型网络通信。

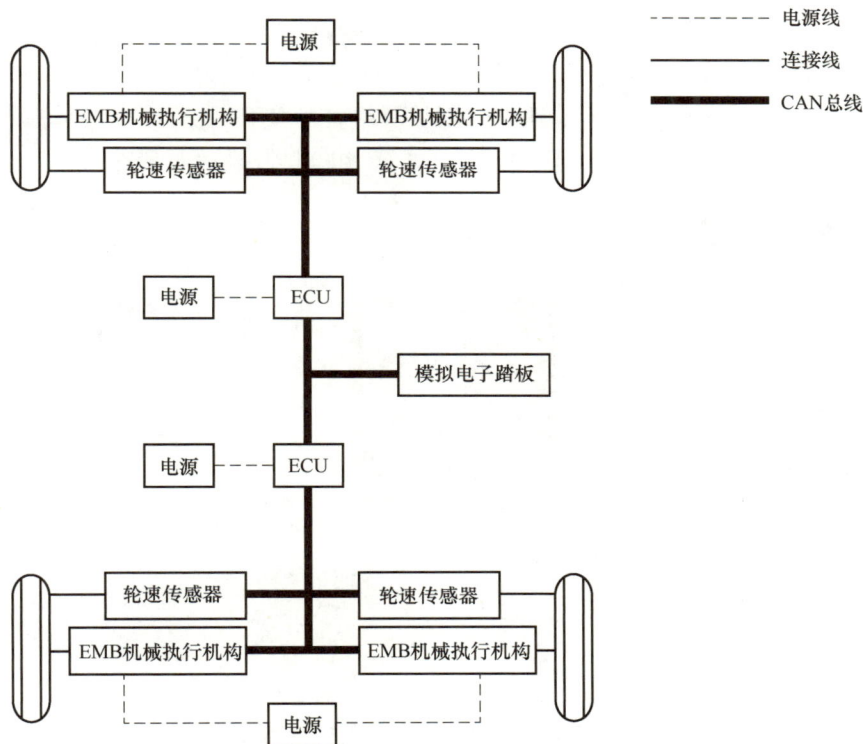

图 4-19　EMB 的一种典型装车方案

模拟电子踏板一方面采集制动踏板被踩下的力信号和位移信号，发送给 ECU；另一方面提供一定的反馈力给驾驶人，以模拟真实的路感。EMB 机械执行机构是整个 EMB 的机械核心部分，每一套机械执行机构都包括自己的动力驱动机构（电机）、减速增力机构（力放大）、运动转换机构（旋转运动转直线运动）、制动钳体、制动垫块等。

ECU 是整个 EMB 的控制核心部分，EMB 的整体性能直接取决于控制单元中算法性能的好坏。在制动过程中，驾驶人踩下模拟电子踏板，ECU 通过分析各路传感器信号，并根据车辆当前行驶状态以及路面状态计算出每个车轮制动时不抱死所需的最佳制动力，再发出相应的控制信号给电机控制器，电动机产生的力矩经过减速增力机构以及运动转换机构后，将最终的制动力矩施加在制动盘上。

在这套方案中，每个车轮处都安装有一套可独立控制的 EMB 机械执行机构。通常，前轮的两个 EMB 机械执行机构和后轮的两个 EMB 机械执行机构各有一套独立的供电系统和控制单元。这样可以保证在一套供电系统或控制单元失效时，另一套供电系统或控制单元仍可完成基本的制动功能，以防止危险事故发生。同时，两个控制单元之间可以通过 CAN 总线网络实现及时相互通信，实现故障诊断功能。

3. EMB 的工作原理

EMB 以电子元件替代液压元件，是一个机电一体化系统。该系统通过 ECU 对制动电动机实施电流大小控制，通过制动器的夹钳从两侧夹紧摩擦盘，实现车轮制动。

图 4-20 所示为 EMB 的工作原理图。当汽车在不同工况下行驶时，如有产生减速需求时，驾驶人会踩下制动踏板，电子制动踏板上的制动踏板传感器检测出踏板加速度、位移以及踏板力的大小等制动信号，ECU 通过车载网络接收制动指令信号，综合当前车辆行驶状态下的其他传感器信号并结合相应的意图识别算法识别出驾驶人的制动意图，计算出每个车轮各自实时所需的最佳制动力。4 个车轮独立的制动模块，接收 ECU 的输出信号控制电动机的转速完成转矩响应，然后控制 EMB 执行器，来产生相应的制动力实现制动。

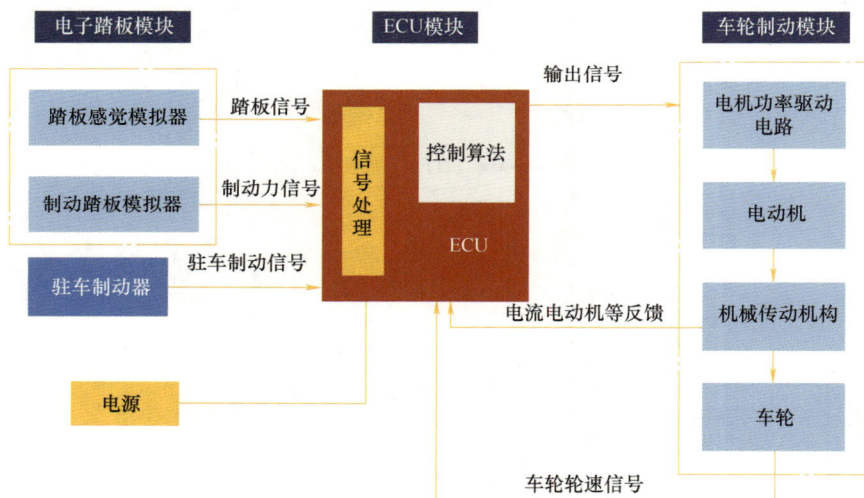

图 4-20　EMB 的工作原理图

十二、混合线控制动系统

1. 混合线控制动系统制动力精确调节控制策略

鉴于 EHB 系统液压管路复杂且难以集成驻车制动，而 EMB 很难满足失效备份的需求，提出了一种前轴采用 EHB，后轴采用 EMB 的混合线控制动系统（Hybrid Brake By Wire System，HBBW），研究了 EHB 的双闭环压力跟随 PI 控制算法和 EMB 的三闭环制动力跟随 PI 控制算法，使其制动力能快速、准确地跟随目标值。在此基础上，提出了混合制动系统的制动力精确调节 PI 控制策略和控制算法，提出将 EHB 和 EMB

混合线控制动系统

的制动系统组合形成一种比较理想的 HBBW，最后基于 dSPACE Autobox 和 CarSim 搭建了 HBBW 的硬件在环（Hardware-in-the-Loop，HiL）试验平台，研究了 EHB 和 EMB 的压力跟随 PI 控制算法，使其制动力能快速、准确地跟随目标制动力，进行了 HiL 测试与算法验证。结果表明，HBBW 可有效地协调工作，实现四轮制动力快速、精确调节，从而提高车辆制动性能。提出的 HBBW 总体布置方案，系统采用前轮 EHB、后轮 EMB 的结构布置。前轮 EHB 模块由 EHB 控制器、车轮制动器、HCU、制动主缸、踏板感觉模拟器和储液罐组成；后轮 EMB 模块每个车轮上有一个，由单独的 EMB 控制器 EMB ECU 和一个 EMB 执行器组成。系统装备有 1 个中央控制器 HBBW ECU 实现压力控制。

2. HBBW 总体布置方案

HBBW 工作流程如下：

1）驾驶人踩下制动踏板，主缸中的制动液进入踏板感觉模拟器形成与传统制动系统相同的踏板感觉。

2）HBBW ECU 采集制动踏板位移传感器和主缸压力等信息识别驾驶人的制动意图，根据前、后轮理想制动力分配曲线给出前、后轮制动力。

3）前轮制动由 EHB 实现，EHB 控制器集成于 HBBW ECU 中，它控制电动泵抽取储液罐中的制动液，向高压蓄能器注入制动液作为高压压力源，通过电磁阀控制制动液流入、流出制动器，实现压力跟随。

4）后轮制动由 EMB 实现，HBBW ECU 通过 CAN 向 EMB ECU 发出制动力控制指令，EMB ECU 作为底层控制器驱动 EMB 执行器，实现后轮制动力控制。

5）在 HBBW ECU 中，还可集成 EBD/ABS/ESP 等控制算法。当系统失效时，启动制动失效备份。后轮 EMB 不再工作，前轮 EHB 恢复电磁阀初始状态，踏板感觉模拟器前端电磁阀和增 / 减压阀关闭，两隔离阀打开，电动机不再工作。驾驶人通过制动踏板经主缸直接作用于前轮轮缸形成制动力，实现制动。

EHB 制动失效备份系统既能充分发挥两种制动系统的优势，又能弥补各自的不足。为提高控制响应速度与精度时，在前轴装 EHB，实现制动失效备份，以满足现行法规要求；另外，由于后轴 EMB 所需的制动力矩相对较小，现有的 12V 车载电源系统满足其功率需求。

🏠 任务实施

为更好地完成底盘线控制动系统的装配任务，需要进行智能网联汽车线控制动系统的基本知识、结构、工作原理和特点等的学习，进行信息收集、整理总结、完成工单。

1）信息收集。到图书馆查阅相关书籍，在网络搜索相关资料，查看教材内容，收集智能网联汽车线控制动系统汽车 EHB 的组成、各部分作用、系统通信原理以及系统工作原理，汽车 EMB 组成、各部分作用、典型装车方案以及系统工作原理，HBBW 制动力分配方案及工作原理。

2）整理总结。将收集到的信息归纳整理，总结智能网联汽车线控制动系统的基本知识、结构、工作原理和特点等。

3）完成任务工单，进行自我反思与评价。

任务二　线控制动系统的拆装

任务导入

　　客户王先生向某智能网联汽车售后服务中心反映，行车过程中制动灯无故亮起。经维修技师张师傅和维修实习技师小赵的检测，客户王先生的智能网联汽车需要更换线控制动系统中的部件才能排除故障。张师傅将任务派发给小赵，让其独立完成。如果你是小赵，你打算如何做呢？

任务描述

　　根据车辆维修手册的操作规范，正确使用维修工具，规范完成线控制动系统部件的更换，正确使用排气工具，规范完成制动系统的排气，培养严谨的工作态度、团队合作意识和岗位职责意识，提升动手实践操作能力。

知识链接

　　制动系统在检修、更换制动液之后，或拆卸制动主缸、制动轮缸和油管重新装配之后，便会有空气渗入制动系统管路，使制动效能明显降低，因此必须将制动系统内部渗入的空气排除干净。

　　制动系统管路有空气进入的判断，第一次踩下制动踏板，软绵无力；连续踩数次，制动踏板逐次升高，升高后踩下不动并感到有弹力，则表明制动系统中有空气，容易发生气阻现象，必须对液压传动装置排气。

任务实施

一、任务准备

　　设备：智能网联汽车教学车、调试台架。

　　工具/仪器：举升机、常用拆装工具套装、螺钉旋具套装、钳子、轮胎拆装工具、安全帽、护目镜、棉线手套、车内三件套、车外三件套等。

二、线控制动系统的拆卸注意事项

　　1）操作举升机前，必须找准车辆举升点，举升时要避开动力蓄电池，同时要防止车辆

举升时打滑滑落。

　　2）操作举升机时，必须先观察车辆周围有无人员，并大声警告举升车辆，注意危险。

　　3）举升车辆时，眼睛要仔细观察车辆是否平稳上升，若出现车身倾斜，要立即停止举升。

　　4）当车辆举升到位时，必须插入保险销锁，确保安全可靠后，才可进行作业。

　　5）当有维修人员在进行作业时，禁止其他维修人员操作该举升机。

　　6）回收制动液时，维修人员需佩戴护目镜，以免制动液进入眼睛。

　　7）回收制动液时，禁止用嘴吸制动液。

三、线控制动系统的拆卸

操作图示	操作步骤
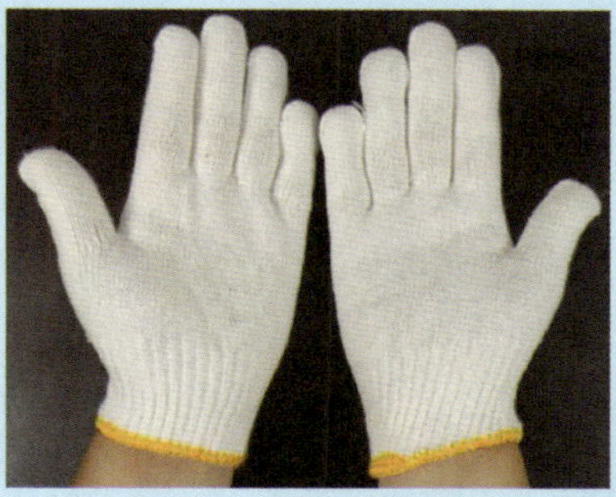	1）个人防护：维修人员佩戴棉线手套
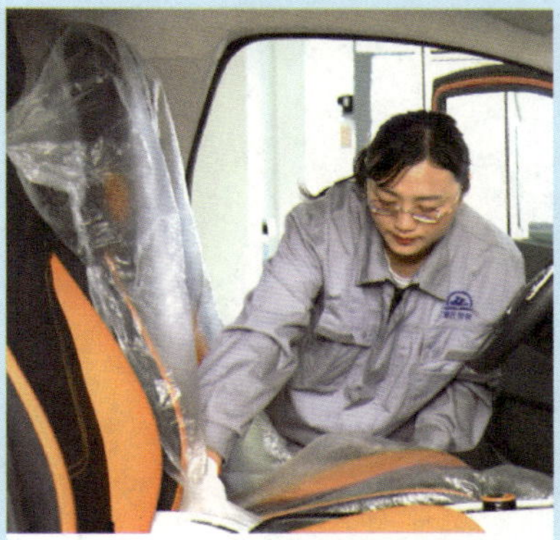 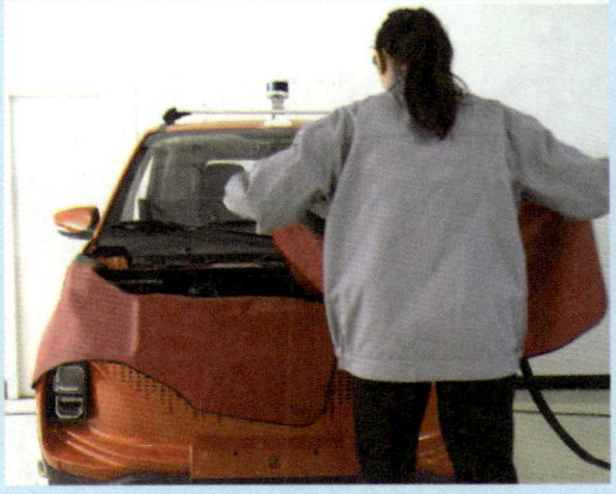	2）设备防护：将车辆停放到举升机工位，铺设车内三件套（座椅套、转向盘套、脚垫）、车外三件套（翼子板布、格栅布）

（续）

操作图示	操作步骤
	3）关闭起动开关，断开辅助蓄电池负极连接 4）参照维修手册，将影响拆卸线控制动系统部件的其他部件拆掉
	5）用扭力扳手拆卸轮胎螺栓，按对角线方向依次拧松 6）操作举升机，将车辆举升到方便拆卸轮胎的合适位置，按对角线方向分多次拆卸轮胎螺栓，取下轮胎
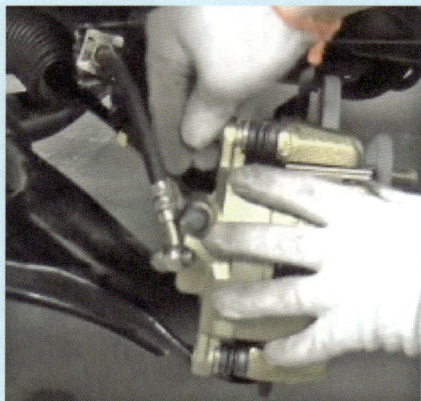	7）拆卸制动分泵油管固定螺栓，取下密封圈，使用制动液更换装置回收制动液

（续）

操作图示	操作步骤
	8）拆卸制动钳及活塞总成固定螺栓，并将总成取下，然后取下制动摩擦片
	9）拆卸制动钳支架固定螺栓，并将制动钳支架取下 其他 3 个制动钳支架、制动摩擦片、制动钳及活塞总成以及制动分泵油管拆卸可参照 7）~9）
	10）断开制动霍尔式传感器插接器，然后断开线控制动器总成的主插接器 11）打开制动液储液罐，使用制动液更换装置将制动液从储液罐中吸出。拆卸制动液储液罐管路

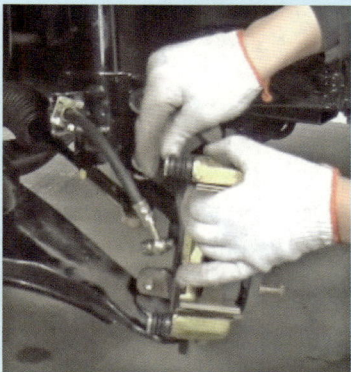

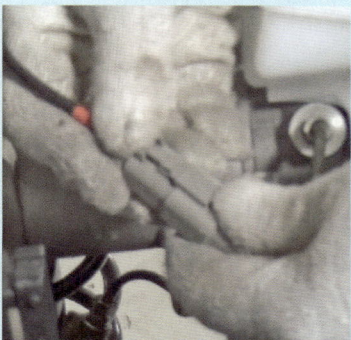

（续）

操作图示	操作步骤
	12）在车内驾驶人侧拆卸制动踏板销轴，在前机舱侧将电动机械式制动助力器从制动踏板上分离出来。此过程需要两名维修人员分别在车内、车外防火墙两侧同时操作
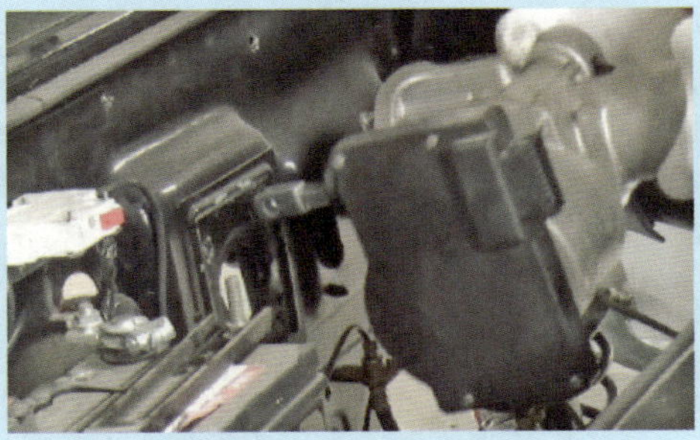	13）1个人将驾驶室内制动踏板总成取下后，另1个人将线控制动器总成从前机舱内取出。线控制动系统整车拆卸完成

四、线控制动系统的安装注意事项

1）在安装制动器时，需要按照一定的安装顺序进行。一般来讲，应该按照车轮的前、后位置依次装配制动器。先安装前轮制动器，然后安装后轮制动器。这种装配顺序可以保证车辆制动的平衡性和稳定性。

2）安装制动器前，应该先清洁制动器和制动鼓／碟片表面（如果是新的制动片，应先打磨再清洁），从而确保它们之间的配合平稳。

3）使用与车辆制动液相同的品牌和型号进行添加。制动液等级越高越好，不同品牌和型号的制动液不能兼容，会对制动器产生不良影响。

4）在添加制动液时，需要检查制动系统的密封性。如果制动系统存在漏气现象，将会使制动器失去制动能力，造成隐患。

5）在添加完制动液后，需要排气制动系统。排气的目的是将制动系统中的空气排出来，从而确保制动系统的稳定性和正常工作。

6）在安装结束后，请务必进行制动测试，检查制动器的制动效果是否正常。

五、线控制动系统的安装

操作图示	操作步骤
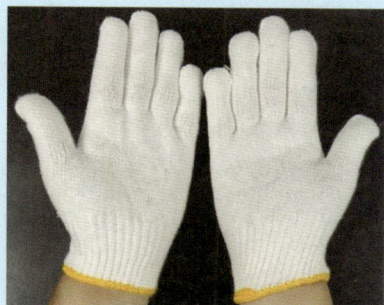	1）个人防护：维修人员佩戴棉线手套
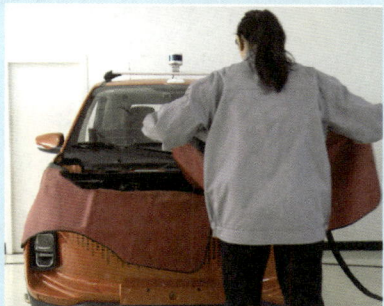	2）设备防护：铺设车内三件套（座椅套、转向盘套、脚垫）、车外三件套（翼子板布、格栅布）
	3）关闭起动开关、断开辅助蓄电池负极连接

（续）

操作图示	操作步骤
	4）1个人在驾驶室内放置制动踏板总成，另1个人在前机舱内放置线控制动器总成
	5）在车内驾驶人侧安装制动踏板销轴，在前机舱侧将电动机械式制动助力器安装到制动踏板上。此过程需要两名维修人员分别在车内、车外防火墙两侧同时操作 6）安装制动液储液罐管路
	7）安装线控制动器总成的主插接器，然后安装制动霍尔式传感器插接器

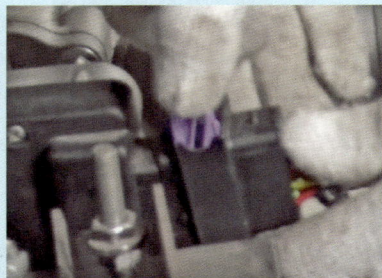

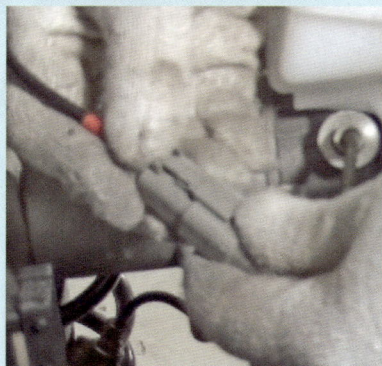

（续）

操作图示	操作步骤
	8）将制动钳支架安放到位，安装制动钳支架固定螺栓
	9）安装好总成，将制动摩擦片安装到位，安装制动钳及活塞总成固定螺栓
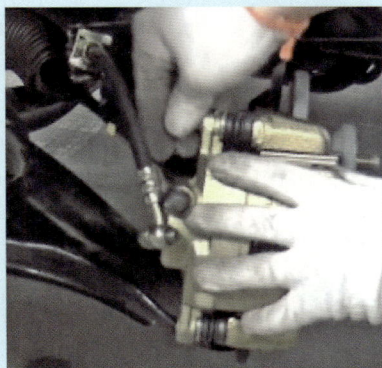	10）放置新密封圈，安装制动分泵油管固定螺栓。其他3个制动钳支架、制动摩擦片、制动钳及活塞总成以及制动分泵油管安装可参照8）~10） 11）操作举升机，将车辆举升到方便安装轮胎的合适位置，按对角线方向分多次拧紧轮胎螺栓，安装好轮胎

（续）

操作图示	操作步骤
	12）用扭力扳手按规定力矩安装轮胎螺栓，按对角线方向依次拧紧
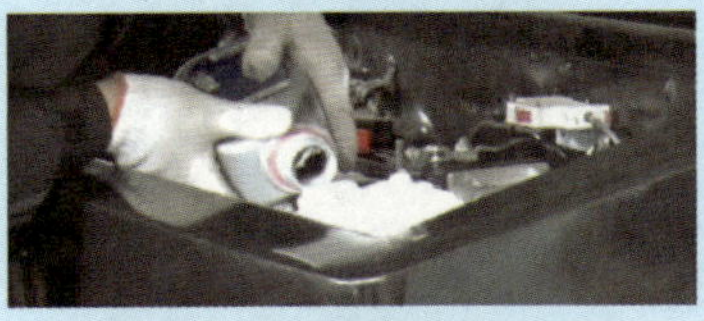	13）打开制动液储液罐，添加制动液到刻度线的最高点
	14）排气要按照由远及近的原则：右后→左后→右前→左前的顺序进行排气 连接制动液收集器管路到排气孔，1名操作人员上车后，连续踩制动踏板 3~5 次，最后一次踩下制动踏板不松开，另 1 名操作人员拧动油管扳手进行排气。连续操作上述过程 3~5 次，直至排除的制动液为纯液体，没有空气，取下排气管路
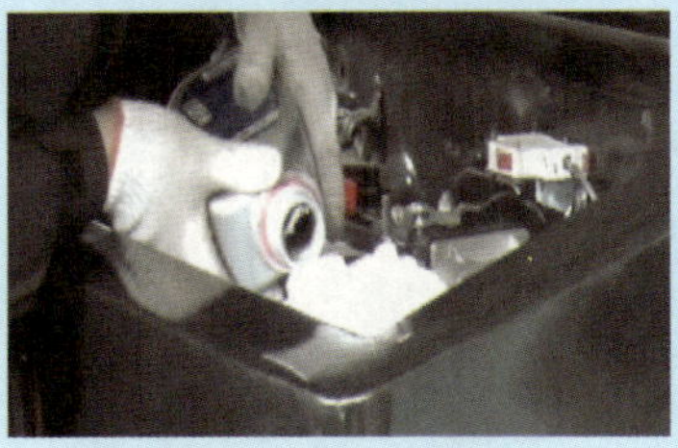	15）查看制动液储液罐中制动液的高度，打开加液口盖，再次添加制动液到刻度线的最高点，拧紧

任务三　线控制动系统的调试

任务导入

　　某汽车公司生产一款线控底盘系统，采用 EHB。你作为线控制动系统装调技术人员，需要首先了解该型 EHB 的组成与技术特点等基础知识，以便准确、规范地完成该型 EHB 的安装调试工作。那么你要如何完成这些工作呢？

任务描述

正确设置制动使能、制动压力行程点，将调试数据解析成 CAN 报文；熟练使用智能网联汽车调试台架，完成计算平台向 VCU 发送报文、VCU 向 EHB-ECU 发送报文，完成线控制动系统的调试；解析 VCU 向计算平台反馈的报文、EHB-ECU 向 VCU 制动反馈的报文；树立严谨的工作态度、团队合作意识和岗位职责意识；提升动手实践操作能力。

知识链接

在进行线控制动系统调试之前必须掌握线控制动系统的通信原理。

线控制动系统的通信主要存在于计算平台与 VCU 之间，以及 VCU 与 EHB-ECU 之间。车辆自动驾驶模式时，计算平台与 VCU 之间实时通信，计算平台向 VCU 发出转向、制动、驱动相关指令，VCU 接收指令后经过运算处理将信号下发执行单元 ECU，执行单元 ECU 控制执行器进行动作。VCU 与 EHB-ECU 的通信主要包含两个方向，一个方向是 VCU 向 EHB-ECU 发送的制动指令，另一个方向是 EHB-ECU 向 VCU 发送的制动踏板开合、制动灯信号、EHB 工作状态、制动断电、故障等反馈信息。

线控制动系统的标定

一、计算平台向 VCU 发送 CAN 报文协议

计算平台向 VCU 发送 CAN 报文协议见表 4-5，通道为 CAN2，报文 ID 为 0x110，通信波特率为 500kbit/s，报文周期为 100（单位为 ms），发送次数为 20，报文长度为 8 字节。

1）Byte0 用来设置信号。其中，bit0 设置示廓灯的开关，当 bit0=0 时，轮廓灯关闭，当 bit0=1 时，示廓灯打开；bit1 设置近光灯的开关，当 bit1=0 时，近光灯关闭，当 bit1=1 时，近光灯打开；bit2 设置远光灯的开关，当 bit2=0 时，远光灯关闭，当 bit2=1 时，远光灯打开；bit3 设置喇叭的开关，当 bit3=0 时，喇叭关闭，当 bit3=1 时，喇叭打开；bit4 为预留，默认为 0；bit5 为使能信号，当 bit5=0 时，未使能，当 bit5=1 时，使能；bit6~bit7 设置档位，当 bit6~bit7=00 时为 P 位，当 bit6~bit7=01 时为 R 位，当 bit6~bit7=02 时为 N 位，当 bit6~bit7=03 时为 D 位。

2）Byte1~Byte2 用来设置目标车速。Byte1~Byte2 的有效范围：0~2200（表示 0~220km/h），最小计量单位：0.1km/h；"0xFF，0xFE"表示异常；"0xFF，0xFF"表示无效。

3）Byte3 为预留字节，默认的十六进制值都为 0x00。

4）Byte4~Byte5 用来设置转向角度。角度旋转到当前数值对应的角度（–540°~540°），0° 为对应中点位置。例如，CCW=80° → Byte4~Byte5=0x0050；CW=80° → Byte4~Byte5=0xFFB0（65536-80）。

5）Byte6 用来设置制动。其中，bit0 用来设置制动使能，当 bit0=0 时，不使能制动，当 bit0=1 时，使能制动；bit1~bit7 用来设置制动压力请求，最大行程点为 125，最小行程点为 0。单位为个（将当前行程分成 125 个点）。

6）Byte7 为预留字节，默认的十六进制值都为 0x00。

表 4-5　计算平台向 VCU 发送 CAN 报文协议

字节		定义	说明
Byte0	bit0	示廓灯	0：关闭　1：打开
	bit1	近光灯	0：关闭　1：打开
	bit2	远光灯	0：关闭　1：打开
	bit3	喇叭	0：关闭　1：打开
	bit4	预留	—
	bit5	使能信号	0：未使能　1：使能
	bit6	档位	0x00：P 位　0x01：R 位
	bit7		0x02：N 位　0x03：D 位
Byte1		目标车速	有效范围：0~2200（表示 0~220km/h），最小计量单元：0.1km/h；"0xFF，0xFE"表示异常；"0xFF，0xFF"表示无效
Byte2			
Byte3		预留	—
Byte4		转向角度	角度旋转到当前数值对应的角度（−540°~540°），0° 为对应中点位置 CCW=80°→ Byte4~ Byte5=0x0050 CW=80°→ Byte4~ Byte5=0xFFB0（65536-80）
Byte5			
Byte6	bit0	制动使能	0：不使能制动　1：使能制动
	bit1~bit7	制动压力请求	压力行程请求：最大行程点为 125，最小行程点为 0。单位为个（将当前行程分成 125 个点）
Byte7		预留	—

二、VCU 向计算平台反馈的制动 CAN 报文协议

VCU 向计算平台反馈的制动 CAN 报文协议见表 4-6，通道为 CAN2，报文 ID 为 0x103，通信波特率为 500kbit/s，报文周期为 100（单位为 ms），发送次数为 20，报文长度为 8 字节。

1）Byte0~Byte1 用来反馈制动压力，先进行高低字节转换，再转换为十进制数据，最后乘以精度，求得制动压力，单位为 MPa。

2）Byte2~Byte3 为预留字节，默认 Byte2~Byte3=0x0000。

3）Byte4~Byte5 为预留字节，默认 Byte4~Byte5=0x0000。

4）Byte6 用来反馈动力蓄电池 SOC，将数据转化为十进制数，再加百分号。

5）Byte7 为预留字节，默认 Byte7=0x00。

表 4-6　VCU 向计算平台反馈的制动 CAN 报文协议

字节	解析
Byte0	Byte0~Byte1 用来反馈制动压力，先进行高低字节转换，再转换为十进制数据，最后乘以精度，求
Byte1	得制动压力，单位为 MPa

（续）

字节	解析
Byte2	Byte2~Byte3 为预留字节，默认 Byte2~Byte3=0x0000
Byte3	
Byte4	Byte4~Byte5 为预留字节，默认 Byte4~Byte5=0x0000
Byte5	
Byte6	Byte6 用来反馈动力蓄电池 SOC，将数据转化为十进制数，再加百分号
Byte7	Byte7 为预留字节，默认 Byte7=0x00

三、VCU 向 EHB-ECU 发送 CAN 报文协议

VCU 向 EHB-ECU 发送 CAN 报文的协议见表 4-7，报文 ID 为 0x364，通信波特率为 500kbit/s，报文周期为 200ms，报文长度为 8 字节。

1）Byte0 用来设置外部制动压力请求。压力行程请求，将行程分成 125 个点，最大行程点为 125，最小行程点为 0。

2）Byte1 用来设置制动指令信号。其中，bit0 设置制动使能，当 bit0=0 时，EHB-ECU 不工作，当 bit0=1 时，EHB-ECU 使能信号；bit1~bit3 为预留，默认为 0；bit4~bit7 可设置 EHB 工作模式请求，当 bit4~bit7=3 时，EHB 进入准备就绪模式，当 bit4~bit7=7 时，EHB 进入 Run（运行）模式。

3）Byte2 为预留字节，默认的十六进制值都为 0x00。

4）Byet3 设置制动模式和 VCU 工作状态信号，bit0~bit1 为预留，默认为 0；bit2 设置驾驶模式，当 bit2=0 时，驾驶模式为人工驾驶（包括遥控器模式），当 bit2=1 时，驾驶模式为自动驾驶；bit3 为预留，默认为 0；bit4~bit5 设置 VCU 工作状态信号，当 bit4~bit5=0 时，VCU-ECU 控制模块处于未初始化状态，当 bit4~bit5=1 时，VCU-ECU 控制模块处于工作可靠状态，当 bit4~bit5=2 时，VCU-ECU 控制模块处于降级功能受限状态，当 bit4~bit5=3 时，VCU-ECU 控制模块有故障；bit6~bit7 设置钥匙使能信号，当 bit6~bit7=0 时，钥匙使能信号为 OFF；当 bit6~bit7=1 时，钥匙使能信号为 ACC，当 bit6~bit7=2 时，钥匙使能信号为 ON，当 bi6~bit7=3 时，钥匙使能信号为 STA（起动）。

5）Byte4、Byte5、Byte6 均为预留字节，默认的十六进制值都为 0x00。

6）Byte7 用来设置 VCU 的生命信号。其中，bit0~bit3 可设置生命信号，其他 4 位为预留位，默认为 0。

表 4-7　VCU 向 EHB-ECU 发送 CAN 报文的协议

字节		定义	说明
Byte0		外部制动压力请求	压力行程请求，最大行程点为 125，最小行程点为 0，单位为个（当前将行程分成 125 个点）
Byte1	bit0	制动使能	0：EHB-ECU 未启动　1：EHB-ECU 使能
	bit1~bit3	预留	—
	bit4~bit7	EHB 工作模式请求	3：就绪　7：Run

（续）

字节		定义	说明
Byte2		预留	—
Byte3	bit0~bit1	预留	—
	bit2	驾驶模式	0：人工（包括遥控器模式） 1：自动
	bit3	预留	—
	bit4~bit5	VCU 工作状态信号	0：未初始化 1：可靠的 2：降级（保留） 3：故障
	bit6~bit7	钥匙使能信号	0：OFF 1：ACC 2：ON 3：STA
Byte4		预留	—
Byte5		预留	—
Byte6		预留	—
Byte7	bit0~bit3	生命信号	—
	bit4~bit7	预留	—

四、EHB-ECU 向 VCU 发送 CAN 报文协议

EHB-ECU 向 VCU 发送 CAN 报文的协议见表 4-8，报文 ID 为 0x289，通信波特率为 500kbit/s，报文周期为 100ms，报文长度为 8 字节。

表 4-8 EHB-ECU 向 VCU 发送 CAN 报文的协议

字节		定义	说明
Byte0		制动踏板开合度	制动踏板制动行程有效值范围：0~100（表示 0~100%）
Byte1	bit0~bit1	预留	—
	bit2	制动灯信号	0：无效 1：有效
	bit3	预留	—
	bit4~bit6	工作状态	1：初始化 2：备用 3：就绪 6：Run 7：失效 8：关闭
	bit7	预留	—
Byte2		预留	—
Byte3	bit0~bit1	预留	—
	bit2	外部制动请求响应状态	0：踏板 1：CAN
	bit3~bit4	预留	—
	bit5	仪表警告灯	0：闲置 1：有效
	bit6	制动踏板是否被踩下	0：闲置 1：踩下
	bit7	制动踏板被踩下的有效性	0：闲置 1：有效
Byte4		故障码 1	
Byte5		故障码 2	

（续）

字节		定义	说明
Byte6		预留	—
Byte7	bit0~bit3	生命信号	—
	bit4~bit7	预留	—

1）Byte0 反馈制动踏板的开合度，制动踏板制动行程有效值范围为 0~100，表示 0~100%。

2）Byte1 反馈制动灯信号和工作状态等。其中，bit0~bit1 为预留，默认为 0；bit2 可反馈制动灯信号，当 bit2=0 时，制动灯信号无效，当 bit2=1 时，制动灯信号有效；bit3 为预留位，默认为 0；bit4~bit6 可反馈 EHB-ECU 的工作状态，当 bit4~bit6=1 时，EHB-ECU 的工作状态为初始化，当 bit4~bit6=2 时，EHB-ECU 的工作状态为备用，当 bit4~bit6=3 时，EHB-ECU 的工作状态为就绪，当 bit4~bit6=6 时，EHB-ECU 的工作状态为 Run（起用），当 bit4~bit6=7 时，EHB-ECU 的工作状态为失效，当 bit4~bit6=8 时，EHB-ECU 的工作状态为关闭；bit7 为预留，默认为 0。

3）Byte2 为预留字节，默认 Byte2=0x00。

4）Byte3 用来反馈外部制动请求响应状态和制动踏板状态。其中，bit0~bit1 为预留，默认为 0；bit2 可反馈外部制动请求响应状态，当 bit2=0 时，外部制动请求信号为踏板，当 bit2=1 时，外部制动请求信号为 CAN 总线；bit3~bit4 为预留，默认为 0；bit5 可反馈仪表警告灯，当 bit5=0 时，仪表警告灯闲置，当 bit5=1 时，仪表警告灯有效；bit6 可反馈制动踏板是否被踩下，当 bit6=0 时，制动踏板闲置，当 bit6=1 时，制动踏板被踩下；bit7 可反馈制动踏板被踩下的有效性，当 bit7=0 时，制动踏板闲置，当 bit7=1 时，制动踏板被踩下有效。

5）Byte4 用来反馈故障码 1。各故障码对应的具体故障见表 4-9。

表 4-9　各故障码对应的具体故障 1

代码	故障	代码	故障	代码	故障
0x00	无故障	0x01	欠电压	0x02	过载
0x04	过电压	0x08	U 相故障	0x10	V 相故障
0x20	W 相故障	0x40	过电流	0x80	堵转保护

6）Byte5 用来反馈故障码 2。各故障码对应的具体故障见表 4-10。

表 4-10　各故障码对应的具体故障 2

代码	故障	代码	故障	代码	故障
0x00	无故障	0x01	欠电压	0x02	通信超时故障
0x04	自学习故障	0x08	12V 电源故障	0x10	自检故障
0x20	保留	0x40	保留	0x80	点火信号故障

7）Byte6 为预留字节，默认 Byte6=0x00。

8）Byte7 用来反馈生命信号。其中，bit0~bit3 可反馈生命信号，bit4~bit7 为预留位，默认为 0。

🏠 任务实施

一、任务准备

设备：智能网联汽车教学车、线控底盘调试台架。

工具 / 仪器：千斤顶、棉线手套、车内三件套、车外三件套等。

二、线控制动系统的调试注意事项

1）在调试线控制动系统之前，必须确保所用到的控制器和传感器均能正常工作无故障。

2）在调试线控制动系统之前，需要用千斤顶支起车辆后端让后轮处于悬空状态，否则轮子停下将无法测试制动命令。

3）计算 CAN 报文前，需要确定系统采用的是 Intel 还是 Motorola 编码格式。采用不同的编码格式，得到的 CAN 报文不同。

4）打开智能网联汽车底盘调试台架软件，设置好参数后单击"发送"。若显示发送成功，说明所设置的波特率和帧类型等通信参数是正确的。若显示发送失败，则说明通信失败，需要从多方面考虑影响通信的因素。

5）在发送制动指令前，需让车轮处于旋转状态。否则，无法判定系统是否按指令执行制动动作。

6）在智能网联汽车底盘调试台架软件中，若使用 CAN1 进行调试，则需要将车内的模式开关选择为人工驾驶模式；若使用 CAN2 进行调试，则需要将车内的模式开关选择为智能驾驶模式。

三、线控制动系统的调试

1. 计算平台向 VCU 发送 CAN 报文计算（表 4-11）

（1）参数设置　计算平台向 VCU 发送 CAN 报文，选择 CAN2 通道，通信波特率为 500kbit/s，帧类型选择默认接收所有类型，发送周期为 100（单位为 ms），发送次数为 20，帧 ID 为 0x110。

（2）线控系统测试　设置档位为 P 位，制动使能，请求制动行程点为 100。

表 4-11　计算平台向 VCU 发送 CAN 报文计算

字节	计算	数据
Byte0	Byte0 用来设置车身灯光喇叭状态、使能信号和档位，根据设置要求，车身灯光喇叭状态无须设置，默认为关闭，则 bit0~bit4=00000。bit5 是计算平台向 VCU 发出的使能信号，计算平台在向 VCU 发送指令时，应使 VCU 处于使能状态，则 bit5=1。bit6~bit7 用来设置档位，设置档位需求为 P 位，则 bit6~bit7=0x00，转换成二进制 bit6~bit7=00。通过以上可知，bit0~bit7=00100000，最后转换成十六进制为 Byte0=0x20	0x20

（续）

字节	计算	数据
Byte1	Byte1~Byte2 用来设置目标车速，与设置需求无关，默认 Byte1~Byte2=0x0000	0x0000
Byte2		
Byte3	Byte3 为预留字节，默认 Byte3=0x00	0x00
Byte4	Byte4~Byte5 用来设置转向角度，与设置需求无关，默认 Byte4~Byte5=0x0000	0x0000
Byte5		
Byte6	Byte6 用来设置制动使能和制动行程。bit0 用来设置制动使能，在制动时制动使能应处于使能状态，即 bit0= 1；bit1~bit7 用来设置制动行程，制动行程需求为 100，数值 100 换算成的二进制为 1100100，则 bit1~bit7=1100100 综上可知，bit0~bit7=11001001，二进制 11001001 换算成十六进制为 C9，则 Byte6=0xC9	0xC9
Byte7	Byte7 为预留字节，默认 Byte7=0x00	0x00
报文 ID：0x110	数据：20 00 00 00 00 00 C9 00	

2. VCU 向计算平台反馈的制动 CAN 报文解析

在调试软件上反馈回来的报文见表 4-12。

表 4-12 在调试软件上反馈回来的报文

CAN 口	传输方向	时间标志	帧 ID	帧格式	帧类型	数据长度	数据
CAN2	接收	11：02：03	0x103	数据帧	标准帧	8	64 00 00 00 00 00 60 00

解析报文并分析线控制动系统的状态，见表 4-13。

表 4-13 解析报文并分析线控制动系统的状态

字节	解析	数据
Byte0	Byte0~Byte1 用来反馈制动压力，0x6400 先进行高低字节转换为 0x0064，再转换成十进制为 100，则制动压力 =100×0.05=5MPa	0x6400
Byte1		
Byte2	预留字节，默认 Byte2~Byte3=0x0000	0x0000
Byte3		
Byte4	预留字节，默认 Byte4~Byte5=0x0000	0x0000
Byte5		
Byte6	Byte6 用来反馈动力蓄电池 SOC，0x60 转换成十进制为 96，则 SOC=98%	0x60
Byte7	预留字节，默认 Byte7 =0x00	0x00

通过表 4-13 中的解析，可得知线控制动系统状态：制动压力为 5MPa、SOC 值为 96%。

3. VCU 向 EHB-ECU 发送 CAN 报文计算（表 4-14）

（1）参数设置　车内的模式开关选择为人工驾驶模式，VCU 向 EHB-ECU 发送 CAN 报文时，要选择 CAN1 发送报文，波特率选择默认的 500kbit/s，帧类型选择默认的接收所有类型，发送周期填 200（单位为 ms），发送次数填 20，帧 ID 选择 0x364。

（2）线控系统测试 设置档位为 P 位，制动使能，请求制动行程点为 100。

表 4-14 VCU 向 EHB-ECU 发送 CAN 报文计算

字节	计算	数据
Byte0	Byte0 用来设置外部制动压力请求：将十进制数值 100，换算成十六进制数为 64	0x64
Byte1	Byte1 用来设置制动使能和 EHB 工作模式请求：如使制动正常工作，需先制动使能，则 bit0=1；EHB 工作模式请求设置为 Run，则 bit4~bit7=7，转换成二进制 bit4~bit7=0111；其余位为预留位，默认为 0，则 Byte1 等于 11100001，换算成十六进制为 0xE1	0xE1
Byte2	Byte2 为预留字节，默认 Byte2=0x00	0x00
Byte3	Byte3 用来设置驾驶模式、VCU 工作状态信号、钥匙使能信号：驾驶模式为自动，则 bit2=1；VCU 工作状态信号为可靠，则 bit4~bit5=1，转换成二进制 bit4~bit5= 01；钥匙使能信号为 CRANK（启动），则 bit6~bit7=3，转换成二进制 bit6~bit7=11；其余位为预留位，默认为 0，则 Byte3 等于 11100100，换算成十六进制为 0xE4	0xE4
Byte4	Byte4 为预留字节，默认 Byte4=0x00	0x00
Byte5	Byte5 为预留字节，默认 Byte5=0x00	0x00
Byte6	Byte6 为预留字节，默认 Byte6=0x00	0x00
Byte7	生命信号从 0x00 开始发送	0x00
报文 ID：0x364	数据：64 E1 00 E4 00 00 00 00	

4. EHB-ECU 向 VCU 反馈的 CAN 报文解析

EHB-ECU 向 VCU 反馈的 CAN 报文计算在调试软件上反馈回来的报文见表 4-15。

表 4-15 EHB-ECU 向 VCU 反馈的 CAN 报文计算在调试软件上反馈回来的报文

CAN 口	传输方向	时间标志	帧 ID	帧格式	帧类型	数据长度	数据
CAN1	接收	11：22：30	0x289	数据帧	标准帧	8	50 64 00 04 00 00 00 00

解析报文并分析线控制动系统的状态，见表 4-16。

表 4-16 解析报文并分析线控制动系统的状态

字节	解析	数据
Byte0	Byte0 用来反馈制动踏板开合度，0x50 转换成十进制数为 80，代表制动踏板制动开合度为 80%	0x50
Byte1	Byte1 用来反馈制动灯信号、EHB-ECU 工作状态等，0x64 转换成二进制数为 01100100，解析其所代表的含义：bit0~bit1=00，为预留位；bit2=1，代表制动灯信号有效；bit3=0，为预留位；bit4~bit6=110，转换成十进制为 6，代表 EHB-ECU 工作状态为 Run（运行）；bit7=0，为预留位	0x64
Byte2	预留字节	0x00
Byte3	Byte3 用来反馈外部制动请求响应状态、仪表警告灯状态、制动踏板是否被踩下、制动踏板被踩下是否有效，将 0x04 转换成二进制数为 00000100，解析其所代表的含义：bit0~bit1=00，为预留位；bit2=1，代表外部制动请求响应状态为 CAN 信号；bit3~bit4=00，为预留位；bit5=0，代表仪表警告灯闲置；bit6=0，bit7=0，代表制动踏板闲置	0x04

（续）

字节	解析	数据
Byte4	Byte4 用来反馈故障码 1，代码 0x00 表示无故障	0x00
Byte5	Byte5 用来反馈故障码 2，代码 0x00 表示无故障	0x00
Byte6	预留字节	0x00
Byte7	生命信号从 0x00 开始发送	0x00

　　通过表 4-16 中报文解析，可得知制动系统状态为通过 CAN 信号进行制动请求，仪表警告灯闲置，制动踏板闲置，制动踏板制动行程为 80%，制动灯信号有效，ECU 处于运行状态，无任何故障，节点 EHB-ECU 发送的 CAN 报文是可靠的，且生命信号从 0x00 开始发送。

任务四　线控制动系统故障检修

🏠 任务导入

　　客户王先生向某智能网联汽车售后服务中心反映，早上起动汽车后踩制动踏板挂档时，制动太硬，不能完全踩下去，并且不能挂档导致无法行驶。经维修技师张师傅的检测，发现是线控制动系统电路故障引起的。张师傅将任务派发给小赵，让其独立完成任务。如果你是小赵，你打算如何做呢？

🏠 任务描述

　　根据车辆维修手册的操作规范，正确选用、使用故障检测与诊断仪器设备，规范地完成线控制动系统部件的故障检测与诊断；根据检测诊断结果，正确选用和使用维修工具，规范地完成线控制动系统部件的更换与维修；培养严谨的工作态度、团队合作意识和岗位职责意识，提升动手实践操作能力。

🏠 知识链接

　　汽车电路图在汽车制造、维修和使用过程中发挥着重要的作用。它可以帮助制造商设计和生产汽车电气系统，帮助维修技师诊断和修复故障，帮助车主了解和使用汽车电气设备。对于汽车制造商、维修技师和车主来说，掌握和理解汽车电路图是非常重要的。下面来学习一下线控制动系统（EHB）电路图。

　　如图 4-21 所示，线控制动系统（EHB）电路图上方有 4 条正电线，包含动力系统所用高压电线 +60V、低压系统常电线 +12V、ACC 档位电线 +12V、ON 档位

线控制动系统
电路图分析

电线 +12V；电路图的下方有两条 CAN 总线和两条负电线。其中，CAN 总线分为 CAN-H、CAN-L 线；负电线分为动力系统所用高压电线 –60V、低压系统电线 –12V。

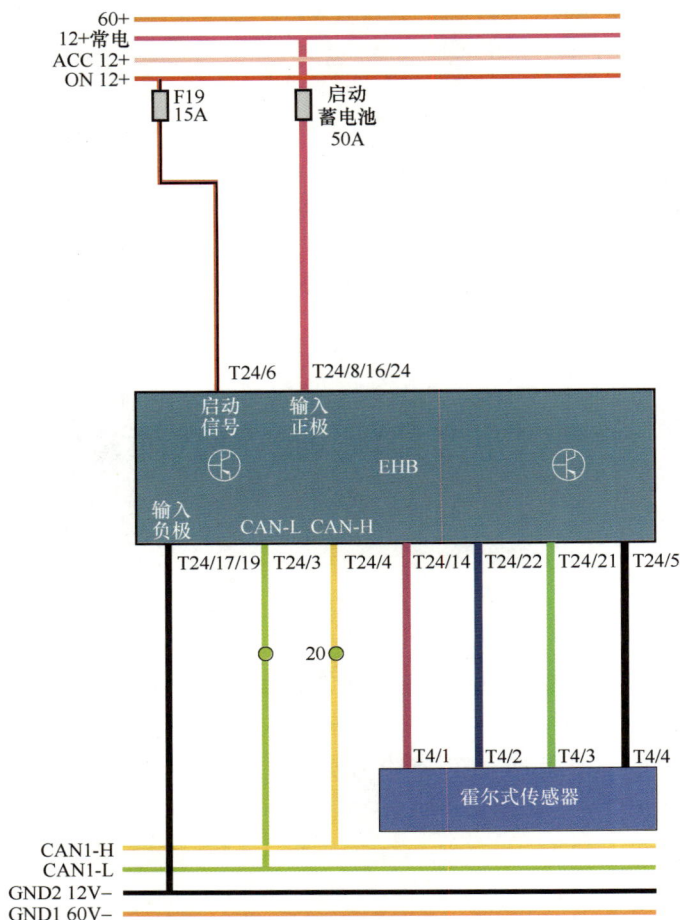

图 4-21 线控制动系统（EHB）电路图

下面分析 EHB-ECU 插接器的连线。EHB-ECU 的插接器上标有 T24/8，表示 EHB-ECU 插接器上共有 24 个端子，当前所用的是 8 号端子。

由此，EHB-ECU 插接器上共有 3 根低压正电线，分别连接 T24/8、T24/16、T24/24。

EHB-ECU 插接器上共有两根低压负电线，分别连接 T24/17、T24/19。多条正、负电线是为了保证供电可靠而进行的冗余设计。

EHB-ECU 插接器上还有一根启动信号线，当点火开关处于 ON 档，+12V 电压经过 15A 的熔丝 F19 到端子 T24/6 时，EHB-ECU 才能正常工作。若点火开关处于 OFF 档，则 EHB-ECU 不工作。

EHB-ECU 插接器上共有两根 CAN 总线，CAN-H 线连接 T24/8，CAN-L 线连接 T24/16，用于和 VCU、电机控制器等进行信息传递。EHB-ECU 与霍尔式传感器有 4 根连线，其中，T24/14 与传感器的 T4/1 连接，该线为传感器提供搭铁；T24/22 与传感器的 T4/2 连接，T24/21 与传感器的 T4/3 连接，这两条线为传感器给 EHB-ECU 提供的信号线，主要包含制动行程、方向和速度信号；T24/5 与传感器的 T4/4 连接，该线为传感器提供 +5V 的电源。

　　EHB-ECU 插接器端子号按照蛇形排列，如图 4-22 所示，每行 8 个端子。故障诊断时需要先找到端子 1 的位置，按照走向找到相应的端子。

图 4-22　EHB-ECU 插接器端子号排列

　　根据以上电路图可知，若 EHB-ECU 自身故障，则其无法正常工作。若 3 条电源线正极线同时断路、同时短路、同时虚接故障，将导致 EHB-ECU 无法正常工作。若两条搭铁线同时断路、同时短路、同时虚接故障，也将导致 EHB-ECU 无法正常工作。若启动信号线断路、短路、虚接，同样将导致 EHB-ECU 无法正常工作。若通信线 CAN-H、CAN-L 任意 1 根发生断路、短路、虚接，也会导致 EHB-ECU 无法正常工作。若传感器与 EHB-ECU 的 4 根连线发生短路、短路、虚接等故障，不会导致 EHB-ECU 无法正常工作，但会导致 EHB-ECU 输出的报文不正常，从而影响整车制动。

　　最后，学习一下 EHB 的制动工作过程：钥匙进入 ON 档后，EHB-ECU 开始工作，当其接收到环境感知传感器、路测设备、云平台等的制动请求时，EHB-ECU 将即刻算出所需制动力并采取制动动作，霍尔式传感器将监测到制动器的制动方向和速度反馈给 EHB-ECU，EHB-ECU 通过 CAN 线进行通信，通信内容包含制动请求、制动踏板行程和制动断电等。

🏠 任务实施

一、任务准备

　　设备：智能网联汽车教学车、线控底盘调试台架。

　　工具 / 仪器：万用表、常用拆装工具套装、螺钉旋具套装、棉线手套、车内防护三件套、车外防护三件套等。

二、线控制动系统故障检测与维修注意事项

1）万用表使用前需要校零。

2）用万用表测量前，需选好档位及量程，如无法确定量程，则要选用自动档。

3）用万用表测量电阻前，必须断开电源，禁止带电测电阻值。

4）用万用表测量电压时，必须先用黑表笔接通负极，再用红表笔接通正极。

5）用万用表测量电压后，必须先断开红表笔与正极连接，再断开黑表笔与负极连接。

三、线控制动系统故障检测与维修

1. 线控制动系统供电电源故障检测

操作图示	操作步骤
工作准备：	
	场地检查：绕车一周检查场地是否安全
	个人防护：维修人员佩戴棉线手套
 	设备防护：进入车内，铺设车内防护三件套（座椅套、转向盘套、脚垫） 打开前机舱盖，铺上车外防护三件套（翼子板布、格栅布）

（续）

操作图示	操作步骤
故障现象： 	脚踩制动踏板，不能完全踩下去，智能网联汽车制动无助力
故障分析： 	将底盘线控系统测试装调试验台的数据航空插头与底盘线控系统的数据航空插头进行连接，车辆上电，打开试验台的电源开关，打开测试装调软件。连接查看底盘线控系统测试装调试验台调试软件中的报文信息，报文信息中缺少 EHB-ECU 向 VCU 发送报文的 ID 0x289，由此判定车辆制动无力的原因为 EHB-ECU 通信故障 根据 EHB-ECU 电路，分析故障发生的可能原因如下： ① EHB-ECU 供电、搭铁及相关电路故障 ② EHB-ECU 的 CAN 通信故障 ③ EHB-ECU 自身故障
故障诊断： 	1）进入车内，关闭起动开关。到前机舱处，断开辅助蓄电池负极连接

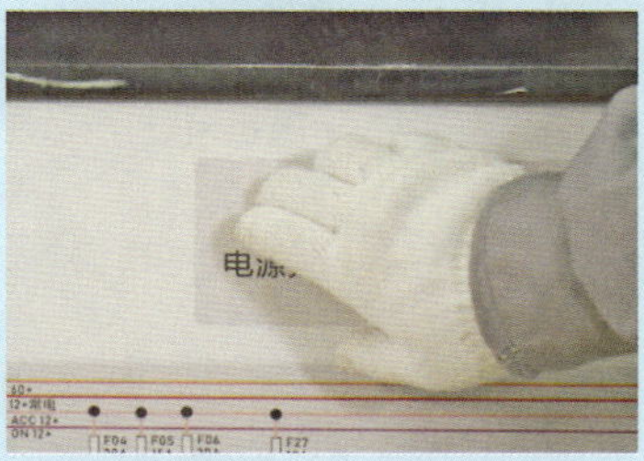

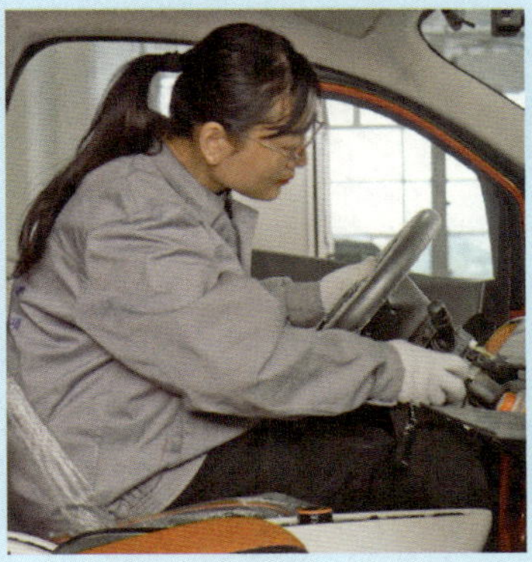

（续）

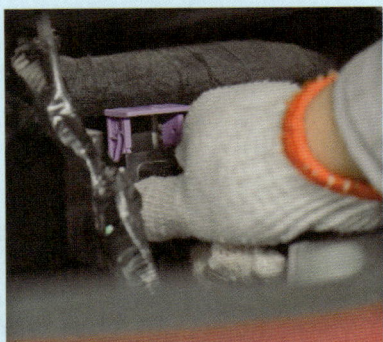

操作图示	操作步骤
	2）拔下 EHB-ECU 插头
	3）进入车内，插入钥匙并上电
	4）测量 EHB-ECU 搭铁是否完好。选择万用表蜂鸣档，分别测量 EHB-ECU 插座侧的端子 T24/17、T24/19 与车身搭铁之间是否导通。为了保护插座，表笔需要连接探针进行测量。正常情况为万用表应蜂鸣，实际测量两条电路均蜂鸣，正常

（续）

操作图示	操作步骤
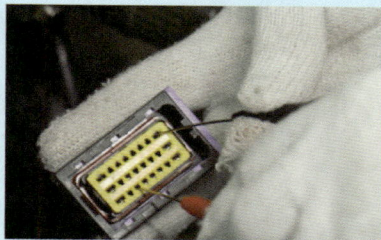	5）测量 EHB-ECU 供电电路的电压。选择万用表电压档，先将黑表笔接探针插入 EHB-ECU 插座侧的端子 T24/17，再将红表笔接探针插入 EHB-ECU 插座侧的端子 T24/6。正常测量值应该为 12~14V，实际测量为 0，异常
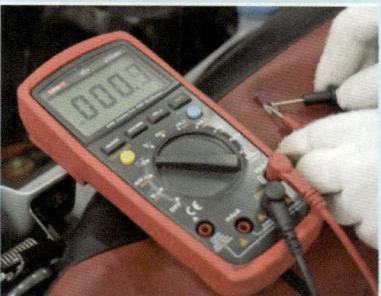	6）测量熔丝是否完好。车辆下电，拔下熔丝，选择万用表蜂鸣档，红、黑表笔分别放在熔丝两个端子。正常情况为万用表应蜂鸣，实际测量蜂鸣，正常

（续）

操作图示	操作步骤
	7）测量熔丝座输入端的电压。车辆上电，选择万用表电压档，先将黑表笔搭铁，再将红表笔接入熔丝座输入端。正常测量值应为 12~14V，实际测量为 13.37V，正常
	8）测量熔丝座输出端到端子 T24/6 是否导通。选择万用表蜂鸣档，分别将红、黑表笔接入熔丝座输出端和端子 T24/6。正常情况为万用表应蜂鸣，实际测量不蜂鸣，异常

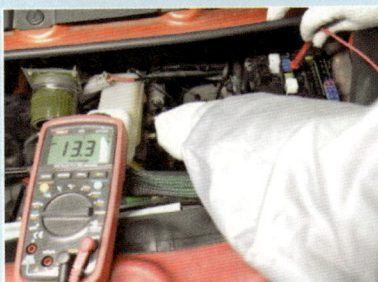

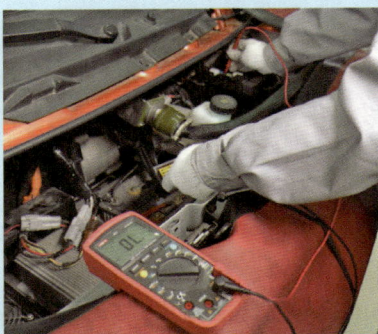

诊断结果：

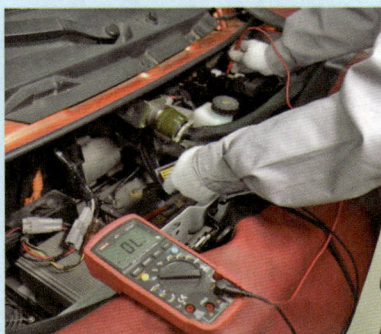

	该车辆制动无助力的原因是 EHB-ECU 的供电故障

（续）

操作图示	操作步骤
故障修复： 	用同型号、同规格的新线束替换原熔丝座输出端到端子 T24/6 的电路，车辆制动恢复正常
6S 操作：    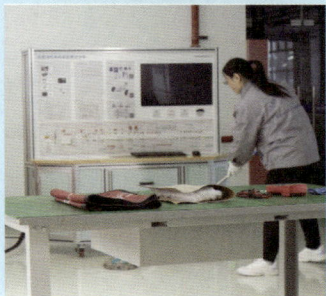	整理、整顿、清洁、清扫、安全、素养

2. 线控制动系统 CAN 通信故障检测

操作图示	操作步骤
工作准备：	
	场地检查：绕车一周检查场地是否安全
	个人防护：维修人员佩戴棉线手套
	设备防护：进入车内，铺设车内防护三件套（座椅套、转向盘套、脚垫） 打开前机舱盖，铺上车外防护三件套（翼子板布、格栅布）

（续）

操作图示	操作步骤
故障现象： 	脚踩制动踏板，不能完全踩下去，智能网联汽车制动无助力
故障分析： 	将底盘线控系统测试装调试验台的数据航空插头与底盘线控系统的数据航空插头进行连接，车辆上电，打开试验台的电源开关，打开测试装调软件。连接查看底盘线控系统测试装调试验台调试软件中的报文信息，报文信息中缺少 EHB-ECU 向 VCU 发送报文的 ID 0x289，由此判定车辆制动无力的原因为 EHB-ECU 通信故障 根据 EHB-ECU 电路，分析故障发生的可能原因如下： ① EHB-ECU 供电、搭铁及相关电路故障 ② EHB-ECU 的 CAN 通信故障 ③ EHB-ECU 自身故障
故障诊断： 	1）进入车内，关闭起动开关。到前机舱处，断开辅助蓄电池负极连接

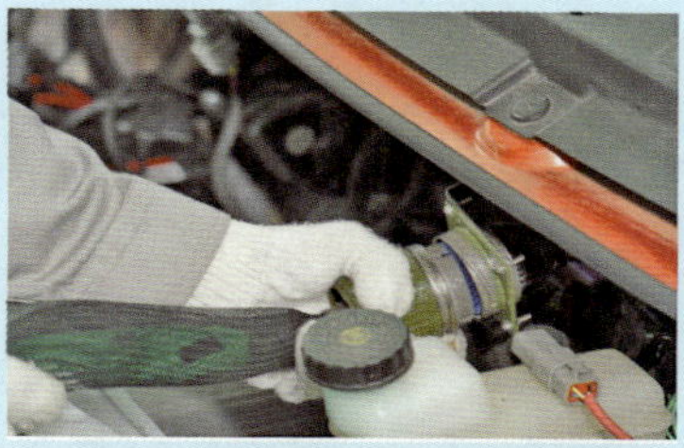

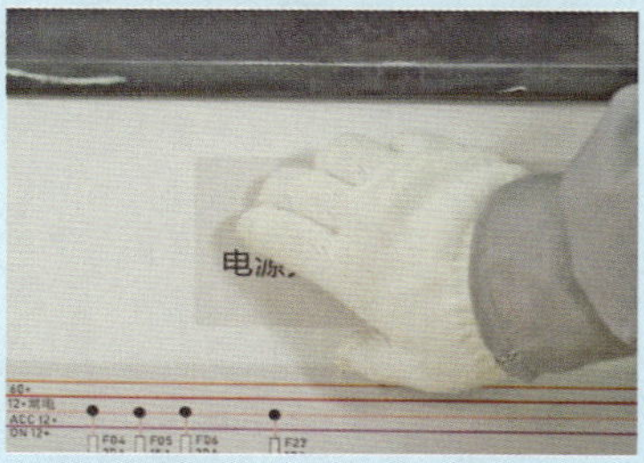

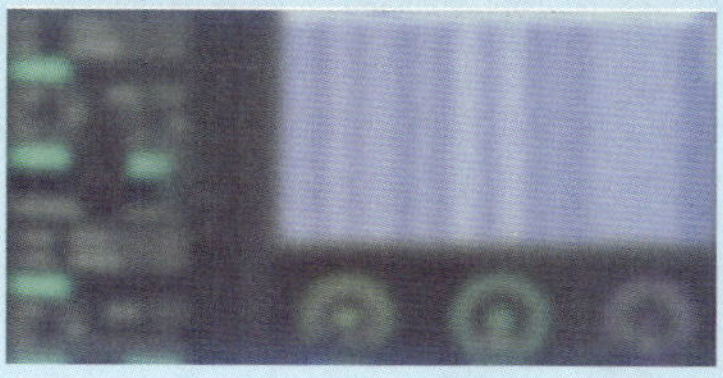

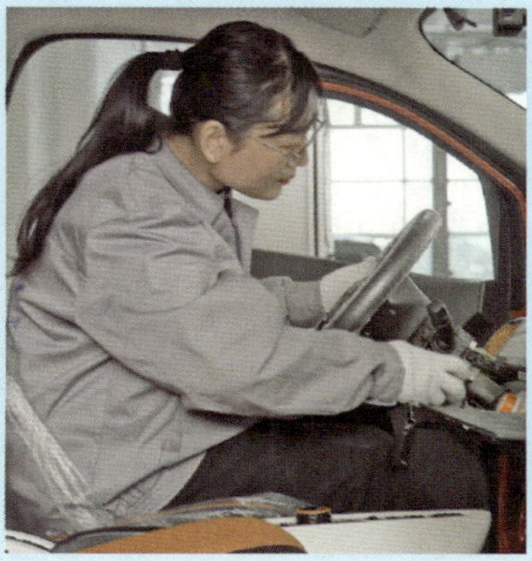

（续）

操作图示	操作步骤
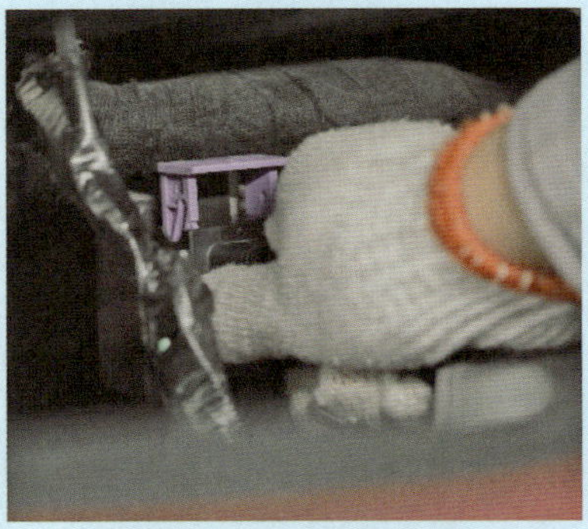	2）拔下 EHB-ECU 插头
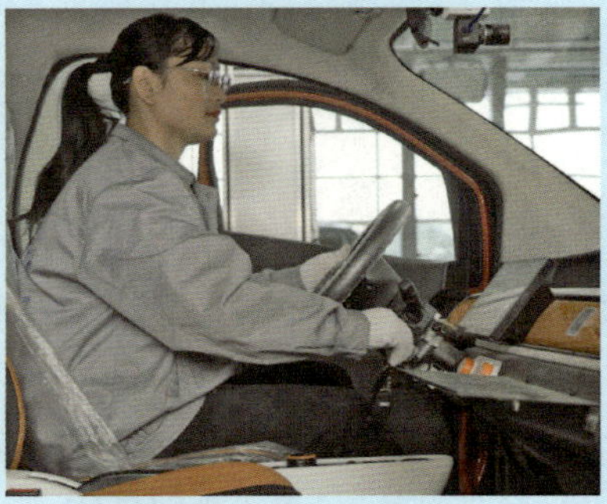	3）进入车内，插入钥匙并上电
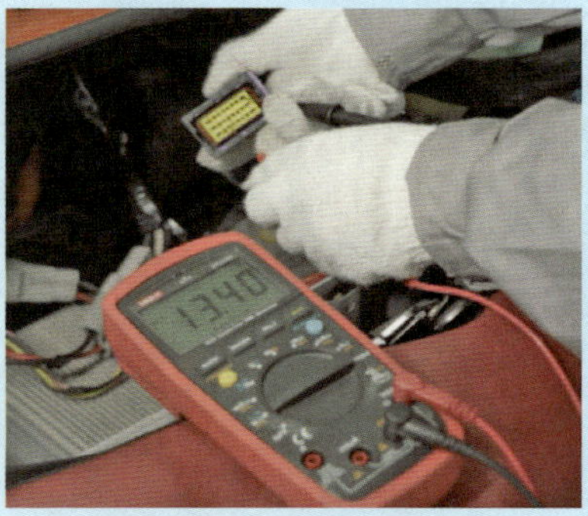	4）测量 EHB-ECU 供电线与搭铁线之间的电压。选择万用表电压档，先将黑表笔接探针插入 EHB-ECU 插座侧的端子 T24/17，再将红表笔接探针插入 EHB-ECU 插座侧的端子 T24/6。正常测量值应该为 12~14V，实际测量值为 13.40V，正常
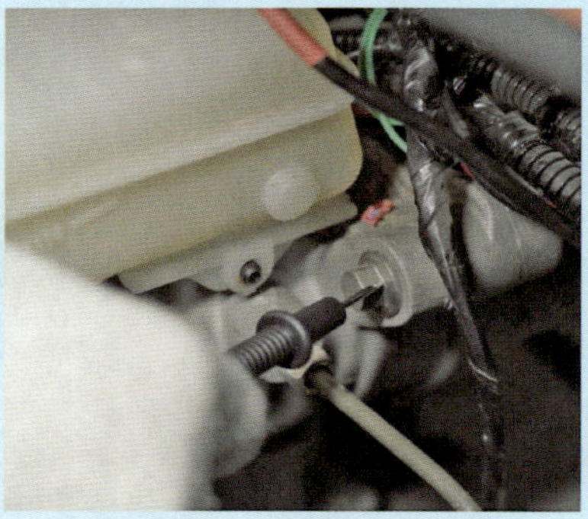	5）测量 EHB-ECU 的 CAN-L 端子 T24/3 与车身搭铁的电压。选择万用表电压档，先将黑表笔车身搭铁，再将红表笔接探针插入 EHB-ECU 插头的端子 T24/3。正常测量值应为 2.48V 左右，实际测量值为 2.55V，正常

（续）

操作图示	操作步骤
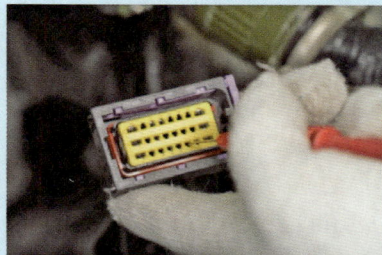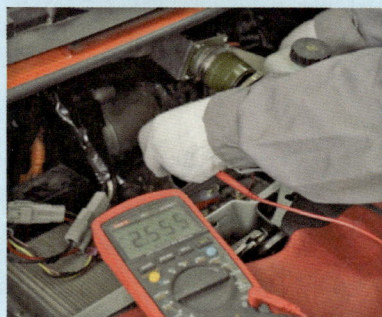	5）测量 EHB-ECU 的 CAN-L 端子 T24/3 与车身搭铁的电压。选择万用表电压档，先将黑表笔车身搭铁，再将红表笔接探针插入 EHB-ECU 插头的端子 T24/3。正常测量值应为 2.48V 左右，实际测量值为 2.55V，正常
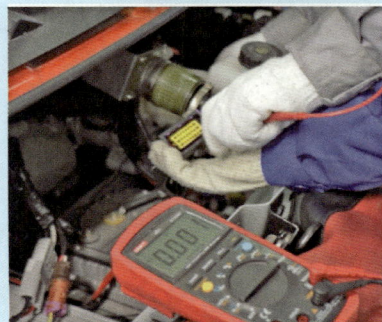	6）测量 EHB-ECU 的 CAN-H 端子 T24/4 与车身搭铁的电压。选择万用表电压档，先将黑表笔车身搭铁，再将红表笔接探针插入 EHB-ECU 插座侧的端子 T24/4。正常测量值应为 2.59V 左右，实际测量值为 0，异常

（续）

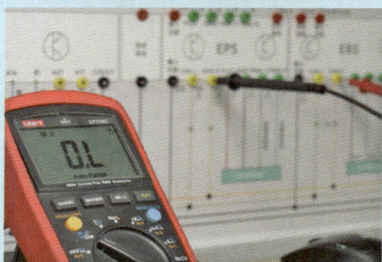

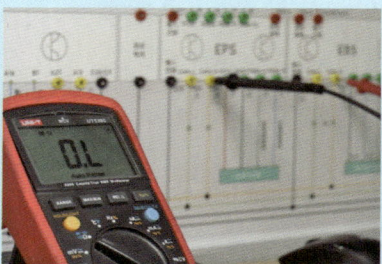

操作图示	操作步骤
	7）测量 EHB-ECU 的 CAN-H 端子 T24/4 与 EPS-ECU 端子 T8A/8 间的电阻值。车辆下电，将两只表笔分别插入相应的端子。正常测量值应小于 1Ω，实际测量值为无穷大，异常
诊断结果：	
	该车辆制动无助力的原因是 EHB-ECU 的 CAN 通信故障
故障修复：	
	用同型号、同规格的新线束替换原 EHB-ECU 的 CAN-H 的电路，车辆制动恢复正常

（续）

操作图示	操作步骤
6S 操作： 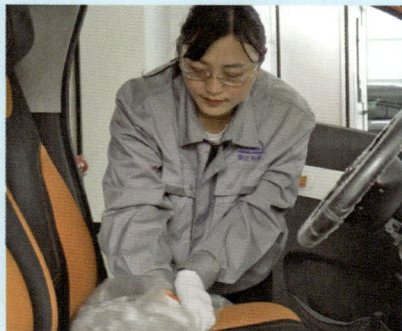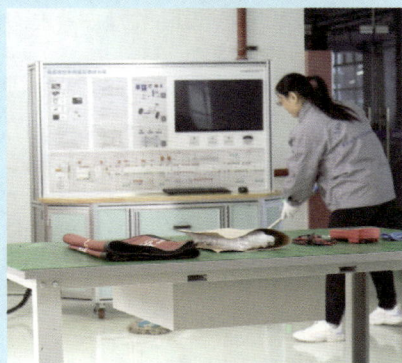	整理、整顿、清洁、清扫、安全、素养

3. 线控制动系统霍尔式传感器故障检测

操作图示	操作步骤
工作准备：	
	场地检查：绕车一周检查场地是否安全
	个人防护：维修人员佩戴棉线手套
	设备防护：进入车内，铺设车内防护三件套（座椅套、转向盘套、脚垫） 打开前机舱盖，铺上车外防护三件套（翼子板布、格栅布）

（续）

操作图示	操作步骤
故障现象： 	脚踩制动踏板，不能完全踩下去，智能网联汽车制动无助力
故障分析： 	将底盘线控系统测试装调试验台的数据航空插头与底盘线控系统的数据航空插头进行连接，车辆上电，打开试验台的电源开关，打开测试装调软件。连接查看底盘线控系统测试装调试验台调试软件中的报文信息。EHB-ECU向VCU发送的报文ID 0x289中，霍尔式传感器部分异常，由此判定霍尔式传感器及其相关电路存在故障 　根据EHB-ECU电路，分析故障发生的可能原因如下： ① 霍尔式传感器电路故障 ② 霍尔式传感器本身故障 ③ EHB-ECU自身故障
故障诊断： 	1）进入车内，插入钥匙并上电

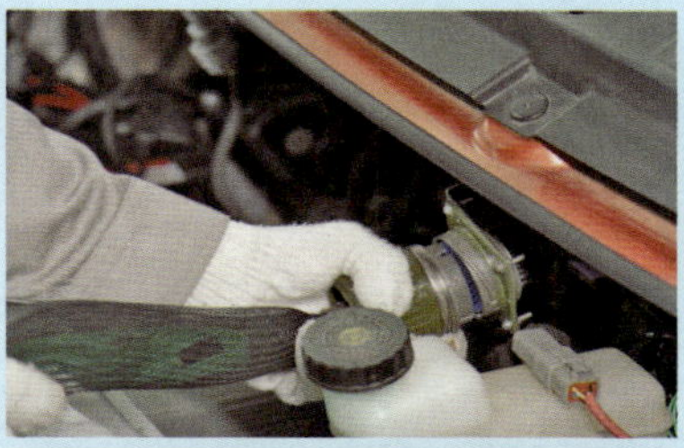

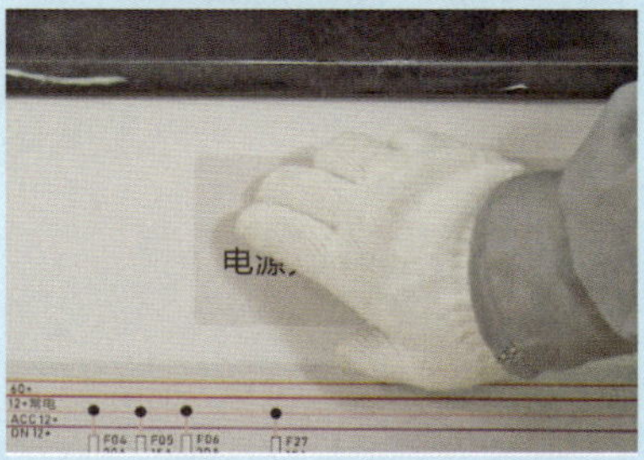

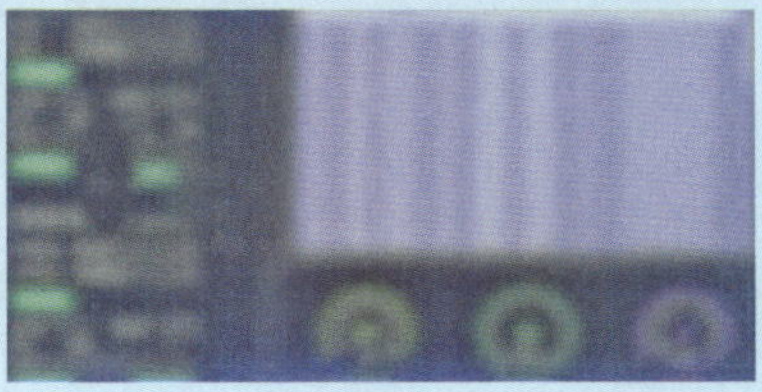

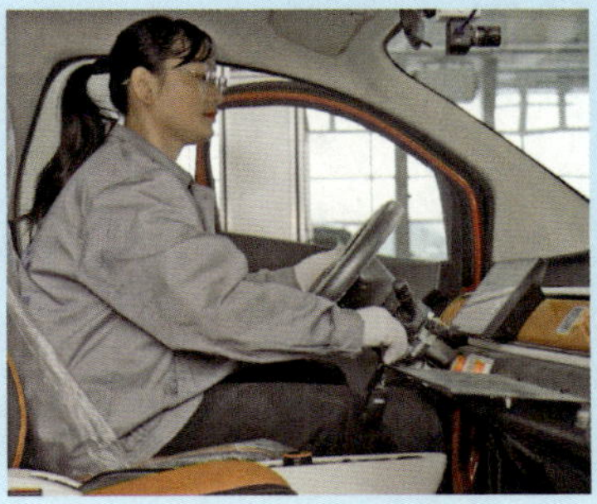

（续）

操作图示	操作步骤
	2）测量霍尔式传感器的搭铁是否完好。选择万用表蜂鸣档，一只表笔接探针背插插入霍尔式传感器插接器的端子 T4/1，另一只表笔接车身搭铁。正常情况为万用表应蜂鸣，实际测量蜂鸣，正常
	3）测量霍尔式传感器的第 1 根信号线是否完好。先将黑表笔接探针背插插入霍尔式传感器插接器的端子 T4/1，再将红表笔接探针背插插入霍尔式传感器插接器的端子 T4/2。正常测量值应该为 0.85V 左右，实际测量为 0，异常

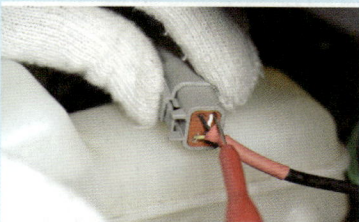

（续）

操作图示	操作步骤
	4）测量霍尔式传感器的第2根信号线是否完好。先将黑表笔接探针背插插入霍尔式传感器插接器的端子T4/1，再将红表笔接探针背插插入霍尔式传感器插接器的端子T4/3。正常测量值应该为4.15V左右，实际测量为0，异常
	5）测量霍尔式传感器的电源线是否完好。先将黑表笔接探针背插插入霍尔式传感器插接器的端子T4/1，再将红表笔接探针背插插入霍尔式传感器插接器的端子T4/4。正常测量值应该为5V左右，实际测量为0，异常

（续）

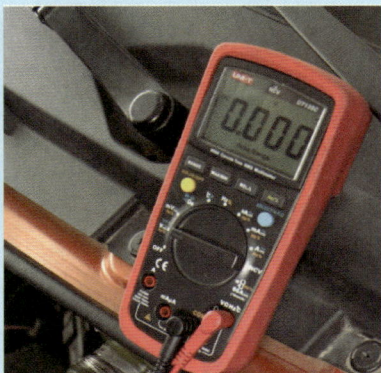

操作图示	操作步骤
	5）测量霍尔式传感器的电源线是否完好。先将黑表笔接探针背插插入霍尔式传感器插接器的端子 T4/1，再将红表笔接探针背插插入霍尔式传感器插接器的端子 T4/4。正常测量值应该为 5V 左右，实际测量为 0，异常
	6）进入车内，关闭电源，拔下钥匙
	7）拔下 EHB-ECU 插头，再拔下霍尔式传感器插头

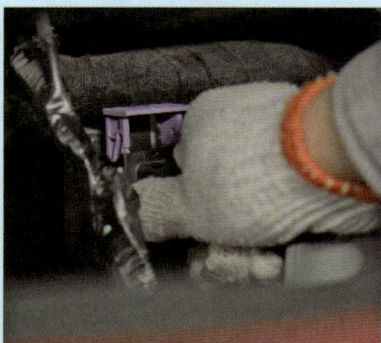

（续）

操作图示	操作步骤
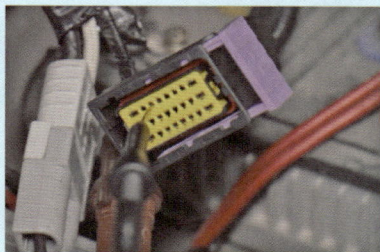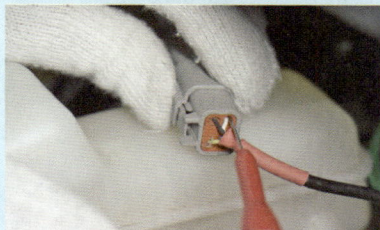	8）测量霍尔式传感器的第 1 根信号线是否导通。选择万用表蜂鸣档，一只表笔接探针插入 EHB-ECU 插头端子 T24/22，另一只表笔接探针插入霍尔式传感器插头端子 T4/2，正常情况为万用表应蜂鸣，实际测量蜂鸣，正常
	9）测量霍尔式传感器的第 2 根信号线是否导通。选择万用表蜂鸣档，一只表笔接探针插入 EHB-ECU 插头端子 T24/21，另一只表笔接探针插入霍尔式传感器插头端子 T4/3，正常情况为万用表应蜂鸣，实际测量蜂鸣，正常

（续）

操作图示	操作步骤
	9）测量霍尔式传感器的第 2 根信号线是否导通。选择万用表蜂鸣档，一只表笔接探针插入 EHB-ECU 插头端子 T24/21，另一只表笔接探针插入霍尔式传感器插头端子 T4/3，正常情况为万用表应蜂鸣，实际测量蜂鸣，正常
	10）测量霍尔式传感器的电源线是否导通。选择万用表蜂鸣档，一只表笔接探针插入 EHB-ECU 插头端子 T24/5，另一只表笔接探针插入霍尔式传感器插头端子 T4/4，正常万用表应蜂鸣，实际测量不蜂鸣，异常

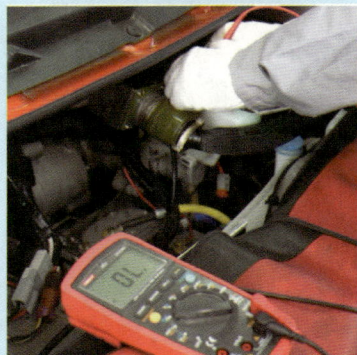

（续）

操作图示	操作步骤
诊断结果： 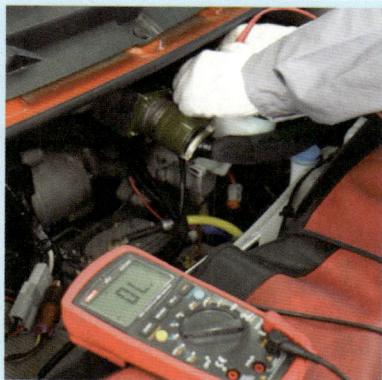	该车辆制动无助力的原因是霍尔式传感器电源线断路故障
故障修复： 	用同型号、同规格的新线束替换原霍尔式传感器电源线的电路，车辆制动恢复正常
6S 操作：  	整理、整顿、清洁、清扫、安全、素养

（续）

操作图示	操作步骤
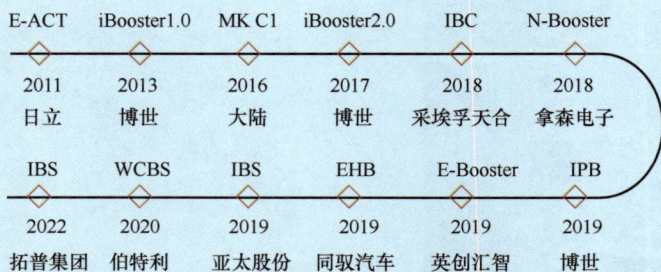	整理、整顿、清洁、清扫、安全、素养

知识拓展

　　线控制动相较于传统制动有低能耗、结构简化、轻量化、响应速度快、可开拓多种功能的优势，其能量回收系统能够提高能量利用率，是汽车电动化、智能化的必然选择。

　　目前，线控制动处于初期发展阶段，技术壁垒较高，对资金和技术实力要求高。图4-23所示为主要线控制动系统供应商最早量产的时间。由图4-23可知，外资企业起步较早，占主导地位；中国企业起步较晚，参与者众多，但市场份额较低。

E-ACT	iBooster1.0	MK C1	iBooster2.0	IBC	N-Booster
2011	2013	2016	2017	2018	2018
日立	博世	大陆	博世	采埃孚天合	拿森电子
IBS	WCBS	IBS	EHB	E-Booster	IPB
2022	2020	2019	2019	2019	2019
拓普集团	伯特利	亚太股份	同驭汽车	英创汇智	博世

图4-23　线控制动发展阶段

　　图 4-24 所示为 2020 年线控制动系统各厂商所占的市场份额。从图中可见，国外企业中博世、大陆、采埃孚天合共占市场比例高达 96%。现在，国内企业上汽、比亚迪、长城汽车等主机厂也在积极布局，比例有所上升。

　　国外线控制动系统供应商，博世公司生产的 iBooster 系统供给大众、特斯拉、保时捷、本田、蔚来、小鹏、理想、凯迪拉克、比亚迪、荣威、领克、奇点、雪佛兰、法拉第等汽车，大陆公司生产的 MK Cx 系统供给阿尔法·罗密欧、奥迪、宝马等汽车，采埃孚天合公司生产的 IBC 系统供给雪佛兰、GMC、凯迪拉克等汽车。

　　中国线控制动系统供应商，伯特利公司与江铃雷诺、奇瑞等车企合作，亚太股份有限公司与奇瑞新能源合作，拿森电子与北汽新能源、比亚迪、长安、上汽、大众、尼桑等车企合作。

图 4-24　2020 年线控制动系统各厂商所占的市场份额

项目小结

　　本项目对线控制动系统的功能、结构及工作原理进行了详细描述；讲解了线控制动系统的拆卸与安装的实践操作步骤；对正确选用拆装时所需要的个人防护用具、车辆防护用具及拆装过程中所使用的专用工具进行了介绍；讲解了安全规范操作举升机、规范地使用专业工具，按照正确的操作流程完成线控制动系统的拆卸与安装；对通信原理详细讲解，进行了制动使能和制动压力行程点的设置，将调试数据解析成 CAN 报文；详细介绍了使用智能网联汽车调试台架完成计算平台向 VCU 发送报文、VCU 向 EHB-ECU 发送报文，完成线控制动系统的调试操作方法；阐述了解析 VCU 向计算平台反馈的报文、EHB-ECU 向 VCU 制动反馈的报文的方法；介绍了线控制动系统电路图进行识读方法，根据车辆维修手册的操作规范，正确选用和使用故障检测与诊断仪器设备，规范完成线控制动系统部件的故障检测与诊断的步骤；详述了根据检测诊断结果，正确选用、使用维修工具，规范完成线控制动系统部件的更换与维修的方法；提升了学生独立思考、处理和分析问题的能力、动手实践操作能力，培养了学生们严谨的工作态度、团队合作意识和岗位职责意识。

训练习题

1. 线控制动系统分为两条技术路线：一条是需要制动液作为压力传递介质的线控制动系统，称为＿＿＿＿＿＿＿＿＿＿＿＿，另一条是纯机械电子系统，即没有制动液参与的线控制动系统，称为＿＿＿＿＿＿＿＿＿＿＿＿。

2. 典型的 EHB 由＿＿＿＿＿＿＿、＿＿＿＿＿＿＿和＿＿＿＿＿＿＿等组成。

3. EMB 由＿＿＿＿＿＿＿、＿＿＿＿＿＿＿和＿＿＿＿＿＿＿等组成。

4. EHB 根据集成度的高低，分为＿＿＿＿＿＿＿和＿＿＿＿＿＿＿两种技术方案。

5. 安装新制动片时，应先＿＿＿＿＿＿＿，再＿＿＿＿＿＿＿。

6. 更换线控制动系统新部件后，应进行＿＿＿＿＿＿＿。

7. VCU 向计算平台反馈的制动 CAN 报文 64 00 00 00 00 00 60 00 表示制动压力为＿＿＿＿＿＿＿MPa，SOC 的值为＿＿＿＿＿＿＿%。

8. EHB-ECU 向 VCU 反馈的 CAN 报文用的是＿＿＿＿＿＿＿通道。

9. EHB-ECU 向 VCU 反馈的 CAN 报文是 50 64 00 04 00 00 00 00，则制动踏板的开合度是＿＿＿＿＿＿＿%。

10. 用万用表测量电阻阻值前，必须断开＿＿＿＿＿＿＿，禁止＿＿＿＿＿＿＿。

11. EHB-ECU 上有＿＿＿＿＿＿＿、＿＿＿＿＿＿＿通信线。

12. EHB-ECU 与霍尔式传感器之间有＿＿＿＿＿＿＿、＿＿＿＿＿＿＿、＿＿＿＿＿＿＿、＿＿＿＿＿＿＿4 条线。

13. EHB-ECU 插接器端子号按照＿＿＿＿＿＿＿排列。

项目五

项目综合训练

任务　智能网联汽车底盘线控训练

训练案例

本案例对线控底盘进行 CAN 数据的读取、速度与转向等参数的数据发送、控制执行机构相关参数的读取与调测，具体要求见表 5-1。

表 5-1　综合训练要求

对线控底盘进行调测，记录调测结果，并对发现的故障进行诊断与排除	目标值：（现场给定），在目标值下采集 如：转向盘转向角度：（20°）		
	转向指令控制数据帧		
	转向灯指令控制数据帧		
	制动指令控制数据帧	本次竞赛不做测试	
	驱动指令控制数据帧	本次竞赛不做测试	
	底盘转向实际响应数据帧		解析角度
	转向灯实际响应现象		
	故障诊断过程	故障现象描述： 记录故障过程：测量数据，记录并分析（记录关键步骤）	
		1.	
		2.	
		3.	
		故障确认：	
		故障机理分析及维修建议：	

考核目标

所用训练车为深蓝汽车改装的智能网联汽车，如图 5-1 所示。通过对车辆线控系统的测试和解析，考核学生对线控底盘系统测试以及常见故障的排除能力。

图 5-1　训练设备

技能点解读

一、线控底盘系统的数据解析

1）打开米文，查看底盘 CAN 驱动。

① 在桌面打开终端，输入"candump can0"即可查看底盘 CAN 驱动。

② 若报错显示无驱动，打开终端，输入命令"sudo sh./startcan.sh"，输入密码：nvidia，启用 CAN 模块。操作流程如图 5-2 和图 5-3 所示。

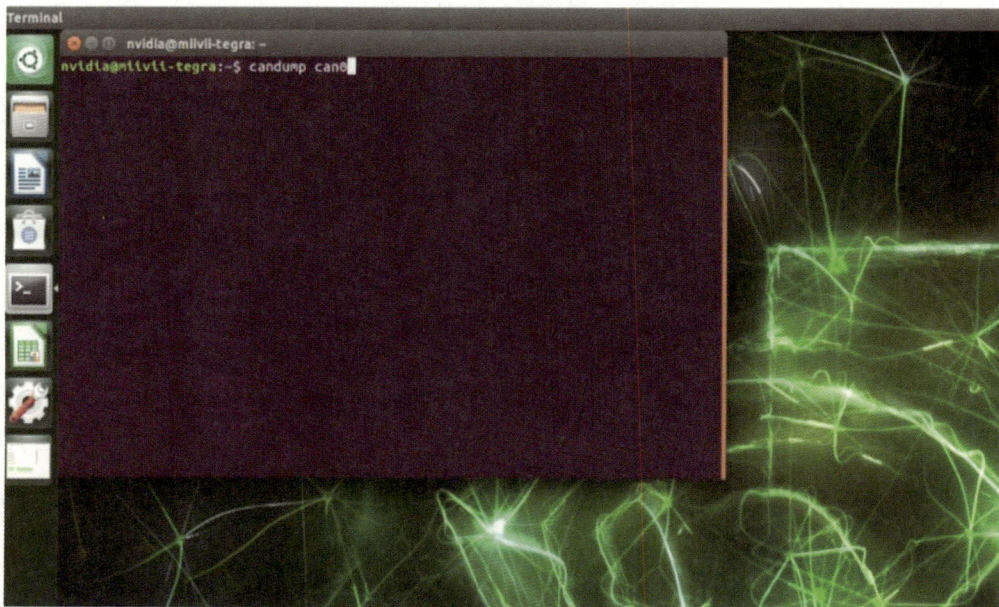

图 5-2　查看底盘 CAN 驱动

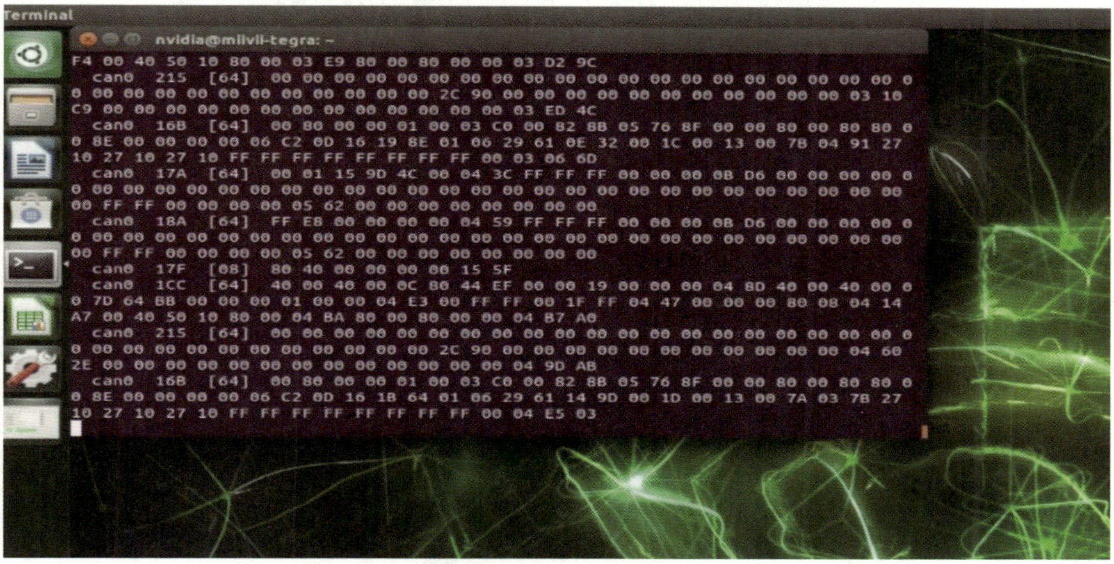

图 5-3 启用 CAN 模块

2）在 home 下打开 "adc_cantool0504/app"，再打开 "adc_cantool_driverEnable" 进入 CAN 数据读取界面。读取界面如图 5-4 所示。

3）单击 "开始" 采集获取底盘数据，如图 5-5 所示。

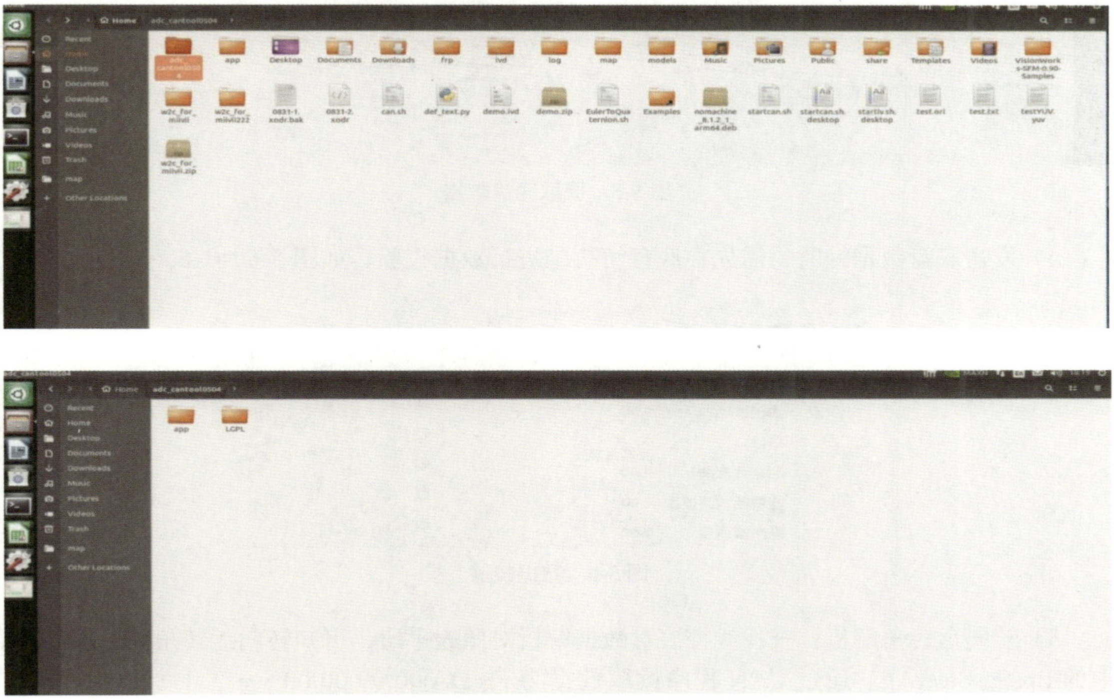

图 5-4 读取界面

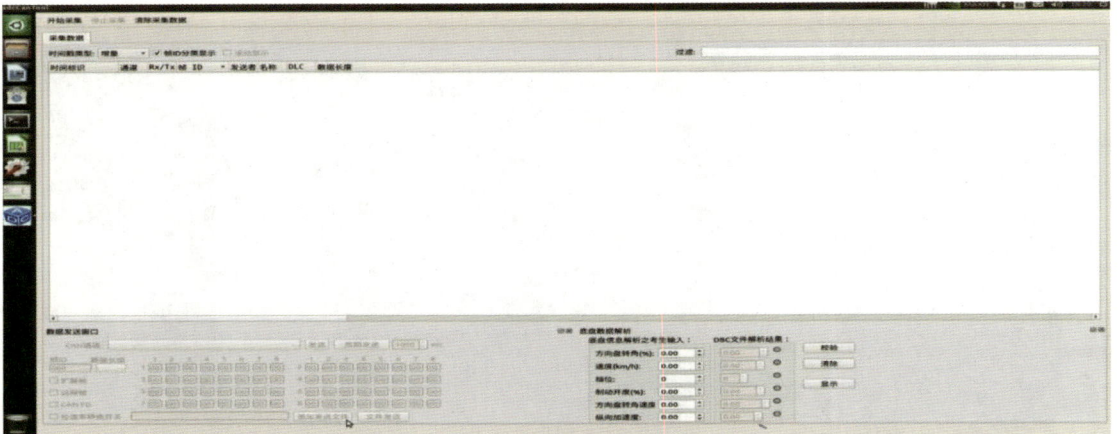

图 5-4　读取界面（续）

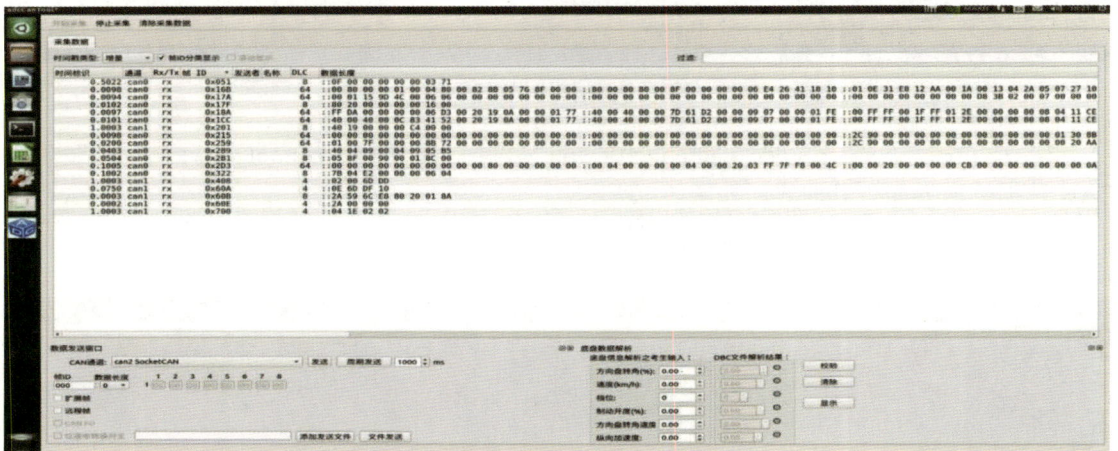

图 5-5　获取底盘数据

4）发送底盘数据帧时，需先在底盘解析中进行数据校验，如图 5-6 所示。

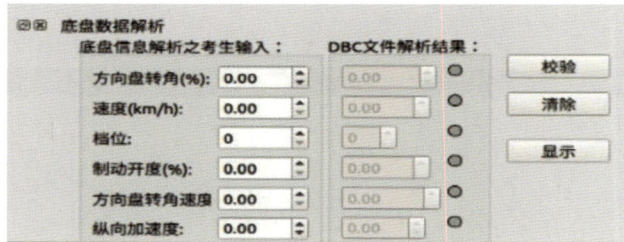

图 5-6　数据校验

5）转向盘转角解析：查找线控底盘数据解析对照表手册，可知转向盘转角帧 ID 为 18A 中的 EpsSasSteerAg。通过 CAN 程序读取数据为 FF DA 00 00 00 00……（十六进制显示）；查询数据包橙色部分为转向盘转角数据，选取橙色部位数据为 FF DA，转换为十进制为 65498，由数据包可知精度为 0.1，因总线值大于 32767，所以需减去 65536 后再乘以精度，

所以角度为 –3.8°（左转为正、右转为负），解析图如图 5-7 所示。

Name	Message	Multiplexing/...	Start...	Leng...	Byte Order	Value Type	Initial Value	Factor	Offset	Mini...	Maxi...	Unit
EpsSasSteer...	HGW_18A	-	8	16	Motorola	Signed	0	0.1	0	-780	780	degree
EpsSteerAg...	HGW_18A	-	16	8	Motorola	Unsigned	0	4	0	0	1016	deg/s
EpsCycCntr1...	HGW_18A	-	48	4	Motorola	Unsigned	0	1	0	0	15	
EpsCrcChk1...	HGW_18A	-	56	8	Motorola	Unsigned	0	1	0	0	255	

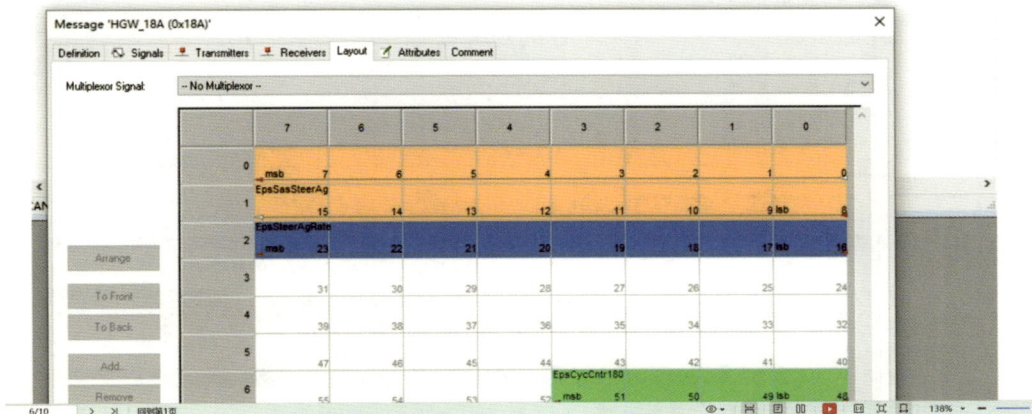

图 5-7　转向盘转角解析图

说明：若总线值大于 32767，则为（总线值 – 65536）× 0.1°（只针对于转向盘转角）；否则，为总线值乘以 0.1°。

6）速度解析：查找线控底盘数据解析对照表手册，得知速度帧 ID 为 1CC 中的 EspVehSpd；通过 CAN 程序读取的数据为 40 00 40 00 0C 83 41 52 00 20 19 0A 00 00 01 77（十六进制显示）；查询数据包蓝色部分为车速数据，选取蓝色部分为 00 00，转换为二进制为 00 00 00 00 00 00 00 00；选取 4~16 位二进制 0000 0000 0000 转换为十进制为 0，乘以精度（0.05）再加上误差 0，得到速度为 0。所以车速为 0，解析图如图 5-8 所示。

Name	Message	Multiplexing/...	Start...	Leng...	Byte Order	Value Type	Initial Value	Factor	Offset	Mini...	Maxi...	Unit
WhlSpdRiRe...	HGW_1CC	-	8	13	Motorola	Unsigned	0	0.05	0	0	460	km/h
WhlSpdLeRe...	HGW_1CC	-	24	13	Motorola	Unsigned	0	0.05	0	0	460	km/h
EspLgtAccel	HGW_1CC	-	89	13	Motorola	Unsigned	0	0.01	-32	-32	49.91	m/s2
EspVehSpd	HGW_1CC	-	104	13	Motorola	Unsigned	0	0.05	0	0	460	km/h
WhlSpdRiFr...	HGW_1CC	-	136	13	Motorola	Unsigned	0	0.05	0	0	460	km/h
WhlSpdLeFr...	HGW_1CC	-	152	13	Motorola	Unsigned	0	0.05	0	0	460	km/h
EspCycCntr1...	HGW_1CC	-	488	4	Motorola	Unsigned	0	1	0	0	15	
EspCrcChk1...	HGW_1CC	-	504	16	Motorola	Unsigned	0	1	0	0	65535	

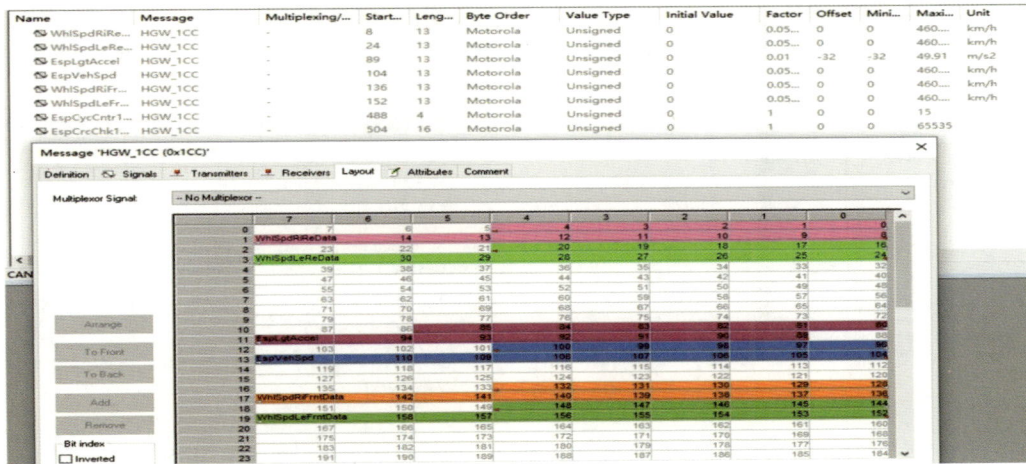

图 5-8　速度解析图

7）档位数据解析：查找线控底盘数据解析对照表手册，得知档位 ID 为 16B 中的

VcuGearPosn；通过 CAN 程序读取数据为 00 80 00 00 01 00 04 80 00 82 88 05……（十六进制显示），查询数据包蓝色部分为档位数据，选取蓝色部分为 00 82，转换为二进制为 0000 0000 1000 0010；选取 7~9 位 001 转换为十进制为 1，乘以精度（1）再加上误差（0）得到档位为 1。所以档位为 1，解析图如图 5-9 所示。

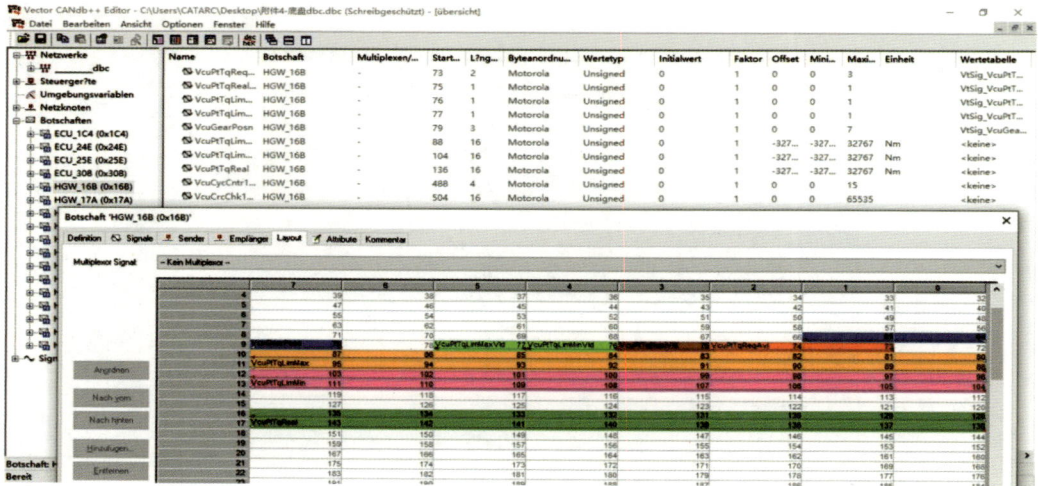

图 5-9　档位数据解析图

8）制动开度数据解析：查找线控底盘数据解析对照表手册，得知制动开度数据 ID 为 215 中 Esp_BrakeForce；通过 CAN 程序读取数据为 00 00 00……（十六进制显示）；查询数据包橙色部分为制动开度数据，选取橙色部分为 2C，转换为二进制 0010 1100 选取第一位为 0，乘以精度（1）再加上误差（0）得到制动开度为 0。所以制动开度为 0，解析图如图 5-10 所示。

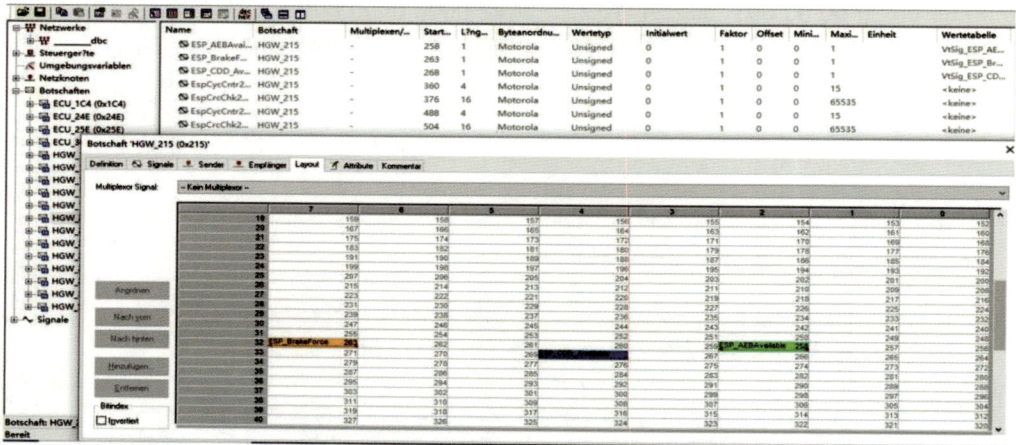

图 5-10　制动开度数据解析图

9）转向盘转角速度数据解析：查询线控底盘数据解析对照表手册，得知转向盘转角速度数据 ID 为 18A 中的 EpsSteeragrate；通过 CAN 程序读取数据为 FF DA 00 00 00 00……（十六进制显示）；查询数据包蓝色部分为转向盘转角速度数据，选取蓝色部分为 00，转换为十进制为 0，乘以精度（4）再加上误差（0），得到转向盘转角速度为 0，解析图如图 5-11 所示。

Name	Message	Multiplexing/...	Start...	Leng...	Byte Order	Value Type	Initial Value	Factor	Offset	Mini...	Maxi...	Unit
EpsSasSteer...	HGW_18A	-	8	16	Motorola	Signed	0	0.1	0	-780	780	degree
EpsSteerAg...	HGW_18A	-	16	8	Motorola	Unsigned	0	4	0	0	1016	deg/s
EpsCycCntr1...	HGW_18A	-	48	4	Motorola	Unsigned	0	1	0	0	15	
EpsCrcChk1...	HGW_18A	-	56	8	Motorola	Unsigned	0	1	0	0	255	

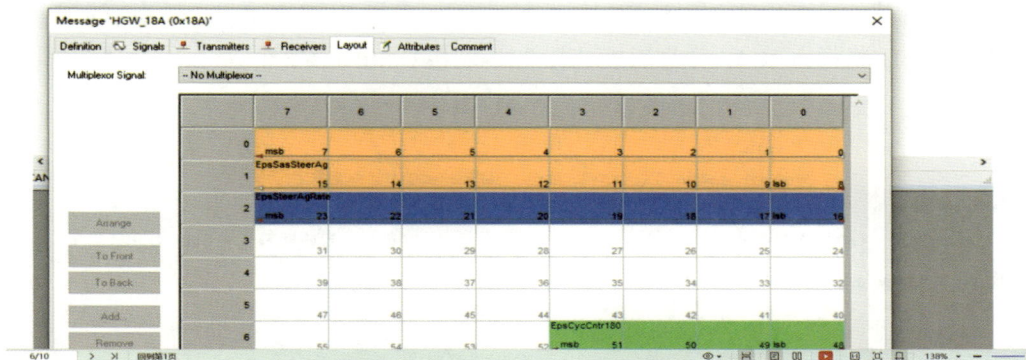

图 5-11　转向盘转角速度数据解析图

10）纵向加速度数据解析：查询线控底盘数据解析对照表手册，得知纵向加速度为 1CC 中的 EspLongAccel；通过 CAN 程序读取数据为 40 00 40 00 0C 83 41 52 00 20 19 0A 00 00 01 77（十六进制显示）；查询数据包紫色部分为纵向加速度数据，选取紫色部分 19 0A，转换为二进制 0001 1001 0000 1010；选取 3~15 位 01 1001 0000 101 转换成十进制 3205，乘以精度（0.01）再加上误差（−32），得到纵向加速度 0.05，解析图如图 5-12 所示。

Name	Message	Multiplexing/...	Start...	Leng...	Byte Order	Value Type	Initial Value	Factor	Offset	Mini...	Maxi...	Unit
WhlSpdRiRe...	HGW_1CC	-	8	13	Motorola	Unsigned	0	0.05...	0	0	460...	km/h
WhlSpdLeRe...	HGW_1CC	-	24	13	Motorola	Unsigned	0	0.05...	0	0	460...	km/h
EspLgtAccel	HGW_1CC	-	89	13	Motorola	Unsigned	0	0.01	-32	-32	49.91	m/s2
EspVehSpd	HGW_1CC	-	104	13	Motorola	Unsigned	0	0.05...	0	0	460...	km/h
WhlSpdRiFr...	HGW_1CC	-	136	13	Motorola	Unsigned	0	0.05...	0	0	460...	km/h
WhlSpdLeFr...	HGW_1CC	-	152	13	Motorola	Unsigned	0	0.05...	0	0	460...	km/h
EspCycCntr1...	HGW_1CC	-	488	4	Motorola	Unsigned	0	1	0	0	15	
EspCrcChk1...	HGW_1CC	-	504	16	Motorola	Unsigned	0	1	0	0	65535	

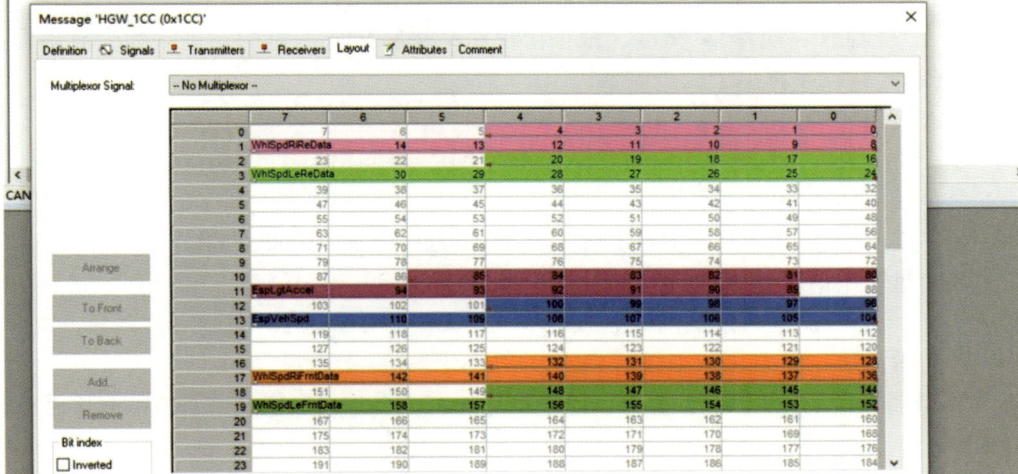

图 5-12　纵向加速度数据解析图

11）至此计算结束，得出准确数据填入指定位置，计算出全部所需数据，若全部正确，单击"校验"则全部显示绿灯，若某一条错误则对应一个亮红灯。

计算公式都为：十进制数 × 精度 + 误差。

二、线控底盘转向系统数据发送

1）从数据发送窗口中：CAN 通道选择 CAN0 通道为底盘通道，周期间隔设置为 10~20ms，帧 ID 填写为 1C4，数据长度选择 32，勾选 canfd（第 3 个）。操作示意图如图 5-13 所示。

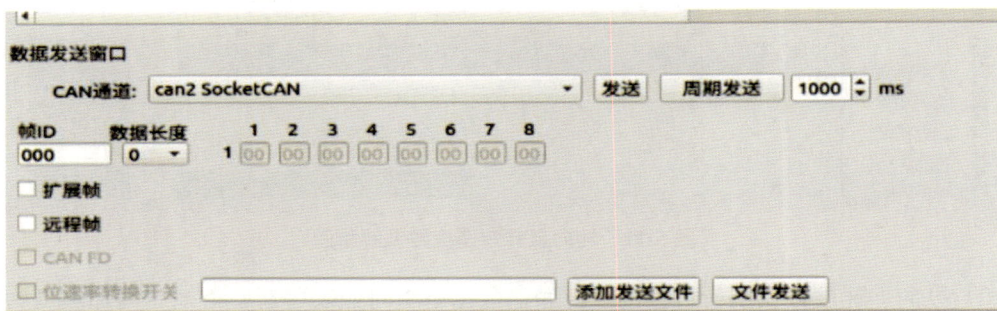

图 5-13 操作示意图

2）转向数据帧计算。

① ACC_MotorTorqueMaxLimitRequest 为最大转向转矩限制，其真实值为 10N·m。

② ACC_MotorTorqueMinLimitRequest 为最小转向转矩限制，其真实值为 –10N·m。

③ ACC_LatAngReqActive 为转向激活，1 为激活，0 为不激活。

④ ACC LatAngReq 为转向盘转角请求。

在车辆静止且不悬空状态下，最大转角范围为 –30°~30°。可通过发送转角控制帧实现转向盘控制。

根据标号进行计算，标号即计算顺序，与底盘协议解析计算方法相反。

公式：十进制数 – 误差 ÷ 精度，根据协议将结果转化成等量的二进制数，算出全部二进制数，按照计算顺序算出十六进制数。

① 最大转向转矩限制计算。

$$10-(-20.48)=30.48,\ 30.48÷0.02=1524=101\ 1111\ 0100$$

② 最小转向转矩限制计算。

$$-10-(-20.48)=10.48,\ 10.48÷0.02=524=010\ 0000\ 1100$$

③ 转向盘转角请求计算设转向盘向左偏移 20°。

$$20-(-720)=700,\ 700÷0.1=7000=01\ 1011\ 0101\ 1000$$

④ 转向激活。

0 为不激活，1 为激活，根据协议，此数据后还有 3 个空白数据全部补 0。不激活 =0000，激活 =1000。

开始计算

不激活：101 1111 0100 010 0000 1100 01 1011 0101 1000 0000=BE 88 31 B5 80

激活：101 1111 0100 010 0000 1100 01 1011 0101 1000 1000=BE 88 31 B5 88

车辆在 READY 状态下才能接受控制，车内需要有人踩下制动踏板，同时将得出的数据填入指定位置，先给不激活数据再给激活数据，先填入不激活数据，单击"周期发送"，再改为激活数据，单击"周期发送"，转向盘向左偏移 20°，即控制成功。

1）转向灯数据发送：从数据发送窗口中：CAN 通道选择 CAN0 通道为底盘通道，周期间隔设置为 10~20ms，帧 ID 填写为 25E，数据长度选择 32，勾选 canfd（第 3 个）。

2）转向灯数据帧为：

00 00 00 04 00 00 00 00（右转向灯数据帧）

00 00 00 02 00 00 00 00（右转向灯取消数据帧）

00 00 00 03 00 00 00 00（左转向灯数据帧）

00 00 00 01 00 00 00 00（左转向灯取消数据帧）

🏠 训练任务

一、任务准备

设备、工具 / 仪器：深蓝 03 智能网联汽车、计算机、数字式万用表、示波器。

二、故障排除

故障现象：上位机发送指令，线控转向系统不工作。

线控底盘系统数据的读取：

1）给定转向盘转角 20°，读取线控转向控制数据帧。

2）给定转向盘转角 20°，读取转向灯指令数据帧。

3）给定转向盘转角 20°，查看转向灯实际响应现象。

参 考 文 献

［1］李东兵，杨连福.智能网联汽车底盘线控系统装调与检修［M］.北京：机械工业出版社，2021.

［2］中国汽车工程学会，国家智能网联汽车创新中心.新能源与智能网联汽车新技术系列丛书［M］.北京：机械工业出版社，2022.

［3］何仁基，周志雄，叶放郎.智能汽车线控底盘构造与维修［M］.天津：天津科学技术出版社，2021.

［4］宋建桐，吕丕华.汽车线控底盘装调与检修［M］.北京：中国劳动社会保障出版社，2023.

［5］赵振宁.汽车底盘构造、原理与检修（下）：汽车行驶与操纵系统［M］.北京：北京理工大学出版社，2015.

［6］杨智勇，金艳秋，翟静.汽车底盘电控系统原理与检修一体化教程［M］.北京：机械工业出版社，2023.

［7］林逸，沈沉，王军，等.汽车线控制动技术及发展［J］.汽车技术，2005（12）：1-3，43.

［8］宗长富，李刚，郑宏宇，等.线控汽车底盘控制技术研究进展及展望［J］.CNKI：SUN：ZGGL，2013（2）：24.

［9］周明岳，武振江，冯天骥.线控制动技术现状及趋势综述［J］.中国汽车，2020（7）：51-57.

［10］汤彬，金峰.线控转向系统故障诊断与维修：以某型智能驾驶功能验证车为例［J］.现代信息科技，2022（16）：43-46，50.

［11］朱永强，宋瑞琦，刘贺，等.线控转向系统关键技术综述［J］.科学技术与工程，2021（36）：15323-15332.

［12］宗长富，刘凯.汽车线控驱动技术的发展［J］.汽车技术，2006（3）：1-5.

［13］郭海文.线控转向系统的控制研究［D］.广州：华南理工大学，2021.

智能网联汽车底盘线控技术
任务工单

班　级＿＿＿＿＿＿＿＿＿＿＿

姓　名＿＿＿＿＿＿＿＿＿＿＿

学　号＿＿＿＿＿＿＿＿＿＿

机械工业出版社

目　　录

项目一

智能网联汽车底盘线控技术

任务工单一　底盘线控技术的认知

姓名			上课时间	
班级			上课地点	
团队 分工	组长		查阅员	
	记录员		检验员	
一、知识学习				
底盘线控技术的 发展历史	1. 简述国外线控技术的发展历程。 2. 简述国内线控技术的发展情况。			
底盘线控 技术的现状	1. 简述国外线控技术的现状。 2. 简述国内线控技术的现状。			
底盘线控 技术的组成	1. 底盘线控系统由哪几部分组成? 2. 简述线控驱动系统的分类、结构与工作原理。			

底盘线控技术的组成	3. 简述线控转向系统的分类、结构与工作原理。 4. 简述线控制动系统的分类、结构与工作原理。 5. 简述线控换档系统的分类、结构与工作原理。 6. 简述线控悬架系统的分类、结构与工作原理。
底盘线控技术的应用	滑板底盘技术对底盘线控技术发展有哪几方面的推动作用？
底盘线控技术的特点	底盘线控技术的特点有哪些？

二、评价反馈

评价项目	评价内容	评价标准	分值	自我评价	平台评价	组内评价	组间评价	教师评价
素质测评	规则意识	遵守作息制度，不迟到，不早退，不旷课	10					
	分析、解决问题能力	提升自我查阅资料、解决问题的能力	10					
	团队合作	收集信息、合作共事、知识共享、听取意见等方面	10					
	创新意识	勇于探索、敢于创新的意识	10					
专业测评	信息收集	准确记录客户和车辆信息	15					
	知识掌握	底盘线控技术的发展	15					
		底盘线控系统的组成、分类和结构与工作原理	15					
		底盘线控技术发展的特点和应用	15					
总评			100					

任务工单二 常用仪器、仪表的认知

姓名			上课时间	
班级			上课地点	
团队分工	组长		查阅员	
	记录员		检验员	

一、知识学习	

<table>
<tr><td rowspan="3">数字式万用表</td><td colspan="2">1. 用数字式万用表测量时，以下表中功能如何操作？</td></tr>
<tr><td>

功能	具体操作
交直流电压测量	
电阻值测量	
电路通断测量	
二极管测量	
电容测量	
交直流电流测量	

</td></tr>
<tr><td colspan="2">

2. 如何用数字式万用表测二极管？

3. 如何用数字式万用表测电路的通断？

</td></tr>
<tr><td>数字示波器</td><td>

1. 数字示波器的功能有哪些？

2. 如何使用数字示波器测波形？

</td></tr>
<tr><td>CAN 总线分析仪</td><td>

CAN 总线分析仪的功能是什么？

</td></tr>
</table>

二、评价反馈								
评价项目	评价内容	评价标准	分值	自我评价	平台评价	组内评价	组间评价	教师评价
素质测评	规则意识	遵守作息制度，不迟到，不早退，不旷课	10					
	分析、解决问题能力	提升自我查阅资料、解决问题的能力	10					
	团队合作	收集信息、合作共事、知识共享、听取意见等方面	10					
	创新意识	勇于探索、敢于创新的意识	10					
专业测评	信息收集	准确记录客户和车辆信息	15					
	知识掌握	数字式万用表的使用方法	15					
		数字示波器的使用方法	15					
		CAN 总线分析仪的使用方法	15					
总评			100					

项目二
智能网联汽车线控驱动系统技术

任务工单一 线控驱动系统的认知

姓名			上课时间	
班级			上课地点	
团队分工	组长		操作员	
	记录员		检验员	
一、信息收集				

1. 客户信息登记

客户信息					
客户姓名		进店时间		联系电话	

2. 车辆信息登记

车辆信息						
车辆型号		车牌号码		车辆 VIN		
里程数		油量/电量		故障灯	□有	□无
车辆外观	剐蹭痕迹	□有　具体情况：				□无
故障描述						
车内检查	中控屏尺寸			维修手册	____册，版本是：	
导航系统	□正常启动　□无法启动　□能启动但显示异常，具体情况_____					
配件设备	所用配件和设备是否齐全	□齐全 □不齐全，具体情况：				

二、知识学习与故障排查	
功能	1. 线控驱动系统根据驾驶人动作和汽车各种行驶信息，分析驾驶人意图，精确控制_____，以提高汽车动力性、经济性和操纵稳定性。 2. 驱动电机需要承担_____和_____的双重功能，在正常行驶时将电能转化为机械能发挥其电动机的功能，在减速制动时将车轮的惯性动能转换为电能。 3. _____是指与汽车行驶方向相同的平动运动，纵向运动控制由线控驱动系统和线控制动系统配合控制。
组成	1. 智能网联汽车的线控驱动系统由_____、_____、加速踏板、变速杆、机械传动装置和减速器等组成。 2. _____是线控驱动系统的核心部件，可以将电能转换为机械能。 3. 驱动器将微控制器对电机的_____转换为驱动功率变换器的驱动信号，并实现功率信号和控制信号的隔离。 4. 轮毂电机有哪些优点？
线控驱动系统的工作模式	1. 智能网联汽车行驶两种模式，分别为_____模式和_____模式。 2. 在选用自动驾驶模式时，_____通过接收各环境传感器反馈的信号，判断汽车行驶方向和行驶速度等。
线控节气门系统的工作原理	1. 线控节气门系统是通过_____采集、传送加速踏板踩踏深浅与快慢的信号，从而实现踏板功能的_____，这个信号会被控制单元接收和解读，然后发出控制指令，控制行驶速度。 2. _____是智能网联汽车的最佳载体。 3. 线控节气门系统的优缺点有哪些？
线控换档系统的定义与工作原理	1. 市场上主要的线控换档器操纵机构形式有_____、_____、_____和_____ 4种。 2. 线控换档系统由换档选择模块、_____、_____、驻车控制 ECU、驻车执行机构和档位指示器组成。 3. 选用_____模式时，驾驶人操纵换档操纵机构的人工驾驶操作，将变为汽车自动判断所需档位并进行自动换档的自动驾驶操作，实现前进档、倒档、空档和驻车档的转换。

三、解决方案

序号	作业项目	说明

四、评价反馈

评价项目	评价内容	评价标准	分值	自我评价	平台评价	组内评价	组间评价	教师评价
素质测评	规则意识	遵守作息制度，不迟到，不早退，不旷课	10					
	分析、解决问题能力	提升自我查阅资料、解决问题的能力	10					
	个人表达	口头表达能力，书面总结能力	10					
	团队合作	收集信息、合作共事、知识共享、听取意见等方面	10					
专业测评	信息收集	准确记录客户和车辆信息	15					
	技能提升	线控驱动系统的发展	15					
		线控驱动系统的功能	15					
		线控驱动系统的组成	15					
总评			100					

任务工单二　线控驱动系统的拆装

姓名			上课时间	
班级			上课地点	
团队分工	组长		操作员	
	检验员		记录员	

一、信息收集

1. 客户信息登记

客户信息					
客户姓名		进店时间		联系电话	

2. 车辆信息登记

车辆信息				
车辆型号		车牌号码		车辆 VIN	
里程数		油量/电量		故障灯	□有　□无
车辆外观	□有　具体情况：			□无
故障描述				
车内检查	中控屏尺寸		维修手册	____册，版本是：
导航系统	□正常启动　□无法启动　□能启动但显示异常，具体情况_____			
配件设备	维修所用配件和设备是否齐全	□齐全 □不齐全，具体情况：		
维修时间	需要时长：			
资料提供	本次维修后需要提供给客户的资料有_____			
车辆清洗	□需要清洗　□无须清洗			

二、准备工作

设备	智能网联汽车教学车
工具/仪器	常用绝缘工具箱、高压防护用具、警示标识牌、驱动电机举升设备等
团队成员分工	实行角色轮换制，组长1名，记录员1名，检验员1名，操作员2名
注意事项	1. 实训开始前，应摘掉各类饰品，穿着实训服，长发需缩起。 2. 整车实训时，应确保点火开关处于 LOCK 位置，操作另有要求时除外。 3. 应施加驻车制动，操作另有要求时除外。

注意事项	4. 在对线控驱动系统进行拆装前，需要佩戴棉线手套 / 高压绝缘手套，以保护手部，防止刮伤 / 触电。 　5. 在使用万用表对线控驱动系统进行故障检查时，测量档位及量程一定要选对，否则影响测量结果。 　6. 在使用诊断仪测量线控驱动系统故障码和数据流时，一定要将车辆起动开关置于 ON 位或起动档状态。 　7. 高压线束和电机控制器上标注有对应的相位符号，禁止接错、接反。 　8. 电机控制器外接有多个插接器，如需拆卸，要做好标签，以免误插接和漏插接，造成人和车的安全事故。 　9. 驱动电机系统是水冷却系统时，在拆卸前需将冷却液排干净，在装配后需添加冷却液至规定位置。 　10. 工具使用后，应清洁并归位。

清点检查设备、工具、材料	名称	数量	清点	名称	数量	清点
			□已清点			□已清点
			□已清点			□已清点
			□已清点			□已清点

三、拆装前防护

序号	操作步骤	完成情况
1		□完成　□未完成
2		□完成　□未完成

四、驱动系统部件拆装

序号	操作步骤	完成情况
1		□完成　□未完成
2		□完成　□未完成
3		□完成　□未完成
4		□完成　□未完成
5		□完成　□未完成
6		□完成　□未完成
7		□完成　□未完成
8		□完成　□未完成
9		□完成　□未完成

五、评价反馈		
线控驱动系统的拆装	拆装步骤规范性和安全性	□高压绝缘手套外观是否完好 □设备线束插头是否完好 □工具使用功能是否正常 □线束绝缘外层有无损坏 □作业过程中有无安全隐患 □线控驱动系统拆装完成后，能否正常使用

评价项目	评价内容	评价标准	分值	自我评价	平台评价	组内评价	组间评价	教师评价
素质测评	规则意识	遵守作息制度，不迟到，不早退，不旷课	10					
	分析、解决问题能力	提升自我查阅资料、解决问题的能力	10					
	个人表达	口头表达能力，书面总结能力	10					
	团队合作	收集信息、合作共事、知识共享、听取意见等方面	10					
专业测评	信息收集	准确记录客户和车辆信息	10					
	知识掌握	线控驱动系统的拆卸前准备	10					
		线控节气门系统的拆卸	10					
		线控换档系统的安装	10					
	故障排查	故障排查是否正确	10					
	方案制订	方案制订是否合理	10					
总评			100					

任务工单三　线控驱动系统的调试

姓名			上课时间	
班级			上课地点	
团队分工	组长		操作员	
	检验员		记录员	

一、信息收集

1. 客户信息登记

客户信息					
客户姓名		进店时间		联系电话	

2. 车辆信息登记

车辆信息					
车辆型号		车牌号码		车辆 VIN	
里程数		油量 / 电量		故障灯	□有　□无
车辆外观		□有　具体情况：			□无
故障描述					
车内检查	中控屏尺寸		维修手册	____册，版本是：	
导航系统	□正常启动　□无法启动　□能启动但显示异常，具体情况_____				
配件设备	维修所用配件和设备是否齐全	□齐全 □不齐全，具体情况：			
维修时间	需要时长：				
资料提供	本次维修后需要提供给客户的资料有_____				
车辆清洗	□需要清洗　□无须清洗				

二、准备工作

设备	智能网联汽车教学车、台架
工具 / 仪器	计算机、数字式万用表、示波器
团队成员分工	实行角色轮换制，组长 1 名，记录员 2 名，检验员 2 名，操作员多名
注意事项	1. 实训开始前，应摘掉各类饰品，穿着实训服，长发需绾起。 2. 整车实训时，应确保点火开关处于 LOCK 位置，操作另有要求时除外。 3. 应施加驻车制动，操作另有要求时除外。 4. 工具使用后，应清洁并归位。

	名称	数量	清点	名称	数量	清点
清点检查设备、工具、材料			□已清点			□已清点
			□已清点			□已清点
			□已清点			□已清点

三、数据源

数据来源：车载 CAN 总线

四、计算平台向 VCU 发送 CAN 报文计算

1. 计算平台向 VCU 发送 CAN 报文，需选择 CAN2 发送报文，帧 ID 选择 0x110，发送周期填 100ms，发送次数填 50，波特率选择默认的 500kbit/s，帧类型选择默认的接收所有类型。

2. 线控系统测试，设置档位为前进档，目标车速为 100km/h。

报文计算列表

字节	Byte0	Byte1	Byte2	Byte3	Byte4	Byte5	Byte6	Byte7
数据								

五、VCU 向计算平台反馈的 CAN 报文解析

在调试软件上反馈回来的报文如下：

CAN 口	传输方向	时间标识	帧 ID	帧格式	帧类型	数据长度	数据（HEX）
CAN2	接收	16：49：12	0x101	数据帧	标准帧	8	0D000001E803524E

驱动系统状态解析

字节	数据	解析
Byte0	0x0D	
Byte1	0x0000	
Byte2		
Byte3	0x01	
Byte4	0xE803	
Byte5		
Byte6	0x524E	
Byte7		

六、评价反馈

1. 自我反思

线控底盘测试	动作执行与记录	□通过 CAN1 发送调试指令是以 VCU 的身份向 EPS/EHB/ 电机控制器发送协议，因而会干预 VCU 当前指令。为避免冲突，调试时应选择 CAN2 发送协议 □调试前确保千斤顶将后轮悬空，同时，保证驾驶位上有 1 名安全员，以免出现安全事故 □发送调试协议后，只有单击了停止按钮，才能进行下一项任务 □记录根据输入数据计算出的报文 □记录根据反馈数据解析的车辆状态

2. 考核评价

评价项目	评价内容	评价标准	分值	自我评价	平台评价	组内评价	组间评价	教师评价
素质测评	规则意识	遵守作息制度，不迟到，不早退，不旷课	10					
	分析、解决问题能力	提升自我查阅资料、解决问题的能力	10					
	个人表达	口头表达能力，书面总结能力	10					
	团队合作	收集信息、合作共事、知识共享、听取意见等方面	10					
专业测评	信息收集	准确记录客户和车辆信息	10					
	知识掌握	仪器设备使用	10					
		计算平台向 VCU 发送 CAN 报文计算	10					
		VCU 向计算平台反馈的 CAN 报文解析	10					
	故障排查	故障排查是否正确	10					
	方案制订	方案制订是否合理	10					
总评			100					

任务工单四　线控驱动系统故障检修

姓名			上课时间	
班级			上课地点	
团队分工	组长		操作员	
	检验员		记录员	

一、信息收集

1. 客户信息登记

客户信息					
客户姓名		进店时间		联系电话	

2. 车辆信息登记

车辆信息				
车辆型号		车牌号码	车辆 VIN	
里程数		油量 / 电量	故障灯	□有　□无
车辆外观	剐蹭痕迹	□有　具体情况：		□无
故障描述				
查找本车维修手册：____册，版本是：				
本车维修	□单人进行　□双人进行　□需要技术支持协助完成			
本车车内检查	转向盘和仪表盘上的自动驾驶功能显示：□正常启动　□无法启动　□能启动但显示异常，具体情况_____			
配件设备	维修所用配件和设备是否齐全	□齐全 □不齐全，具体情况：		
维修时间	需要时长：			
资料提供	本次维修后需要提供给客户的资料有_____			
车辆清洗	□需要清洗　□无须清洗			

二、准备工作

设备	智能网联汽车线控底盘系统测试装调试验台、智能网联汽车试验车
工具 / 仪器	计算机、数字式万用表、高压防护套装、绝缘测试仪、探针及线束等
团队成员分工	实行角色轮换制，组长 1 名，记录员 2 名，检验员 2 名，操作员多名

注意事项	1. 实训开始前，应摘掉各类饰品，穿着实训服，长发需绾起。 2. 个人防护，维修人员需戴着高压绝缘手套、高压防护鞋、高压防护衣。 3. 使用万用表进行故障检查时，正确选择量程，以免影响测量结果。 4. 在使用诊断仪测量故障码和数据流时，一定要将车辆起动开关置于 ON 位或起动档状态。 5. 整车实训时，应确保点火开关处于 LOCK 位置，操作另有要求时除外。 6. 工具使用后，应清洁并归位。

<table>
<tr><td rowspan="4">清点检查设备、
工具、材料</td><td colspan="6"></td></tr>
<tr><td>名称</td><td>数量</td><td>清点</td><td>名称</td><td>数量</td><td>清点</td></tr>
<tr><td></td><td></td><td>□已清点</td><td></td><td></td><td>□已清点</td></tr>
<tr><td></td><td></td><td>□已清点</td><td></td><td></td><td>□已清点</td></tr>
</table>

（表续）

		□已清点			□已清点

三、电子旋钮档位开关 R 位故障检修

以"仪表提示仪表显示无法切换到 R 位"为故障现象，进行故障检测。

步骤		具体操作	结果
检测前防护	个人防护		□完成　□未完成
	设备安全防护		□完成　□未完成
故障检测	故障现象		
	故障分析	VCU 模块本体	□正常　□不正常
		倒档信号电路	□正常　□不正常
		档位开关本体	□正常　□不正常
	故障检测	用万用表电压档测量 VCU 模块位置 D 位信号测试端子的电压	正常值： 实测值：
		用万用表电压档测量 VCU 模块位置 R 位信号测试端子的电压	正常值： 实测值
		用万用表测量档位开关为倒档的输出信号	正常值： 实测值：
故障修复	故障修复	维修或更换相同型号的电路	故障是否排除：
	确认故障是否排除	踩下制动踏板，操作档位开关挂入倒档，仪表是否显示倒档状态	□显示　□不显示

四、线控驱动系统 CAN 通信故障检修

以"打开点火开关，驱动电机无法起动"为故障现象，CAN1 中 VCU 输出报文的 ID 0x310、0x311、0x312 异常来进行故障检测。

步骤		具体操作	结果
检测前防护	个人防护		□完成 □未完成
	设备安全防护		□完成 □未完成
故障检测	故障现象		
	故障分析	线控驱动电机控制器电源	□正常 □不正常
		线控驱动电机控制器 CAN 通信	□正常 □不正常
		线控驱动电机控制器软件	□正常 □不正常
		线控驱动电机控制器本身	□正常 □不正常
	故障检测	线控驱动电机控制器电源	正常值： 实测值：
		线控驱动电机控制器 CAN 通信	CAN-H 正常值： CAN-H 实测值： CAN-L 正常值： CAN-L 实测值：
		电机控制器本体	□正常 □不正常
故障修复	故障修复	维修或更换相同型号的电路	故障是否排除：
	确认故障是否排除	重启车辆电源，观察车辆是否自检。车辆自检是否正常	□正常 □不正常
		CAN1 中 VCU 输出报文的 ID 0x310、0x311、0x312 是否正常	□正常 □不正常

五、VCU CAN 通信故障检修

以"打开点火开关，驱动电机无法起动"为故障现象，CAN1 中 VCU 输出报文的 ID 0x314、0x301、0x364 异常来进行故障检测。

步骤		具体操作	结果
检测前防护	个人防护		□完成 □未完成
	设备安全防护		□完成 □未完成
故障检测	故障现象		
	故障分析	VCU CAN1 通信	□正常 □不正常
		VCU 软件	□正常 □不正常
		VCU 电源、搭铁及相关电路	□正常 □不正常

（续）

步骤		具体操作	结果
故障检测	故障检测	VCU 插头处电压	正常值： 实测值：
		VCU 控制器 CAN 通信端子 90 号、91 号	CAN-H 正常值： CAN-H 实测值： CAN-L 正常值： CAN-L 实测值：
		VCU 本体	□正常　□不正常
故障修复	故障修复	维修或更换相同型号的电路	故障是否排除：
	确认故障是否排除	重启车辆电源，观察车辆是否自检。车辆自检是否正常	□正常　□不正常
		CAN1 中 VCU 输出报文的 ID 0x314、0x301、0x364，0x101、0x102、0x103 是否正常	□正常　□不正常

六、线控驱动电机温度传感器故障检修

以"打开点火开关，驱动电机无法起动，线控驱动电机控制器输出报文的 CAN1 中 ID 0x310 电机温度传感器部分异常"为故障现象，进行故障检测。

步骤		具体操作	结果
检测前防护	个人防护		□完成　□未完成
	设备安全防护		□完成　□未完成
故障检测	故障分析	故障现象	
		电机温度传感器	□正常　□不正常
		电机温度传感器电路	□正常　□不正常
		VCU 电源、搭铁及相关电路线控驱动电机控制器软件	□正常　□不正常
		线控驱动电机控制器电源、搭铁及相关电路	□正常　□不正常
	故障检测	测量电机温度传感器信号电压	正常值： 实测值：
		使用万用表蜂鸣档，测量电机温度传感器的电阻值	正常值： 实测值：
		检查是否有电机控制器对应升级	□正常　□不正常
故障修复	故障修复	维修或更换相同型号的电路	故障是否排除：
	确认故障是否排除	重启车辆电源，观察车辆是否自检。车辆自检是否正常	□正常　□不正常
		CAN1 中电机控制器输出报文的 ID 0x310 报文是否正常	□正常　□不正常

		七、评价反馈						
评价项目	评价内容	评价标准	分值	自我评价	平台评价	组内评价	组间评价	教师评价
素质测评	规则意识	遵守作息制度，不迟到，不早退，不旷课	10					
	岗位职责	组长、检测员、记录员、操作员分工	10					
	操作能力	动手实践操作能力	10					
	团队合作	收集信息、合作共事、知识共享、听取意见等方面	10					
专业测评	信息收集	准确记录客户和车辆信息	15					
	技能提升	电子旋钮档位开关倒档故障检修	10					
		线控驱动系统 CAN 通信故障检修	10					
		VCU CAN 通信故障检修	10					
		驱动电机温度传感器故障检修	15					
总评			100					

项目三

智能网联汽车线控转向系统技术

任务工单一　线控转向系统的认知

姓名			上课时间	
班级			上课地点	
团队分工	组长		操作员	
	记录员		评价员	

<table>
<tr><td colspan="5" align="center">一、信息收集</td></tr>
</table>

1. 客户信息登记

客户信息					
客户姓名		进店时间		联系电话	

2. 车辆信息登记

车辆信息				
车辆型号		车牌号码		车辆 VIN
里程数		油量／电量		故障灯　□有　□无
车辆外观	剐蹭痕迹　□有　具体情况：			□无
故障描述				
查找本车维修手册：_____册，版本是：				
本车维修	□单人进行　□双人进行　□需要技术支持协助完成			
本车车内检查	转向盘和仪表盘上的自动驾驶功能显示：□正常启动　□无法启动　□能启动但显示异常，具体情况_____			
配件设备	维修所用配件和设备是否齐全	□齐全　□不齐全，具体情况：		
维修时间	需要时长：			
资料提供	本次维修后需要提供给客户的资料有_____			
车辆清洗	□需要清洗　□无须清洗			

二、知识学习	
转向系统功能	转向系统的功能_____
汽车转向系统的 发展过程	汽车转向系统大致经历了机械式转向系统、_____、电控液压助力转向系统、EPS、_____ 的发展过程。
智能网联汽车线控 转向系统的分类	目前，能适应自动驾驶汽车转向系统要求的主要有_____和_____两大类。 根据辅助电动机的位置有 3 种形式的 EPS，分别是_____，齿轮辅助型（P-EPS）和_____。
线控转向系统的 组成	线控转向系统由哪几部分组成？
线控转向系统的 工作原理	线控转向系统的工作原理： 1. 人工驾驶模式 2. 自动驾驶模式
线控转向系统的 关键部件	1. 转向盘模块的关键部件有哪些？ 2. 转向执行模块的关键部件有哪些？
线控转向系统 技术上的优势	线控转向系统的结构优势有哪些？
线控转向系统 技术上的难点	线控转向系统技术存在的难点有哪些？

三、认识和绪智能网联汽车线控转向系统台架		
序号	具体操作步骤	结果
1		□完成　□未完成
2		□完成　□未完成
3		□完成　□未完成

四、认识中汽智联智能网联汽车线控转向系统台架		
序号	具体操作步骤	结果
1		□完成　□未完成
2		□完成　□未完成
3		□完成　□未完成
4		□完成　□未完成

五、评价反馈								
评价项目	评价内容	评价标准	分值	自我评价	平台评价	组内评价	组间评价	教师评价
素质测评	规则意识	遵守作息制度，不迟到，不早退，不旷课	10					
	分析、解决问题能力	提升自我查阅资料、解决问题的能力	10					
	个人表达	口头表达能力，书面总结能力	5					
	团队合作	收集信息、合作共事、知识共享、听取意见等方面	10					
专业测评	信息收集	准确记录客户和车辆信息	5					
	知识掌握	转向系统的发展历史	5					
		转向系统的组成、功能及分类	10					
		线控转向系统的工作原理	10					
		线控转向系统的关键部件	5					
		线控转向系统的结构优势	5					
		线控转向系统技术上的难点	5					
	汽车线控转向台架认识	认识和绪智能网联汽车线控转向台架	10					
		认识中汽智联智能网联汽车线控转向台架	10					
总评			100					

任务工单二　线控转向系统的拆装

姓名			上课时间	
班级			上课地点	
团队分工	组长		操作员	
	检验员		记录员	

一、信息收集

1. 客户信息登记

客户信息					
客户姓名		进店时间		联系电话	

2. 车辆信息登记

车辆信息			
车辆型号		车牌号码　　　　　车辆 VIN	
里程数		油量 / 电量　　　　故障灯　□有　□无	
车辆外观	剐蹭痕迹　□有　具体情况：		□无
故障描述			
查找本车维修手册：____册，版本是：			
本车维修	□单人进行　□双人进行　□需要技术支持协助完成		
本车车内检查	转向盘和仪表盘上的自动驾驶功能显示：□正常启动　□无法启动　□能启动但显示异常，具体情况_____		
配件设备	维修所用配件和设备是否齐全	□齐全 □不齐全，具体情况：	
维修时间	需要时长：		
资料提供	本次维修后需要提供给客户的资料有_____		
车辆清洗	□需要清洗　□无须清洗		

二、准备工作

设备	智能网联汽车教学车、调试台架、多功能一体机 1 台
工具 / 仪器	常用拆装工具（世达）、螺钉旋具套装、钳子、锤子、球头拆卸器等
团队成员分工	实行角色轮换制，组长 1 名，记录员 2 名，检验员 2 名，操作员多名

注意事项	1. 实训开始前，应摘掉各类饰品，穿着实训服，长发需绾起。 2. 拆装前，需要佩戴棉线防护手套，以保护手部，防止刮伤。 3. 使用万用表进行故障检查时，正确选择量程，以免影响测量结果。 4. 在使用诊断仪测量故障码和数据流时，一定要将车辆起动开关置于 ON 位或起动档状态。 5. 在使用扳手拆装时，要选择合适大小的扳手，否则容易造成螺栓棱角损坏，难以拆卸，螺栓不能继续使用。 6. 在安装与转向助力电动机相连接的传动蜗杆时，需要提前涂抹润滑脂，以便于传动。 7. 安装时，应注意转向螺旋电缆的安装。首先确定转向盘的旋转圈数，先向左 / 右转至极位，再回转至总圈数的一半，为螺旋电缆的旋转中间安装位置。 8. 拆下来的安全气囊为了放置安全，不应将装饰盖面朝下放置在桌面或地面上。 9. 工具使用后，应清洁并归位。 10. 转向系统装配后，应进行转向零位学习、四轮定位操作后，才能上路行驶。

清点检查设备、工具、材料	名称	数量	清点	名称	数量	清点
			□已清点			□已清点
			□已清点			□已清点
			□已清点			□已清点

三、线控转向系统的安装

序号	具体操作步骤	结果
1		□完成　□未完成
2		□完成　□未完成
3		□完成　□未完成
4		□完成　□未完成
5		□完成　□未完成
6		□完成　□未完成
7		□完成　□未完成
8		□完成　□未完成
9		□完成　□未完成
10		□完成　□未完成
11		□完成　□未完成
12		□完成　□未完成
13		□完成　□未完成
14		□完成　□未完成

（续）

序号	具体操作步骤	结果
15		□完成　□未完成
16		□完成　□未完成
17		□完成　□未完成
18		□完成　□未完成
19		□完成　□未完成
20		□完成　□未完成
21		□完成　□未完成

四、质量检查

请实训指导教师检查本组作业结果，并针对实训过程中出现的问题提出改进措施及建议。

序号	评价标准	评价结果
1	维修作业前检查及车辆防护	□完成　□未完成
2	工具使用功能是否正常	□完成　□未完成
3	转向系统部件外观检查	□完成　□未完成
4	线束绝缘外层有无损坏	□完成　□未完成
5	设备线束插头是否完好	□完成　□未完成
综合评价		

五、评价反馈

评价项目	评价内容	评价标准	分值	自我评价	平台评价	组内评价	组间评价	教师评价
素质测评	规则意识	遵守作息制度，不迟到，不早退，不旷课	10					
	岗位职责	组长、检验员、记录员、操作员分工	10					
	操作能力	动手实践操作能力	10					
	团队合作	收集信息、合作共事、知识共享、听取意见等方面	10					
专业测评	信息收集	准确记录客户和车辆信息	15					
	技能提升	转向传动机构的安装	15					
		转向执行机构的安装	15					
		各连接线束的安装	15					
总评			100					

任务工单三 线控转向系统的调试（VCU- 计算平台双向）

姓名			上课时间	
班级			上课地点	
团队分工	组长		操作员	
	检验员		记录员	

一、信息收集

1. 客户信息登记

客户信息					
客户姓名		进店时间		联系电话	

2. 车辆信息登记

车辆信息						
车辆型号		车牌号码		车辆 VIN		
里程数		油量 / 电量		故障灯	□有	□无
车辆外观	剐蹭痕迹	□有 具体情况：				□无
故障描述						
车内检查	中控屏尺寸			维修手册	_____册，版本是：	
导航系统	□正常启动 □无法启动 □能启动但显示异常，具体情况_____					
配件设备	维修所用配件和设备是否齐全	□齐全 □不齐全，具体情况：				
维修时间	需要时长：					
资料提供	本次维修后需要提供给客户的资料有_____					
车辆清洗	□需要清洗 □无须清洗					

二、准备工作

设备	智能网联汽车教学车、台架
团队成员分工	实行角色轮换制，组长 1 名，记录员 2 名，检验员 2 名，操作员多名
注意事项	1. 实训开始前，应摘掉各类饰品，穿着实训服，长发需绾起。 2. 整车实训时，应确保点火开关处于 LOCK 位置，操作另有要求时除外。 3. 应施加驻车制动，操作另有要求时除外。 4. 工具使用后，应清洁并归位。

清点检查设备、工具、材料	名称	数量	清点	名称	数量	清点
			☐已清点			☐已清点
			☐已清点			☐已清点
			☐已清点			☐已清点

三、计算平台向 VCU 发送转向 CAN 报文计算

序号	具体操作步骤	结果
1	参数设置：计算平台向 VCU 发送 CAN 报文，需选择 CAN2 发送报文，即采用联合调试发送报文进行通信，帧 ID 选择 0x110，发送周期填 100（单位为 ms)，发送次数填 100，波特率选择默认的 500kbit/s，帧类型选择默认的接收所有类型	☐完成　☐未完成
2	线控转向系统联合测试，设置为驻车档，转向盘逆时针旋转（左转）320°。解析报文	☐完成　☐未完成
3	线控转向系统联合测试，设置为空档，转向盘顺时针旋转（右转）448°。解析报文	☐完成　☐未完成

四、VCU 向计算平台反馈的转向 CAN 报文计算

解析以下报文：

CAN 口	传输方向	时间标识	帧 ID	帧格式	帧类型	数据长度	数据（HEX）
CAN2	接收	14:43:21	0x101	数据帧	标准帧	8	0104010400000000

根据报文解析，分析线控转向系统相关状态。

字节	数据	解析
Byte0	0x01	
Byte1	0x0401	
Byte2		
Byte3	0x04	
Byte4	0x0000	
Byte5		
Byte6	0x0000	
Byte7		

评价项目	评价内容	评价标准	分值	自我评价	平台评价	组内评价	组间评价	教师评价
素质测评	规则意识	遵守作息制度，不迟到，不早退，不旷课	10					
	岗位职责	组长、检验员、记录员、操作员分工	10					
	操作能力	动手实践操作能力	10					
	团队合作	收集信息、合作共事、知识共享、听取意见等方面	10					
专业测评	信息收集	准确记录车辆信息	10					
	技能提升	参数设置	20					
		转向系统联合测试	15					
		报文解析	15					
总评			100					

表头上方跨行标题：五、评价反馈

任务工单四　线控转向系统故障检修（供电电源，CAN 通信，转矩传感器、转角传感器）

姓名			上课时间	
班级			上课地点	
团队分工	组长		操作员	
	检验员		记录员	

一、信息收集

1. 客户信息登记

客户信息					
客户姓名		进店时间		联系电话	

2. 车辆信息登记

车辆信息				
车辆型号		车牌号码	车辆 VIN	
里程数		油量 / 电量	故障灯	□有　□无
车辆外观	剐蹭痕迹	□有　具体情况：		□无
故障描述				
车内检查	中控屏尺寸		维修手册	____册，版本是：
导航系统	□正常启动　□无法启动　□能启动但显示异常，具体情况_____			
配件设备	维修所用配件和设备是否齐全	□齐全 □不齐全，具体情况：		
维修时间	需要时长：			
资料提供	本次维修后需要提供给客户的资料有_____			
车辆清洗	□需要清洗　□无须清洗			

二、准备工作

设备	智能网联汽车教学车、台架
工具 / 仪器	计算机、数字式万用表、示波器、常用拆装工具套装、内六角扳手
团队成员分工	实行角色轮换制，组长 1 名，记录员 2 名，检验员 2 名，操作员多名

| | 注意事项 | 1. 实训开始前，应摘掉各类饰品，穿着实训服，长发需缩起。
2. 整车实训时，应确保点火开关处于 LOCK 位置，操作另有要求时除外。
3. 应施加驻车制动，操作另有要求时除外。
4. 工具使用后，应清洁并归位。 |

<table>
<tr><td rowspan="4">清点检查设备、工具、材料</td><td>名称</td><td>数量</td><td>清点</td><td>名称</td><td>数量</td><td>清点</td></tr>
<tr><td></td><td></td><td>□已清点</td><td></td><td></td><td>□已清点</td></tr>
<tr><td></td><td></td><td>□已清点</td><td></td><td></td><td>□已清点</td></tr>
<tr><td></td><td></td><td>□已清点</td><td></td><td></td><td>□已清点</td></tr>
</table>

三、线控转向重要技术支撑

1. 汽车线控转向系统需要的相关传感器有角位移传感器＿＿＿＿＿＿＿＿、＿＿＿＿＿＿＿＿、＿＿＿＿＿＿＿＿、横摆角速度传感器等。

2. 容错控制的方法主要有两种：第 1 种是按照故障在系统中发生的位置，例如＿＿＿＿＿＿、＿＿＿＿＿＿＿＿和控制器自身故障容错控制；第 2 种是按照系统应对故障时所做出的处理故障的方式，分为＿＿＿＿＿＿和＿＿＿＿＿＿容错控制。

3. 车用总线是指用于车载网络中底层的车用设备或车用仪表互联的通信网络。目前，汽车应用的通信网络包括＿＿＿＿＿＿、＿＿＿＿＿＿、LIN 总线和＿＿＿＿＿＿等。

4. 汽车电源承担着线控转向系统中＿＿＿＿＿＿、＿＿＿＿＿＿电机的供电。

四、线控转向系统电路图分析

线控转向系统电路图分析：

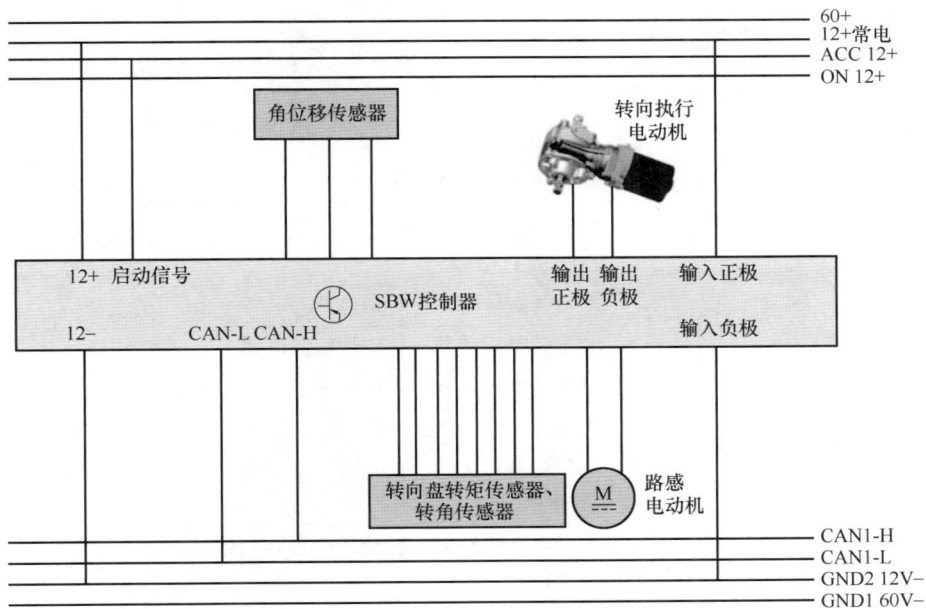

五、线控转向系统故障检修		

1. 线控转向系统供电电源故障检修

以"整车转向无助力，转不动转向盘"为故障现象，进行故障检测。

步骤		具体操作	结果
检测前防护	个人防护		□完成 □未完成
	设备安全防护		□完成 □未完成
故障检测	故障现象		
	故障分析	EPS-ECU 电源故障	□正常 □不正常
		EPS-ECU 通信故障	□正常 □不正常
		EPS-ECU 软件错误	□正常 □不正常
		EPS-ECU 故障	□正常 □不正常
	故障检测	测量 EPS-ECU 供电插头搭铁通断情况	正常值：
		测量 EPS-ECU 供电电压	正常值：
		测量熔丝供电电压	正常值：
		测量 F19 熔丝导通状态	正常值：
		测量 FI9 熔丝电压输出插座和 EPS-ECU 信号插头 ON 供电端子 T8/4 之间电路	具体情况：
故障修复	故障修复	维修或更换相同型号的电源或网线	故障是否排除：

2. 线控转向系统转矩传感器、转角传感器故障检修

以"整车转向无助力，转不动转向盘"为故障现象，进行故障检测。

步骤		具体操作	结果
检测前防护	个人防护		□完成 □未完成
	设备安全防护		□完成 □未完成
故障检测	故障现象		
	故障分析	转角传感器故障	□正常 □不正常
		转角传感器电路故障	□正常 □不正常
		EPS-ECU 软件错误	□正常 □不正常
		EPS-ECU 故障	□正常 □不正常
	故障检测	测量转矩传感器、转角传感器电源 1	正常值：
		测量转矩传感器、转角传感器电源 2	正常值：
		测量转矩传感器、转角传感器转角信号 1	正常值：
		测量转矩传感器、转角传感器转角信号 2	正常值：
		测量转矩传感器、转角传感器转角信号 1 端子 T8/7	正常值：
		测量转矩传感器、转角传感器转角信号 2 端子 T8/8	正常值：
故障修复	故障修复	恢复脱落端子	故障是否排除：

		六、评价反馈						
评价项目	评价内容	评价标准	分值	自我评价	平台评价	组内评价	组间评价	教师评价
素质测评	规则意识	遵守作息制度，不迟到，不早退，不旷课	10					
	岗位职责	组长、检验员、记录员、操作员分工	10					
	操作能力	动手实践操作能力	10					
	团队合作	收集信息、合作共事、知识共享、听取意见等方面	10					
专业测评	信息收集	准确记录客户和车辆信息	10					
	技能提升	供电电源故障检修	20					
		CAN通信故障检修	15					
		转矩传感器、转角传感器故障检修	15					
总评			100					

项目四

智能网联汽车线控制动系统技术

任务工单一 线控制动系统的认知

姓名			上课时间	
班级			上课地点	
团队分工	组长		操作员	
	检验员		记录员	
一、信息收集				

1. 客户信息登记

客户信息					
客户姓名		进店时间		联系电话	

2. 车辆信息登记

车辆信息				
车辆型号		车牌号码		车辆 VIN	
里程数		油量／电量		故障灯	□有 □无
车辆外观	剐蹭痕迹	□有 具体情况:		□无
故障描述				
车内检查	中控屏尺寸		维修手册	____册，版本是:
导航系统	□正常启动 □无法启动 □能启动但显示异常，具体情况_____			
配件设备	维修所用配件和设备是否齐全	□齐全 □不齐全，具体情况:		
维修时间	需要时长:			
资料提供	本次维修后需要提供给客户的资料有_____			
车辆清洗	□需要清洗 □无须清洗			

二、知识学习	
作用与定义	1. 汽车线控制动系统的作用是什么？ 2. 汽车线控制动系统的定义是什么？
发展历程	制动技术的发展，经历了哪 3 个阶段？＿＿＿＿＿＿＿＿＿＿＿＿＿＿＿＿
三类线控制动系统	1. ESC 由＿＿＿＿＿、＿＿＿＿＿和＿＿＿＿＿3 部分组成。 2. EHB 与传统液压制动器的区别是什么？ 3. 什么是 EMB？
优缺点	1. EHB 的优缺点有哪些？ 2. EMB 的优缺点有哪些？
现状及未来趋势	1. 简述线控制动系统的市场现状。 2. 简述中国线控制动系统研究现状。 3. 简述线控制动系统的未来趋势。
EHB	1. 汽车 EHB 的组成是什么？ 2. EHB 控制模块的组成及作用是什么？ 3. 简述汽车 EHB 的通信原理。 4. 简述汽车 EHB 的工作原理。

		结果
电子助力器带制动泵总成	1. 简述电子助力器带制动泵总成的工作原理。 2. 简述电控制动助力功能。	
EMB	1. 简述汽车 EMB 的组成。 2. 简述汽车 EMB 各部分的作用。 3. 简述汽车 EMB 的工作原理。	

三、认识和绪智能网联汽车线控制动系统

序号	具体操作步骤	结果
1		□完成　□未完成
2		□完成　□未完成
3		□完成　□未完成

四、认识中汽智联智能网联汽车线控制动系统

序号	具体操作步骤	结果
1		□完成　□未完成
2		□完成　□未完成
3		□完成　□未完成
4		□完成　□未完成

五、评价反馈								
评价项目	评价内容	评价标准	分值	自我评价	平台评价	组内评价	组间评价	教师评价
素质测评	规则意识	遵守作息制度，不迟到，不早退，不旷课	10					
	分析、解决问题能力	提升自我查阅资料、解决问题的能力	10					
	个人表达	口头表达能力，书面总结能力	10					
	团队合作	收集信息、合作共事、知识共享、听取意见等方面	10					
专业测评	信息收集	准确记录客户和车辆信息	10					
	知识掌握	汽车线控制动系统的定义	5					
		ESC、EHB、EMB 的特点及优缺点	5					
		EHB 的组成	5					
		EHB 的工作原理	5					
		EMB 的组成	5					
		EMB 的工作原理	5					
	汽车线控制动系统的认识	认识和绪智能网联汽车线控制动系统	10					
		认识中汽智联智能网联汽车线控制动系统	10					
总评			100					

任务工单二　线控制动系统的拆装

姓名			上课时间	
班级			上课地点	
团队分工	组长		操作员	
	检验员		记录员	

一、信息收集				

1. 客户信息登记

客户信息					
客户姓名		进店时间		联系电话	

2. 车辆信息登记

车辆信息				
车辆型号		车牌号码		车辆 VIN	
里程数		油量 / 电量		故障灯	□有　□无
车辆外观	剐蹭痕迹	□有　具体情况：		□无
故障描述				
车内检查	中控屏尺寸		维修手册	＿＿＿册，版本是：
导航系统	□正常启动　□无法启动　□能启动但显示异常，具体情况＿＿＿＿＿＿＿＿＿			
配件设备	维修所用配件和设备是否齐全	□齐全 □不齐全，具体情况：		
维修时间	需要时长：			
资料提供	本次维修后需要提供给客户的资料有＿＿＿＿＿＿＿＿＿＿			
车辆清洗	□需要清洗　□无须清洗			

二、准备工作	
设备	智能网联汽车教学车、调试台架
工具 / 仪器	举升机、常用拆装工具套装、螺钉旋具套装、钳子、轮胎拆装工具、安全帽、护目镜、棉线手套、车内三件套、车外三件套等
团队成员分工	实行角色轮换制，组长 1 名，记录员 2 名，检验员 2 名，操作员多名

注意事项	1. 实训开始前，维修人员应摘掉各类饰品，穿着实训服，长发需绾起。 2. 操作举升机前，必须找准车辆举升点，举升时要避开动力蓄电池，同时防止车辆举升时打滑滑落。 3. 操作举升机时，必须先观察车辆周围有无人员，并大声警告举升车辆，注意危险。 4. 举升车辆时，眼睛要仔细观察车辆是否平稳上升，如果出现车身倾斜，要立即停止举升。 5. 当车辆举升到位时，必须插入保险销锁，确保安全可靠后才可进行作业。 6. 当有维修人员在进行作业时，禁止其他维修人员操作该举升机。回收制动液时，维修人员需佩戴护目镜，以免制动液进入眼睛。 7. 回收制动液时，禁止用嘴吸制动液。 8. 在安装制动器时，需要按照一定的安装顺序进行。一般来讲，应该按照车轮的前、后位置依次装配制动器。先安装前轮制动器，然后安装后轮制动器。这种装配顺序可以保证车辆制动的平衡性和稳定性。 9. 安装制动器前，应该先清洁制动器和制动鼓/碟片表面（如果是新的制动片，应先打磨再清洁），从而确保它们之间的配合平稳。 10. 添加与车辆制动液相同品牌和型号的制动液。不同品牌和型号的制动液不能兼容，会对制动器产生不良影响。 11. 在添加制动液时，需要检查制动系统的密封性。如果制动系统存在漏气现象，将会使制动器失去制动能力，造成隐患。 12. 在添加完制动液后，需要给制动系统排气。排气的目的是将制动系统中的空气排出，从而确保制动系统的稳定性和正常工作。 13. 在安装结束后，务必进行制动测试，检查制动器的制动效果是否正常。

清点检查设备、工具、材料	名称	数量	清点	名称	数量	清点
			□已清点			□已清点
			□已清点			□已清点
			□已清点			□已清点

三、线控制动系统的拆卸

序号	具体操作步骤	结果
1		□完成 □未完成
2		□完成 □未完成
3		□完成 □未完成
4		□完成 □未完成
5		□完成 □未完成
6		□完成 □未完成

（续）

序号	具体操作步骤	结果
7		□完成　□未完成
8		□完成　□未完成
9		□完成　□未完成
10		□完成　□未完成
11		□完成　□未完成
12		□完成　□未完成
13		□完成　□未完成
14		□完成　□未完成

四、线控制动系统的安装

序号	具体操作步骤	结果
1		□完成　□未完成
2		□完成　□未完成
3		□完成　□未完成
4		□完成　□未完成
5		□完成　□未完成
6		□完成　□未完成
7		□完成　□未完成
8		□完成　□未完成
9		□完成　□未完成
10		□完成　□未完成
11		□完成　□未完成
12		□完成　□未完成
13		□完成　□未完成
14		□完成　□未完成
15		□完成　□未完成

		五、评价反馈						
评价项目	评价内容	评价标准	分值	自我评价	平台评价	组内评价	组间评价	教师评价
素质测评	规则意识	遵守作息制度，不迟到，不早退，不旷课	10					
	岗位职责	组长、检验员、记录员、操作员分工	10					
	操作能力	动手实践操作能力	10					
	团队合作	收集信息、合作共事、知识共享、听取意见等方面	10					
专业测评	信息收集	准确记录客户和车辆信息	10					
	技能提升	线控制动系统的拆卸	25					
		线控制动系统的安装	25					
总评			100					

任务工单三　线控制动系统的调试

姓名			上课时间	
班级			上课地点	
团队分工	组长		操作员	
	检验员		记录员	

一、信息收集

1. 客户信息登记

客户信息					
客户姓名		进店时间		联系电话	

2. 车辆信息登记

车辆信息			
车辆型号		车牌号码	车辆 VIN
里程数		油量 / 电量	故障灯　□有　□无
车辆外观	剐蹭痕迹	□有　具体情况：	□无
故障描述			
车内检查	中控屏尺寸	维修手册	＿＿＿册，版本是：
导航系统	□正常启动　□无法启动　□能启动但显示异常，具体情况＿＿＿＿＿＿		
配件设备	维修所用配件和设备是否齐全	□齐全 □不齐全，具体情况：	
维修时间	需要时长：		
资料提供	本次维修后需要提供给客户的资料有＿＿＿＿＿＿＿＿＿＿		
车辆清洗	□需要清洗　□无须清洗		

二、准备工作

设备	智能网联汽车教学车、线控底盘调试台架
工具 / 仪器	千斤顶、棉线手套、车内三件套、车外三件套等

团队成员分工	实行角色轮换制，组长1名，记录员2名，检验员2名，操作员多名
注意事项	1. 实训开始前，维修人员应摘掉各类饰品，穿着实训服，长发需缩起。 2. 在调试线控制动系统之前，必须确保所用到的控制器和传感器均能正常工作无故障。 3. 在调试线控制动系统之前，需要用千斤顶支起车辆后端，让后轮处于悬空状态，否则车轮停止转动将无法测试制动命令。 4. 计算CAN报文前，需要确定系统采用的是Intel还是Motorola编码格式。采用不同的编码格式，得到的CAN报文不同。 5. 打开智能网联汽车底盘调试台架软件，设置好参数后单击"发送"。若显示发送成功，说明所设置的波特率和帧类型等通信参数是正确的。若显示发送失败，则说明通信失败，需要从多方面考虑影响通信的因素。 6. 在发送制动指令前，需让车轮处于旋转状态。否则无法判定系统是否按指令执行制动动作。 7. 智能网联汽车底盘调试台架软件中若使用CAN1进行调试，则需要将车内的模式开关选择为人工驾驶模式。若使用CAN2进行调试，则需要将车内的模式开关选择为智能驾驶模式。

清点检查设备、工具、材料	名称	数量	清点	名称	数量	清点
			□已清点			□已清点
			□已清点			□已清点
			□已清点			□已清点

三、线控制动系统的调试

1. 计算平台向VCU发动CAN报文计算

字节		定义	说明
Byte0	bit0	轮廓灯	0：关闭　1：打开
	bit1	近光灯	0：关闭　1：打开
	bit2	远光灯	0：关闭　1：打开
	bit3	喇叭	0：关闭　1：打开
	bit4	预留	—
	bit5	使能信号	0：未使能　1：使能
	bit6	档位	0x00：P位　0x01：R位
	bit7		0x02：N位　0x03：D位
Byte1		目标车速	有效范围：0~2200（表示0~220km/h），最小计量单元为0.1km/h；"0xFF，0xFE"表示异常；"0xFF，0xFF"表示无效
Byte2			
Byte3		预留	—

（续）

字节		定义	格式
Byte4		转向角度	角度旋转到当前数值对应的角度（−540°~540°），0° 为对应中点位置 CCW=80° → Byte4~Byte5=0x0050 CW=80° → Byte4~Byte5=0xFFB0（65536-80）
Byte5			
Byte6	bit0	制动使能	0：不使能制动踏板　1：使能制动踏板
	bit1~bit7	制动压力请求	压力行程请求：最大行程点为 125，最小行程点为 0，单位为个（将当前行程分成 125 个点）
Byte7		预留	—

实操要求：设置车辆档位为驻车档，制动使能，请求制动压力行程点为 80。

序号	具体操作步骤	结果
1	参数设置：计算平台向 VCU 发送 CAN 报文，选择_____通道，通信波特率为_____，帧类型选择_____，发送周期为_____（单位为 ms），发送次数为_____，帧 ID 为_____	□完成　□未完成
2	线控系统测试：设置档位为驻车档，制动使能，请求制动行程点为 80。计算得到的报文为_____	□完成　□未完成

2. VCU 向计算平台反馈的制动 CAN 报文解析

字节	解析
Byte0	Byte0~Byte1 用来反馈制动压力，先进行高低字节转换，再转换为十进制数据，最后乘以精度，求得制动压力，单位为 MPa
Byte1	
Byte2	Byte2~Byte3 为预留字节，默认 Byte2~Byte3=0x0000
Byte3	
Byte4	Byte4~Byte5 为预留字节，默认 Byte4~Byte5=0x0000
Byte5	
Byte6	Byte6 用来反馈动力蓄电池 SOC，将数据转化为十进制数，再加百分号
Byte7	Byte7 为预留字节，默认 Byte7=0x00

在调试软件上反馈回来的报文如下：

CAN 口	传输方向	时间标志	帧 ID	帧格式	帧类型	数据长度	数据
CAN2	接收	11：02：03	0x103	数据帧	标准帧	8	64 00 00 00 00 00 60 00

解析报文，分析线控制动系统的状态。

序号	具体操作步骤	结果
1	解析 Byte0~Byte1 的数据为	□完成　□未完成
2	解析 Byte2~Byte3 的数据为	□完成　□未完成
3	解析 Byte4~Byte5 的数据为	□完成　□未完成
4	解析 Byte6 的数据为	□完成　□未完成
5	解析 Byte7 的数据为	□完成　□未完成
6	通过解析，可得知线控系统状态：制动压力为_____MPa、SOC 值为_____%	□完成　□未完成

四、线控制动系统（VCU 与 EHB-ECU）的调试

1. VCU 向 EHB-ECU 发送 CAN 报文计算

字节		定义	说明
Byte0		外部制动压力请求	压力行程请求，最大行程点为 125，最小行程点为 0，单位为个（当前将行程分成 125 个点）
Byte1	bit0	制动使能	0：EHB-ECU 未启动　1：EHB-ECU 使能
	bit1~bit3	预留	—
	bit4~bit7	EHB 工作模式请求	3：就绪　7：Run
Byte2		预留	—
Byte3	bit0~bit1	预留	—
	bit2	驾驶模式	0：人工（包括遥控器模式）　1：自动
	bit3	预留	—
	bit4~bit5	VCU 工作状态信号	0：未初始化　1：可靠的　2：降级（保留）　3：故障
	bit6~bit7	钥匙使能信号	0：OFF　1：ACC　2：ON　3：STA
Byte4		预留	—
Byte5		预留	—
Byte6		预留	—
Byte7	bit0~bit3	生命信号	
	bit4~bit7	预留	

实操要求：设置车辆档位为 P 位，制动使能，请求制动压力行程点为 80。

序号	具体操作步骤	结果
1	参数设置：车内的模式开关选择为_____，VCU 向 EHB-ECU 发送 CAN 报文时，要选择_____发送报文，波特率选择默认的_____，帧类型选择_____，发送周期填_____（单位为 ms），发送次数填_____，帧 ID 选择_____	□完成　□未完成
2	线控系统测试：设置档位为驻车档，制动使能，请求制动行程点为 80。计算得到的报文为_____	□完成　□未完成

2. EHB-ECU 向 VCU 发送 CAN 报文解析

字节		定义	说明
Byte0		制动踏板开合度	制动踏板制动行程有效值范围为 0~100（表示 0~100%）
Byte1	bit0~bit1	预留	—
	bit2	制动灯信号	0：无效　1：有效
	bit3	预留	—
	bit4~bit6	工作状态	1：初始化　2：备用　3：就绪　6：Run　7：失效　8：关闭
	bit7	预留	—
Byte2		预留	—
Byte3	bit0~bit1	预留	—
	bit2	外部制动请求响应状态	0：踏板　1：CAN
	bit3~bit4	预留	—
	bit5	仪表警告灯	0：闲置　1：有效
	bit6	制动踏板是否被踩下	0：闲置　1：踩下
	bit7	制动踏板被踩下的有效性	0：闲置　1：有效
Byte4		故障码 1	
Byte5		故障码 2	
Byte6		预留	—
Byte7	bit0~bit3	生命信号	
	bit4~bit7	预留	

EHB-ECU 向 VCU 反馈的 CAN 报文计算在调试软件上反馈回来的报文如下：

CAN 口	传输方向	时间标志	帧 ID	帧格式	帧类型	数据长度	数据
CAN1	接收	11：22：30	0x289	数据帧	标准帧	8	50 64 00 04 00 00 00 00

解析报文，分析线控制动系统的状态。

序号	具体操作步骤	结果
1	解析 Byte0 的数据为＿＿＿＿＿＿＿＿＿＿＿＿＿＿＿＿	□完成　□未完成
2	解析 Byte1 的数据为＿＿＿＿＿＿＿＿＿＿＿＿＿＿＿＿	□完成　□未完成
3	解析 Byte2 的数据为＿＿＿＿＿＿＿＿＿＿＿＿＿＿＿＿	□完成　□未完成
4	解析 Byte3 的数据为＿＿＿＿＿＿＿＿＿＿＿＿＿＿＿＿	□完成　□未完成
5	解析 Byte4 的数据为＿＿＿＿＿＿＿＿＿＿＿＿＿＿＿＿	□完成　□未完成
6	解析 Byte5 的数据为＿＿＿＿＿＿＿＿＿＿＿＿＿＿＿＿	□完成　□未完成
7	解析 Byte6 的数据为＿＿＿＿＿＿＿＿＿＿＿＿＿＿＿＿	□完成　□未完成
8	解析 Byte7 的数据为＿＿＿＿＿＿＿＿＿＿＿＿＿＿＿＿	□完成　□未完成
9	通过解析，可得知制动系统状态：通过 CAN 信号进行制动请求，仪表警告灯闲置，制动踏板闲置，制动踏板制动行程为＿＿＿＿＿＿＿%，制动灯信号有效，ECU 处于 Run 状态，无任何故障，节点 EHB-ECU 发送的 CAN 报文是可靠的，且生命信号从＿＿＿＿＿＿＿开始发送	□完成　□未完成

五、评价反馈

评价项目	评价内容	评价标准	分值	自我评价	平台评价	组内评价	组间评价	教师评价
素质测评	规则意识	遵守作息制度，不迟到，不早退，不旷课	10					
	岗位职责	组长、检验员、记录员、操作员分工	10					
	操作能力	动手实践操作能力	10					
	团队合作	收集信息、合作共事、知识共享、听取意见等方面	10					
专业测评	信息收集	准确记录客户和车辆信息	10					
	技能提升	计算平台向 VCU 发送 CAN 报文计算	15					
		VCU 向计算平台反馈的制动 CAN 报文解析	10					
		VCU 向 EHB-ECU 发送 CAN 报文计算	15					
		EHB-ECU 向 VCU 反馈的 CAN 报文解析	10					
总评			100					

任务工单四　线控制动系统故障检修

姓名			上课时间	
班级			上课地点	
团队分工	组长		操作员	
	检验员		记录员	

一、信息收集

1. 客户信息登记

客户信息					
客户姓名		进店时间		联系电话	

2. 车辆信息登记

车辆信息					
车辆型号		车牌号码		车辆 VIN	
里程数		油量 / 电量		故障灯	□有　□无
车辆外观	剐蹭痕迹	□有　具体情况：			□无
故障描述					
车内检查	中控屏尺寸		维修手册	____册，版本是：	
导航系统	□正常启动　□无法启动　□能启动但显示异常，具体情况_____				
配件设备	维修所用配件和设备是否齐全	□齐全 □不齐全，具体情况：			
维修时间	需要时长：				
资料提供	本次维修后需要提供给客户的资料有_____				
车辆清洗	□需要清洗　□无须清洗				

二、准备工作

设备	智能网联汽车教学车、线控底盘调试台架
工具 / 仪器	万用表、常用拆装工具套装、螺钉旋具套装、棉线手套、车内防护三件套、车外防护三件套等

团队成员分工	实行角色轮换制，组长 1 名，记录员 2 名，检验员 2 名，操作员多名
注意事项	1. 实训开始前，维修人员应摘掉各类饰品，穿着实训服，长发需绾起。 2. 万用表使用前需要校零。 3. 用万用表测量前，需选好档位及量程。如果无法确定量程，则要选用自动档。 4. 用万用表测量电阻前，必须断开电源，禁止带电测电阻值。 5. 用万用表测量电压时，必须先用黑表笔接通负极，再用红表笔接通正极。 6. 用万用表测量电压后，必须先断开红表笔与正极的连接，再断开黑表笔与负极连接。

清点检查设备、工具、材料	名称	数量	清点	名称	数量	清点
			□已清点			□已清点
			□已清点			□已清点
			□已清点			□已清点

三、线控制动系统的故障检测

1. 线控制动系统供电电源故障检测

序号	步骤	具体操作	结果
1	个人防护		□完成　□未完成
2	设备防护		□完成　□未完成
3	故障现象		
4	故障分析		□完成　□未完成
			□完成　□未完成
			□完成　□未完成
5	故障检测	测量 EHB-ECU 搭铁是否完好	正常值： 实测值：
		测量 EHB-ECU 供电电路的电压	正常值： 实测值：
		测量熔丝是否完好	正常值： 实测值：
		测量熔丝座输入端的电压	正常值： 实测值：
		测量熔丝座输出端到端子 T24/6 的导通情况	正常值： 实测值：

（续）

序号	步骤	具体操作	结果
6	诊断结果		□完成　□未完成
7	故障修复		□完成　□未完成
8	6S 操作		□完成　□未完成

2. 线控制动系统 CAN 通信故障检测

序号	步骤	具体操作	结果
1	个人防护		□完成　□未完成
2	设备防护		□完成　□未完成
3	故障现象		
4	故障分析		□完成　□未完成
			□完成　□未完成
			□完成　□未完成
5	故障检测	测量 EHB-ECU 供电线与搭铁线之间的电压	正常值： 实测值：
		测量 EHB-ECU 的 CAN-L 端子 T24/3 与车身搭铁的电压	正常值： 实测值：
		测量 EHB-ECU 的 CAN-H 端子 T24/4 与车身搭铁的电压	正常值： 实测值：
		测量 EHB-ECU 的 CAN-H 端子 T24/4 与 EPS-ECU 端子 T8A/8 之间的电阻值	正常值： 实测值：
6	诊断结果		□完成　□未完成
7	故障修复		□完成　□未完成
8	6S 操作		□完成　□未完成

3. 线控制动系统霍尔式传感器故障检测

序号	步骤	具体操作	结果
1	个人防护		□完成　□未完成
2	设备防护		□完成　□未完成
3	故障现象		
4	故障分析		□完成　□未完成
			□完成　□未完成
			□完成　□未完成
5	故障检测	测量霍尔式传感器的搭铁是否完好	正常值： 实测值：
		测量霍尔式传感器的第1根信号线是否完好	正常值： 实测值：
		测量霍尔式传感器的第2根信号线是否完好	正常值： 实测值：
		测量霍尔式传感器的电源线是否完好	正常值： 实测值：
		测量霍尔式传感器的第1根信号线是否导通	正常值： 实测值：
		测量霍尔式传感器的第2根信号线是否导通	正常值： 实测值：
		测量霍尔式传感器的电源线是否导通	正常值： 实测值：
6	诊断结果		□完成　□未完成
7	故障修复		□完成　□未完成
8	6S 操作		□完成　□未完成

四、评价反馈

评价项目	评价内容	评价标准	分值	自我评价	平台评价	组内评价	组间评价	教师评价
素质测评	规则意识	遵守作息制度，不迟到，不早退，不旷课	10					
	岗位职责	组长、检验员、记录员、操作员分工	10					
	操作能力	动手实践操作能力	10					
	团队合作	收集信息、合作共事、知识共享、听取意见等方面	10					

（续）

评价项目	评价内容	评价标准	分值	自我评价	平台评价	组内评价	组间评价	教师评价
专业测评	信息收集	准确记录客户和车辆信息	10					
	技能提升	供电电源故障检测	15					
		CAN 通信故障检测	15					
		霍尔式传感器故障检测	20					
总评			100					

项目五
项目综合训练

任务工单　智能网联汽车底盘线控训练

姓名			上课时间	
班级			上课地点	
团队分工	组长		操作员	
	检验员		记录员	
一、信息收集				

1. 客户信息登记

客户信息					
客户姓名		进店时间		联系电话	

2. 车辆信息登记

车辆信息				
车辆型号		车牌号码		车辆 VIN
里程数		油量/电量		故障灯　□有　□无
车辆外观		□有　具体情况：		□无
故障描述				
车内检查	中控屏尺寸		维修手册	____册，版本是：
导航系统	□正常启动　□无法启动　□能启动但显示异常，具体情况_____			
配件设备	维修所用配件和设备是否齐全	□齐全 □不齐全，具体情况：		
维修时间	需要时长：			
资料提供	本次维修后需要提供给客户的资料有_____			
车辆清洗	□需要清洗　□无须清洗			

二、准备工作	
设备	深蓝 03 智能网联汽车
工具 / 仪器	计算机、数字式万用表、示波器
团队成员分工	实行角色轮换制，组长 1 名，记录员 2 名，检验员 2 名，操作员多名
注意事项	1. 训练开始前，应摘掉各类饰品，穿着实训服，长发需缩起。 2. 训练开始前，应对车辆状态进行检查。 3. 应施加驻车制动，操作另有要求时除外。 4. 工具使用后，应清洁并归位。

清点检查设备、工具、材料	名称	数量	清点	名称	数量	清点
			□已清点			□已清点
			□已清点			□已清点
			□已清点			□已清点

三、数据源

数据来源：底盘线控系统 CAN 总线

四、数据内容与解析

1. 底盘线控系统数据解析

序号	原始数据	解析数据
1	转向盘转角	
2	速度 /（km/h）	
3	档位	
4	制动开度（%）	
5	转向盘转角速度	
6	纵向加速度	

2. 线控底盘转向系统数据发送

线控转向控制数据帧	
转向灯控制数据帧	
转向灯实际响应现象	

五、线控底盘数据读取

以"计算平台无法读取线控底盘数据"为故障现象，进行故障检测。

步骤		具体操作	结果
检测前防护	个人防护		□完成　□未完成
	设备防护		□完成　□未完成
故障检测	故障现象		
	记录故障过程测量数据记录并分析		□正常　□不正常
			□正常　□不正常
			□正常　□不正常
	故障确认		□完成　□未完成
故障修复	故障机理分析及维修建议		故障是否排除：

六、评价反馈

评价项目	评价内容	评价标准	分值	自我评价	平台评价	组内评价	组间评价	教师评价
素质测评	规则意识	遵守作息制度，不迟到，不早退，不旷课	20					
	岗位职责	组长、检验员、记录员、操作员分工	10					
	操作能力	动手实践操作能力	40					
	团队合作	收集信息、合作共事、知识共享、听取意见等方面	30					
总评			100					